U0555440

MIANXIANG SHENGTAIWENMING DE
LINYE HE CAOYUAN FAZHI

展洪德 ◎ 主编

面向生态文明的林业和草原法治

中国政法大学出版社

声　明	1. 版权所有，侵权必究。
	2. 如有缺页、倒装问题，由出版社负责退换。

图书在版编目（CIP）数据

面向生态文明的林业和草原法治/展洪德主编.—北京:中国政法大学出版社,2020.6
ISBN 978-7-5620-8121-0

Ⅰ.①面… Ⅱ.①展… Ⅲ.①森林法－中国②草原法－中国 Ⅳ.①D922.63②D922.64

中国版本图书馆 CIP 数据核字(2020)第 120093 号

出 版 者	中国政法大学出版社
地　　址	北京市海淀区西土城路 25 号
邮寄地址	北京 100088 信箱 8034 分箱　邮编 100088
网　　址	http://www.cuplpress.com（网络实名：中国政法大学出版社）
电　　话	010-58908586（编辑部）58908334（邮购部）
编辑邮箱	zhengfadch@126.com
承　　印	保定市中画美凯印刷有限公司
开　　本	720mm×960mm　1/16
印　　张	19
字　　数	330 千字
版　　次	2020 年 6 月第 1 版
印　　次	2020 年 6 月第 1 次印刷
定　　价	76.00 元

目 录 CONTENTS

《湿地保护法》制定中的执法协作制度设计 … *001*

国家公园立法的理论基础和地方探索

　　——以武夷山试点区的实践为例 … *013*

探索设立神农架国家公园的法律问题研究 … *046*

国家地质公园开发权的属性、功能及限制

　　——以阿勒泰地区为例 … *053*

再论草原行政执法与刑事司法的顺畅衔接 … *063*

"三观"引领下的生态刑法之进路探析

　　——以价值观、自然观、发展观为视角 … *076*

森林恢复性司法保护机制研究 … *084*

生态保护诉求下森林类犯罪的优化设定 … *095*

非法占用林地中罚金的适用 … *110*

刍议我国环境刑法法益 … *122*

略论物权制度对办理涉林案件的影响 … *129*

生态文明视野下草原权属和流转制度研究 … *159*

林地地役权制度研究 … *171*

国有林权流转的法律障碍和解决对策 … *177*

林地承包经营权抵押探究 … *187*

试论林木采伐监管问题及对策 … *196*

基于DPSIR-TOPSIS模型的安徽省耕地生态安全阻力研究 … *203*

从祁连山全面关停采砂采矿看神农架的生态保护 … *213*

环境共同侵权的承担 … *219*

浅谈室内环境污染问题的环境侵权责任 … *230*

环境侵权中因果关系的证明责任分配辨析 … *242*

浅析野生动物驯养繁殖法律问题 … *252*

野生动物驯养繁殖法律问题研究 … *259*

行刑衔接中有限并罚的正当性及制度完善探究
　——以林业违法案件的行刑衔接为视角 … *268*

生态恢复性司法模式研究 … *278*

浅析林业碳汇交易法律关系 … *290*

《湿地保护法》制定中的执法协作制度设计*

【摘　要】湿地保护行政执法实践中存在执法协作、联合执法、综合执法等执法形式。联合执法、综合执法均离不开高效率的部门间协作。20世纪80年代以来开展的执法协作和联合执法实践已经成为我国行政执法实践的常态化制度。目前，我国各级政府已经完成机构改革任务，各级林业草原主管部门和其他有关部门在湿地保护方面的职责范围已经确定。我国《湿地保护法》中有关综合协调、分部门实施的湿地保护管理体制设计，需要进一步强化林业草原主管部门的综合协调职能，建立湿地保护协作执法工作机制，解决部门间信息共享和执法协作问题，以改变综合协调职能难以落到实处的尴尬局面。

【关键词】湿地保护法；综合协调；执法协作

党的十八大以来，党和国家对湿地保护修复工作提出了更高的要求。2015年9月，中共中央、国务院印发的《生态文明体制改革总体方案》提出建立湿地保护制度，将所有湿地纳入保护范围。据此，国务院办公厅于2016年11月印发《湿地保护修复制度方案》，该方案提出建立湿地用途管控机制，对各类湿地的主体功能进行定位，实施负面清单管理。2017年12月，原国家林业局修改印发《湿地保护管理规定》，系统提出湿地开发利用负面清单，明确禁止在湿地内从事8类开发利用活动。2017年12月，原国家林业局根据《湿地保护管理规定》和《湿地保护修复制度方案》的要求修改印发《国家湿地公园管理办法》，提出国家湿地公园开发利用负面清单。之后，《第三次

---

* 基金项目：阿拉善SEE基金会研究项目"湿地开发利用监督管理体制研究"（2019年4月16日）；2019年湖南省级湿地保护专项资金项目"湖南省湿地开发利用监督管理体制建设"（湘财建二指［2019］31号）。作者简介：周训芳（1965年生），男，湖南沅江人，教授、博士研究生，从事环境与资源保护法学研究。

全国国土调查工作分类》将湿地作为一级地类，下设 8 个二级地类。为了全面加强湿地保护，确保自然湿地面积不减少、湿地生态功能不下降，我国正在研究制定《湿地保护法》。其中，湿地保护行政执法制度设计成了立法重点。本文将针对我国《湿地保护法》中的执法协作制度设计提出建议，供立法参考。

一、我国执法协作制度溯源

在我国现行立法和行政执法实践中，存在着执法协作、联合执法、综合执法等多种执法方式。现行立法和行政执法实践当中的执法协作，狭义上是指政府多个行政执法部门之间在案件移送、协助调查、信息共享、案件线索移送等方面的执法协作，广义上还包括多个执法主体就某个专项行动开展的联合执法。[1]例如，《全国人民代表大会常委会关于中国海警局行使海上维权执法职权的决定》第 2 条规定的"中国海警局与公安机关、有关行政机关建立执法协作机制"，《食品安全法》第 42 条第 3 款规定的国务院食品安全监管部门会同农业等部门"建立食品安全全程追溯协作机制"，以及《淮南市城市管理行政执法条例》第 8 条规定的市和县、区人民政府"应当建立健全城市管理行政执法协调机制，协调解决城市管理行政执法协作中的重大事项"，均属于狭义上的执法协作。

广义上的执法协作，还包括联合执法。所谓联合执法，是由两个以上不同职能的行政主体分别指派一定数量的执法人员参加专项行动联合执法，在专项行动联合执法中，分属不同职能的行政主体的执法人员分别以所属执法主体的名义进行执法活动。[2]例如，《海洋环境保护法》第 19 条规定的"联合执法"，《大气污染防治法》第 92 条规定的"联合执法、跨区域执法、交叉执法"，《生猪屠宰管理条例实施办法》第 34 条规定的"联合执法"，均属于广义上的执法协作。

与联合执法相对应的概念是综合执法。所谓综合执法，是指由依法成立的一个行政机关以自己的名义行使原来由两个以上行政主体行使的执法权的

---

[1] 刘福元："部门间行政协作的困境与出路——以城市管理综合执法为例"，载《当代法学》2016 年第 5 期，第 78~87 页。

[2] 中国行政管理学会课题组："推进综合执法体制改革：成效、问题与对策"，载《中国行政管理》2012 年第 5 期，第 12~14 页。

行政执法。[1]例如,《农业法》第87条规定的"综合执法",《种子法》第50条第3款规定的"农业、林业主管部门所属的综合执法机构或者受其委托的种子管理机构"可以开展种子执法相关工作,均属于一个新的行政机关行使原来两个以上行政机关行使的执法权。但不管是一个行政机关内部的综合执法,还是跨区域、跨部门的综合执法,始终离不开高效率的部门间协作。[2]有学者认为,即使是综合执法,也是一种行政执法机关间的协作配合,也需要通过建立行政执法机关间的协作配合机制来解决协作执法问题,真正发挥综合执法的整体优势。从这个意义上看,在行政执法体制改革中,综合执法说到底也属于广义上的协作执法。[3]

我国各级政府及其部门在其发布的诸多文件中经常单独或者混合使用执法协作、联合执法、综合执法等概念,并不十分注重对这些概念的内涵与外延加以严格界定,也未完全明确划分各相关部门的行政执法职责的边界。但值得注意的是,国务院在新近发布的规范性文件中,已经在逐步规范使用执法协作、联合执法与综合执法这三个概念。例如,从2017年3月9日国务院发布的《关于新形势下加强打击侵犯知识产权和制售假冒伪劣商品工作的意见》(国发〔2017〕14号)可以看出,国务院在尝试使用狭义的"执法协作"概念,并分别针对执法协作、联合执法与综合执法提出了具体要求:在执法协作方面,该文件提出加强部门间执法协作,促进执法监管和行业管理等信息共享,在执法检查、检验检测、鉴定认定等方面互相提供支持,加强区域间的执法协作,探索建立跨区域联席会议、线索通报、证据移转、案件协查、联合办案以及检验鉴定结果互认等制度;在联合执法方面,该文件提出执法监管部门发现违法行为涉及其他部门职责的,要及时通报相关部门采取措施,对于重大案件线索,在必要时要共同研究案情,开展联合执法;在综合执法方面,该文件提出加强对基层综合执法部门的指导,厘清监管职责,明确权力清单,堵塞监管漏洞,确保综合执法机构权威高效、运转协调,提高执法效能。

---

[1] 张利兆:"综合行政执法论纲",载《法治研究》2016年第1期,第144~152页。
[2] 屠建学:"综合行政执法跨部门协作问题研究",载《甘肃理论学刊》2018年第6期,第28~33页。
[3] 金国坤:"行政执法机关间协调配合机制研究",载《行政法学研究》2016年第5期,第14~23、62页。

我国早在 20 世纪 80 年代就已开展执法协作实践。在我国各类规范性文件中，均能找到关于执法协作的具体规定。根据现有数据库和政府公务网站公布的文献资料，按照时间先后顺序进行文献调查，可以发现，我国最早开展执法协作实践的政府机构是北京市崇文区（现属东城区）、宣武区（现属西城区）的一些街道办事处，他们通过综合治理办公室组织公安、市容、工商等部门进行协同执法。因此，目前能够找到的总结执法协作实践经验的第一个规范性文件是 1986 年 1 月 9 日发布的《北京市人民政府关于进一步加强法制工作和下达一九八六年拟定法规草案、制定规章计划的通知》（京政发〔1986〕1 号）。而我国第一个将执法协作制度化的规范性文件则是 1986 年 6 月 11 日南京市人民政府批转、自发布之日起施行的《南京市卫生局关于南京市饮食摊点卫生管理暂行办法》（以下简称《暂行办法》）。《暂行办法》第 5 条规定："……饮食摊点夜市的管理，由工商、城管、公安、街道、卫生部门和网点办负责，联合执法。"我国第一个有关执法协作的省级政府规章，是 1991 年 11 月 29 日天津市人民政府发布的《天津市行政联合执法规定》（天津市人民政府令第 45 号），该规定第 2 条界定的联合执法的概念是"两个或两个以上的行政执法部门，按照各自的职责范围，在实施行政执法时进行的联合行动"。我国第一部明文规定执法协作的法律则是 1999 年 12 月 25 日修订的《海洋环境保护法》。其第 19 条规定了海上联合执法和执法协作。我国第一个有关执法协作的国务院规范性文件是 2000 年 8 月 19 日发布的《国务院、中央军委关于深化我国低空空域管理改革的意见》（国发〔2010〕25 号），其中规定了"军地联合执法"。我国第一个有关执法协作的国务院多个部委联合发文的文件是 2003 年 4 月 30 日国家食品药品监督管理局等七个部门联合发布的《关于在防治"非典"工作中切实加强市场监管强化联合执法工作的紧急通知（特急）》（国食药监电〔2003〕1 号）。该文件要求当地政府在"非典"期间加强市场监管并落实牵头部门组织"联合执法检查"。到目前为止，我国《海洋环境保护法》《大气污染防治法》都规定了执法协作。可以预见，我国会有越来越多的法律在相关行政执法领域规定执法协作制度，将日常行政管理实践中的常态化制度上升为法律制度。

长期以来，我国湿地保护实行综合协调、分部门实施的管理体制，林业草原主管部门负责组织、协调、指导和监督湿地保护工作，自然资源、农业农村、生态环境等部门在各自的职责范围内开展湿地保护工作。在这一管理体制下，县级以上人民政府需要建立湿地保护协调机制，研究解决湿地保护执法中面临的部门间的执法协作问题。[1] 目前，国家林业和草原局正在组织起草《湿地保护法》。在有关湿地保护行政执法的条文设计中，应当从广义上设计湿地保护执法协作制度，以满足我国湿地保护工作的实际需要。

二、湿地保护执法协作制度设计的政策依据

党的十八大以来，党中央、国务院高度重视湿地保护工作，习近平总书记多次对湿地保护工作作出重要指示和批示，要求一定要保护好湿地。2012年11月，党的十八大报告提出要扩大湿地面积，《环境保护法》于2014年4月修订时在第2条的保护对象中增加了"湿地"。[2] 2015年5月18日，原国家林业局发布《关于严格禁止围垦占用湖泊湿地的通知》（林湿发[2015] 62号），要求地方各级林业主管部门按照党的十八届四中全会提出的推进综合执法的要求，在当地政府的领导下，联合水利、国土资源、农业、环境保护等部门，根据《土地管理法》《水法》《防洪法》《湿地保护管理规定》等法律、法规的规定，以及地方出台的湿地保护方面的法规、规章等关于严禁围湖造地的相关规定，加大执法力度，开展联合执法，坚决打击围垦占用湖泊湿地的行为。[3] 上文提到的《生态文明体制改革总体方案》提出建立湿地保护制度，将所有湿地纳入保护范围，禁止擅自征用、占用国际重要湿地、国家重要湿地和湿地自然保护区。2016年7月修订的《野生动物保护法》专章规定野生动物及其栖息地保护，同时也强化了对作为候鸟栖息地的湿地的保护。2016年11月，经中央全面深化改革委员会审议通过的《湿地保护修复制度方案》全面规定了湿地保护修复制度，并要求对各类湿地进行负面清单管理。据此，湿地保护工作需要围绕创建多部门协调工作机制开创新的局面。[4] 2016年12月，中共中央办公厅、国务院办公厅印发《关于全面推行河长制的意见》，提出在河湖管理中"建立健全部门联合执法机制"，严厉打

---

[1] 潘佳、汪劲："中国湿地保护立法的现状、问题与完善对策"，载《资源科学》2017年第4页，第795~804页。

[2] 潘佳、汪劲："中国湿地保护立法的现状、问题与完善对策"，载《资源科学》2017年第4期，第795~804页。

[3] 尚文博："严禁擅自围垦占用湖泊湿地"，载《中国绿色时报》2015年6月25日。

[4] 崔丽娟、张骁栋、张曼胤："中国湿地保护与管理的任务与展望——对《湿地保护修复制度方案》的解读"，载《环境保护》2017年第4期，第13~17页。

击涉河湖违法行为,坚决清理整治非法排污、设障、捕捞、养殖、采砂、采矿、围垦、侵占水域岸线等违法活动。[1]2017年12月,国家林业和草原局修改印发《湿地保护管理规定》,系统提出湿地开发利用负面清单,同时修改印发《国家湿地公园管理办法》,系统提出国家湿地公园开发利用负面清单。2018年1月,中共中央办公厅、国务院办公厅印发《关于在湖泊实施湖长制的指导意见》,要求建立健全湖泊、入湖河流所在行政区域的多部门联合执法机制,严厉打击涉湖违法违规行为,坚决清理整治围垦湖泊、侵占水域以及非法排污、养殖、采砂、设障、捕捞、取用水等违法活动,集中整治湖泊岸线乱占滥用、多占少用、占而不用等突出问题。[2]

基于上述政策背景,我国制定《湿地保护法》应当贯彻落实党中央、国务院关于湿地保护修复的决策部署,建立和健全湿地主管部门和有关部门之间的协作执法工作机制。考虑到我国湿地类型多样、涉及行政主管部门众多、国家机构改革后我国湿地保护依然实行综合协调与分部门实施的管理体制这一实际状况,在进行《湿地保护法》的有关条文设计时,既需要将行政执法权及采取相应监督检查措施的权力赋予综合协调部门,又需要将同样的权力赋予其他负有保护监督职责的多个行政主管部门,并由综合协调部门和其他负有保护监督职责的部门通过湿地保护协调工作机制解决部门间的信息共享和联合执法问题。同时,还应考虑到,在上述执法部门责令违法行为人停止违法行为但违法行为人拒不停止违法行为时,还需要有公安机关的协作,即由公安机关对拒不停止违法行为的违法经营单位的直接负责的主管人员和其他直接责任人员予以拘留。这样的条文设计方案才有利于确保综合协调部门和其他负有保护监督职责的部门形成合力,发挥全面加强湿地开发利用监管、加大打击破坏湿地生态力度的制度功能。

三、湿地保护执法协作与联合执法制度中的部门职责划分

党的十九大以后,国家机构改革工作已经完成,国务院林业主管部门和有关部门在湿地保护方面的职责范围已经确定。《湿地保护法》有关湿地管理

---

[1] 新华社:"中办国办印发《关于全面推行河长制的意见》",载《人民日报》2016年12月12日。

[2] 新华社:"中办国办印发《关于在湖泊实施湖长制的指导意见》",载《人民日报》2018年1月5日。

体制和部门职责的设计,应当明确机构改革后的部门职责。

我国湿地保护实行林业草原主管部门综合协调、其他多个部门实施的管理体制。在这一管理体制下,县级以上人民政府需要在明确划分部门职责的基础上,建立湿地保护执法协作与联合执法工作机制,解决部门间的信息共享、执法协作和联合执法等问题。

(一) 林业草原主管部门对所有类型湿地的保护监管负有综合协调职责,同时在本部门职责范围内行使湿地保护监管职责

1. 国家林业和草原局的湿地保护监管职责

根据《国家林业和草原局职能配置、内设机构和人员编制规定》的规定,国家林业和草原局负责湿地的生态保护和修复,拟订湿地保护规划和相关国家标准,监督管理湿地的开发利用,并设立湿地管理司具体组织实施。[1]《湿地保护管理规定》第4条、第16条、第23条规定的国家林业和草原局的湿地保护监管职责,与中央对国家林业和草原局的职能配置、内设机构和人员编制的规定是一致的。

2. 地方政府林业草原主管部门的湿地保护监管职责

地方机构改革后,原省级林业主管部门的名称发生了较大变化。北京的林业主管部门是园林绿化局,上海的林业主管部门是绿化和市容管理局(加挂上海市林业局牌子),天津的林业主管部门是规划和自然资源局,山东的林业主管部门是自然资源厅(加挂林业局牌子),新疆、西藏、青海、宁夏、甘肃、内蒙古、山西、河北、辽宁、吉林、黑龙江、四川、云南等13个省(自治区)的林业主管部门是林业和草原局,陕西、河南、重庆、贵州、安徽、江苏、浙江、福建、江西、湖北、湖南、广西、广东、海南等14个省(直辖市)的林业主管部门是林业局。地市级、县级人民政府的林业主管部门的名称,各地根据本地实际进行了相应改革。

根据《湿地保护修复制度方案》第21点的规定,各有关部门要认真履职,完善综合协调、分部门实施管理体制,形成综合协调部门与各有关部门之间的合力,以利于实现湿地保护、修复的目标任务;根据《湿地保护修复制度方案》第12点的规定,各有关部门、各类湿地保护管理机构应当对湿地

---

[1] 中共中央办公厅、国务院办公厅:"国家林业和草原局职能配置、内设机构和人员编制规定",载《城市规划通讯》2018年第19期,第7~9页。

资源的利用者加强监督。

根据《湿地保护管理规定》第 4 条第 2 款的规定，县级以上地方林业主管部门按照有关规定负责本行政区域内的湿地保护管理工作。

《湿地保护管理规定》第 16 条第 2 款规定，国际重要湿地所在地县级以上林业主管部门应当会同有关部门检查国际重要湿地保护管理状况，并指导管理机构维持国际重要湿地生态特征。

《湿地保护管理规定》第 23 条规定，省级林业主管部门监督检查和评估国家湿地公园的建设和管理；《国家湿地公园管理办法》第 3 条规定，县级以上地方林业主管部门负责国家湿地公园的指导、监督和管理，第 13 条规定了国家湿地公园管理机构的具体职责。

3. 县级以上人民政府林业主管部门的执法职责

根据《湿地保护管理规定》第 34 条的规定，县级以上林业主管部门应当会同有关部门开展湿地保护执法，依法处理破坏湿地的违法行为。

根据《湿地保护修复制度方案》第 12 点的规定，湿地保护管理相关部门根据职责分工严厉查处违法利用湿地行为，并责令破坏湿地生态系统的违法行为人限期恢复原状。同时，《湿地保护修复制度方案》还提出探索建立相对集中行政处罚权的执法机制。

从上面列出的规定中我们可以看出：林业草原主管部门对湿地保护工作负有组织、协调、指导和监督职责，并对其职责范围内的湿地（具体包括国际重要湿地、国家重要湿地、地方重要湿地、一般湿地、湿地类型的自然保护区、湿地公园等）负有保护监督管理职责。

(二) 自然资源主管部门负有滨海湿地保护监督管理职责

根据《自然资源部职能配置、内设机构和人员编制规定》的规定，自然资源部行使国有自然资源资产的所有者职责、各类国土空间的用途管制职责，负责海洋开发利用和保护的监督管理工作，负责海域的使用、海岛的保护利用管理，制定并监督实施海域、海岛的保护利用规划。中央授权自然资源部督察地方政府落实中央有关政策、决策及法律法规执行情况。[1] 另外，《国务院关于加强滨海湿地保护严格管控围填海的通知》（国发〔2018〕24 号）明

---

〔1〕 中共中央办公厅、国务院办公厅："自然资源部职能配置、内设机构和人员编制规定"，载《中国自然资源报》2018 年 9 月 12 日。

确要求自然资源部将加快处理围填海历史遗留问题情况纳入督察重点事项，督促地方整改落实，加大督察问责力度，压实地方政府主体责任。[1]

从上述规定我们可以看出，自然资源主管部门对滨海湿地负有保护监督管理职责。

(三) 生态环境主管部门对湿地环境污染防治负有监督管理职责

根据《生态环境部职能配置、内设机构和人员编制规定》的规定，生态环境部的第5项职责是负责环境污染防治的监督管理。我国《环境保护法》《水污染防治法》《土壤污染防治法》《固体废物污染环境防治法》等专门性法律中的有关各项规定，也应被理解为均包括了湿地环境污染防治工作。因此，生态环境主管部门对湿地环境污染防治负有监督管理职责。

(四) 城乡建设主管部门对湿地内的违法建设负有监督管理职责

根据《住房和城乡建设部主要职责内设机构和人员编制规定》的规定，住房和城乡建设部的第6项职责是监督管理建筑市场、规范市场各方主体行为，拟订规范建筑市场各方主体行为的规章制度并监督执行，其内设机构建筑市场监管司具体负责。因此，城乡建设主管部门对湿地内的违法建设负有监督管理职责。

(五) 水行政主管部门负有湖泊、河流湿地保护监督管理职责

根据《水利部职能配置、内设机构和人员编制规定》的规定，水利部的第2项职责是负责生活、生产经营和生态环境用水的统筹和保障，第7项职责是指导水利设施、水域及其岸线的管理、保护与综合利用，重要江河湖泊及河口的治理、开发和保护，河湖水生态保护与修复、河湖生态流量水量管理，以及河湖水系的连通等工作，并由其内设机构河湖管理司具体负责。中共中央办公厅、国务院印发的《关于全面推行河长制的意见》要求各级河长负责组织领导河湖管理和保护，牵头组织对涉河湖违法行为依法清理整治，协调上下游、左右岸联防联控。因此，水行政主管部门负有湖泊、河流湿地保护监督管理职责。

(六) 农业农村主管部门对渔业、水生野生动植物、外来物种负有监督管理职责

根据农业农村部的职能配置，农业农村部的第5项职责是负责渔业等农

---

[1] 新华社："加强滨海湿地保护 严格管控围填海"，载《人民日报》2018年7月26日。

业各产业的监督管理，第 7 项职责中包括指导渔业水域生物物种资源保护管理、水生野生动植物保护，并牵头管理外来物种，其内设机构渔业渔政管理局具体负责组织渔业水域生态环境及水生野生动植物保护，科技教育司具体承担外来物种管理相关工作。根据上述职能配置，农业农村主管部门对渔业、水生野生动植物、外来物种负有保护监督管理职责。

基于上面的分析，我国《湿地保护法》应当根据林业主管部门与其他负有湿地保护监督管理职责的部门的具体职责，进一步建立和健全湿地保护协作执法和联合执法机制，在各级林业主管部门与其他有关部门之间有效形成湿地保护的合力。[1]

四、湿地保护执法协作中的联动机制

在湿地保护执法协作中，林业主管部门应当加强日常监管力度，保持监管执法高压态势，全面建立与公众、媒体、社会组织、其他有关行政主管部门、司法机关、纪检监察机关之间的联动机制，发动社会公众、社会组织和媒体曝光破坏湿地的违法行为，对造成生态破坏的行为给予严厉惩处，推进湿地保护工作。

（一）与公众、媒体、社会组织的联动

在湿地保护执法实践中，林业主管部门应当提供湿地保护公众参与平台，设立举报电话、举报信箱以及在线举报平台，鼓励和支持公众、媒体、社会组织和环保志愿者参与湿地保护管理，及时发现湿地违法案件线索。同时，林业主管部门应当在国家和地方重要湿地、各种湿地类型的自然保护地设立专职或者兼职生态管护岗位，公开向社会招聘专兼职湿地生态管护员和志愿者，落实巡护责任区和责任人，开展日常分片巡查工作，及时发现违法行为，报告并协助林业主管部门处理。

（二）与其他有关行政主管部门的联动

林业草原主管部门应当全面配合有关部门对湿地利用进行监督，避免和遏制各种破坏湿地生态的行为。林业主管部门发现本部门无处罚权、其他部门有处罚权的湿地违法案件，应当将违法行为记录在案，及时通知有行政处

---

[1] 范伟、邓骞："我国地方性湿地保护立法的现状反思与完善路径"，载《华北电力大学学报（社会科学版）》2017 年第 2 期，第 8~14 页。

罚权的主管部门依法查处。

有关主管部门在依法办理临时占用湿地审批手续前征求林业主管部门意见的，林业草原主管部门应当严格依据法律、法规的规定，对列入重要湿地名录以及保护区内的自然湿地严格把关。对于重点工程临时占用一般湿地，有关部门在依法办理用地手续前征求林业主管部门意见的，林业主管部门应当严格审查湿地保护、恢复措施，对修筑永久性建（构）筑物，改变湿地生态系统基本功能，严重破坏湿地和损害湿地生态环境的占用湿地行为，林业主管部门应当及时向审批部门提出坚决制止的书面建议。对于审批部门同意的临时占用，期限届满时应当及时督促占用单位修复所占湿地。对于不按照土地利用总体规划确定的湿地用途批准占用湿地的，或者违反法律、法规规定的程序不征求林业主管部门意见而批准占用、征收湿地的，林业草原主管部门应当建议自然资源主管部门依据《土地管理法》第 79 条的规定，对非法批准征收、使用土地的直接负责的主管人员和其他直接责任人员依法给予行政处分，收回非法批准、使用的土地，并依法赔偿对当事人造成的损失。

（三）与司法机关的联动

违反法律、法规、规章的规定，造成湿地破坏和湿地生态环境损害的，当事人除了依法承担行政、刑事法律责任外，还应当承担赔偿损失等生态环境损害赔偿责任。林业主管部门应当协助和配合地市级以上地方人民政府、检察机关或者社会组织依法对当事人提起民事公益诉讼。在湿地保护范围内采石、采砂、采土，在湿地自然保护区、禁猎（渔）区、禁猎（渔）期或者使用禁用的工具、方法猎捕野生动物，在禁渔区、禁渔期或者使用禁用的工具、方法捕捞水产品，构成犯罪的，应当依法将案件移送司法机关追究行为人的刑事责任。在有关破坏湿地刑事案件的移交方面，林业主管部门应当与公、检、法等部门建立联动机制，围绕案件移送标准、工作职责、衔接程序、行政监督和监察监督、工作机制、相关保障及法律责任等方面达成共识，协调解决破坏湿地刑事案件协调难、移送难的问题。

（四）与纪检监察机关的联动

对于法律、法规、规章明确禁止的行为，在无相应的处罚规定时，林业主管部门发现案件线索应当及时制止，并将违法线索报送当地纪检监察部门。林业主管部门发现有关行政主管部门、湿地自然保护区和湿地公园管理机构因管理不善造成湿地生态环境和自然资源破坏的，应当报告本级人民政府责令限期整改，逾期不整改或者整改措施不到位的，应当建议本级纪检监察机关依法给予党纪政纪处分。

结　论

综上所述，我国《湿地保护法》应当根据现行有关法律、法规、规章的规定以及国家机构改革方案确定的有关部门的职责，建立综合协调、分部门实施的湿地保护管理体制，在明确规定林业主管部门与其他负有湿地保护监督管理职责的部门的湿地保护监督管理职责的基础上，将行政执法权以及采取相应监督检查措施的权力赋予林业主管部门和其他负有湿地保护监督管理职责的部门，并进一步强化林业主管部门的综合协调职能，使其在湿地保护工作中真正能够组织协调其他负有湿地保护监督管理职责的多个部门按照各自的职责分工独立执法、协作执法和联合执法，并在行政执法遇到阻力时能够得到公安机关的协作，由公安机关对拒不停止违法行为的违法经营单位的直接负责的主管人员和其他直接责任人员予以拘留，促使其切实履行湿地保护义务。这样的协作执法与联合执法制度设计才可以保障林业主管部门既能行使综合协调职能与其他负有湿地保护监督管理职责的部门协作执法和联合执法，又能在出现执法真空的情况下，独立地依据本部门职责行使行政执法权，并得到公安机关的协作，确保湿地违法行为得到及时、有效的查处，以彻底改变林业主管部门在履行"组织、协调、指导、监督"职责时在实际工作中难以落到实处的尴尬局面。[1]

---

[1] 鲍达明："构建基于生态文明理念的湿地保护管理制度"，载《湿地科学与管理》2016年第1期，第4~7页。

国家公园立法的理论基础和地方探索

——以武夷山试点区的实践为例*

【摘　要】《武夷山国家公园条例（试行）》从集体土地占比较高、毁林种茶矛盾突出等客观实际出发，以功能分区、分类施策为基础，设计了由用途管制、商品林收储、特许经营、生态补偿等制度构成的国家公园制度框架体系，构建了以国家公园管理局为主体、地方政府协同管理、基层群众组织协助参与的监管体制和治理体系，是一部体现了我国南方集体林区国家公园典型特征的代表性立法。该条例虽然隐现了空间有序化、发展生态化、生态资本化、治理社会化等生态文明理念，具有难得的先进性。但是，毕竟未能确立完整、清晰的生态文明观作为理论指南，也没有攻克自然资源产权、公共地役权等理论难题，故还存在自然资源国有化制度不细、国有自然资源产权行使主体不明、公共地役权先立后删、查封扣押强制措施缺位、禁止利用规则"一刀切"等问题与不足。在法律实施上，确权登记、特许经营、茶山改造等配套立法出台及时，商品林收储推进顺利，不过在公园边界划定、执法队伍整合、生态补偿推进等方面也存在诸多问题和挑战。总结武夷山国家公园立法的经验和教训对于《国家公园法》的制定具有重要的借鉴和参考意义。

【关键词】国家公园立法；武夷山试点区；自然保护地；体制改革；自然保护地役权

引　言

自然保护地是生态空间的典型形式，是我国生态保护和建设的核心载体，是美丽中国的重要象征，在维护国家生态安全中居于首要地位。自1956年我

---

* 基金项目：国家社科基金"环境权的证成、构造和救济研究"（15BFX148）；北京林业大学储备项目"美丽中国建设背景下的环境权制度研究"（2018BLCB）。作者简介：杨朝霞，环境法学博士，副教授，北京林业大学生态法研究中心主任，法学系副主任，主要研究环境权、环境公益诉讼、野生动物和湿地保护、生态文明等问题。

国建立第一个具有现代意义的自然保护区——鼎湖山自然保护区——以来，经过六十多年的努力，我国现已建立自然保护区（2750个，占陆域面积的15%）、风景名胜区（1051个）、森林公园（3548个）、地质公园（650个）、湿地公园（国家级898个）等各级各类自然保护地[1]1.18万多个（不包括近5万个自然保护小区），覆盖了全国陆域面积的18%、领海的4.6%。[2]这些自然保护地在维护国家生态安全、保护生物多样性、保存自然遗产和改善环境质量等方面发挥了十分重要的作用。然而，我国的自然保护地，最初大多是由林业、建设、水利等环境资源主管部门主导、地方政府自下而上申报而建立的。由于当初设立时的盲目性、抢救性和功利性（为了获取更多的资金），普遍存在分头设置、标准模糊、边界不清、功能单一、生态破碎、机构重叠、多头管理、"贪多求大、先划后建、重划轻管"和"普遍违法"等突出问题。[3]迄今为止，尚未形成分类科学、划界合理、统一协调、运转高效的自然保护地体系，不仅在整体上严重影响了自然保护地生态产品和生态服务的有效供给，也不必要地妨碍了部分自然保护地内居民的正常生产生活。[4]

只有从体制改革入手，方能从根本上解决上述问题。2013年11月，党的十八届三中全会报告《中共中央关于全面深化改革若干重大问题的决定》首

---

[1] 2019年6月，中共中央办公厅、国务院办公厅印发的《关于建立以国家公园为主体的自然保护地体系的指导意见》明确了14类自然保护地，包括自然保护区、风景名胜区、地质公园、森林公园、海洋公园、湿地公园、冰川公园、草原公园、沙漠公园、草原风景区、水产种质资源保护区、野生植物原生环境保护区（点）、自然保护小区、野生动物重要栖息地。

[2] 顾仲阳："国家林草局解读如何进一步深化自然保护地改革"，载《人民日报》2019年7月12日。

[3] 早年进行自然保护区划界时，一些地方存在"贪多求大、划而不管"的政绩冲动，没有对自然资源和生态环境做本地调查，没有科学、认真地分析保护对象的保护要求，未经科考、论证就盲目申报建立自然保护区。结果，部分自然保护区范围划得过宽、过大，有的将城镇、村庄和农田乃至已开发的旅游胜地或建设项目划入其中，有些甚至还划在自然保护区的核心区内。如此一来，使得保护区内原住民较多，人类活动和生产经营活动频繁，且生产生活对自然资源依赖度高，直接干扰破坏生态环境，核心区缓冲区随意进入，"普遍违法"的问题较为突出。何伟、周凯、李松："当初随意圈画的自然保护区，如今尴尬了!"，载《半月谈》2019年第14期。

[4] 基于2010年的数据，在407个国家级自然保护区中，360个自然保护区内有农业生产用地，374个自然保护区内有村镇建设用地，370个自然保护区内有交通运输用地，分别占国家级自然保护区总数的88%、92%和91%。据不完全统计，约有86%的交通设施和62%的采石场都建于自然保护区成立之前。类似的"历史遗留问题"还有很多。徐网谷等："中国国家级自然保护区人类活动分布现状"，载《生态与农村环境学报》2015年第6期。

次提出，要"加快生态文明制度建设……建立国家公园体制"。2015年5月，国家发改委、原环境保护部、原国家林业局等13个中央部委局办联合签发《建立国家公园体制试点方案》。[1]自此，我国稳步推进了国家公园体制改革[2]试点工作。2016年6月，国家发展改革委批复了《武夷山国家公园体制试点区实施方案》，武夷山遂成为全国第7个国家公园体制改革试点区。[3]2016年8月，福建省林业厅牵头制定了《武夷山国家公园管理条例（草案征求意见稿）》。2017年11月24日，福建省第十二届人民代表大会常务委员会三审通过了《武夷山国家公园条例（试行）》，自2018年3月1日起施行。2019年4月22日至27日，笔者随国家林草局国家公园办一行赴福建有关部门，就武夷山国家公园立法和实施问题进行了较为全面、深入的考察和调研。以下，笔者将此次调研过程中所观察、了解和思考的情况作一梳理，以期为国家公园立法尽绵薄之力，敬请方家指正。

一、武夷山国家公园试点区概况

（一）整体情况

武夷山国家公园体制试点区域位于福建省背部，分别与武夷山市西北部、建阳区和邵武市北部、光泽县东南部、江西省铅山县南部接壤。经福建省自然资源厅统一确权，试点区总面积为942.02平方公里（主要为经济林），包括武夷山国家级自然保护区（1979年设立，约565平方公里）、武夷山国家级风景名胜区（1982年设立，1999年被列入《世界自然与文化遗产名录》，约64平方公里）和九曲溪上游保护地带（约300平方公里，内有2004年设立的武夷山国家森林公园，面积为74平方公里，其中核心景区规划面积为31

---

[1]《建立国家公园体制试点方案》提出了试点目标和重点内容，将北京、黑龙江、吉林、浙江、福建、湖北、湖南、青海、云南作为体制建设试点，每个省（市）分别选取一个区域开展工作。经甄选，确定为八达岭、伊春、长白山、开化、武夷山、神农架、城步、玛多、普达措9个区域为试点区，试点时间为3年，2017年底结束。

[2] 2015年4月和9月，中共中央、国务院先后发布《关于加快推进生态文明建设的意见》和《生态文明体制改革总体方案》，对建立国家公园体制提出了具体要求，强调要"加强对重要生态系统的保护和利用，改革各部门分头设置自然保护区、风景名胜区、文化自然遗产、森林公园、地质公园等的体制"，"保护自然生态系统和自然文化遗产原真性、完整性"。

[3] 目前，全国共有东北虎豹、祁连山、大熊猫、三江源、热带雨林、武夷山、神农架、普达措、钱江源、南山等试点的国家公园，涉及吉林、黑龙江、青海、陕西、四川、甘肃、海南、福建、湖北、云南、浙江、湖南等12个省（市），面积超过20万平方公里。

平方公里），三者几乎没有重叠（如下图1所示）。试点区分为特别保护区、严格控制区、生态修复区和传统利用区共四类功能区域，涉及武夷山市、建阳区、光泽县和邵武市4个县（市、区）约3.8万人口。

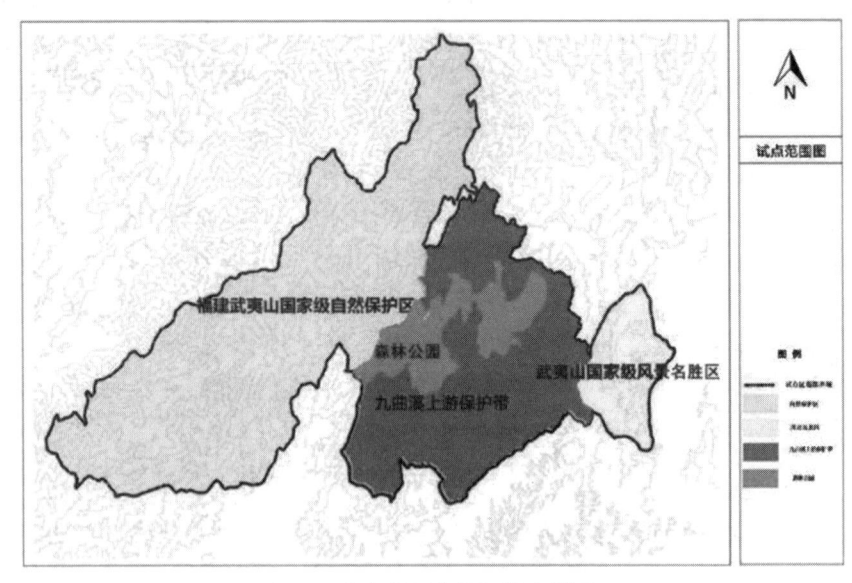

图1 武夷山国家公园整合简图

其中，特别保护区，在范围上包括原武夷山自然保护区的核心区和缓冲区、原武夷山风景名胜区的特级保护区，面积为424.07平方公里，占武夷山国家公园总面积的43.16%。严格控制区，在范围上包括原武夷山自然保护区的实验区、原武夷山风景名胜区的一级保护区，面积为160.39平方公里，占武夷山国家公园总面积的16.32%。生态修复区，在范围上包括原武夷山风景名胜区的二级保护区、三级保护区以及九曲溪上游保护带（扣除村庄区域），面积为365.44平方公里，占武夷山国家公园总面积的37.19%。传统利用区，在范围上包括九曲溪上游保护带涉及的8个村庄区域，面积为32.69平方公里，占武夷山国家公园总面积的3.33%。

（二）基本特征

总体而言，武夷山试点区具有如下几大显著特征：

1. 自然和人文资源丰富，生态服务功能突出

武夷山[1]国家公园试点区是世界上同纬度最完整、最典型、面积最大的中亚热带森林生态系统和世界文化遗产地，拥有210.7平方公里未受人为破坏的原始森林和植被，生物多样性异常丰富，[2]武夷山也因此而被誉为"鸟的天堂""蛇的王国""昆虫世界""世界生物模式标本产地""研究亚洲两栖爬行动物的钥匙"等。此外，武夷山的景观旅游价值也特别突出。[3]更为重要的是，该试点区还是世界红茶和乌龙茶的发源地，以及中国唯一的"茶文化艺术之乡"。

2. 土地权属复杂，国有土地占比偏低

2018年7月6日，经福建省自然资源厅确权登记，试点区内国有土地为276.59平方公里，占比只有29.36%；集体土地为665.43平方公里（主要为经济林），占比达70.64%。试点区内集体土地比例过高，给国家公园管理带来了严峻的挑战。据悉，这一问题在全国比较普遍（见表1），必须下大力气解决。

---

[1] 传说中国古代最长寿的人叫彭祖，活了八百多岁。尧舜时期，彭祖隐居于闽。闽北洪水泛滥，百姓陷于荒灾，彭祖的两个儿子彭武和彭夷挺身而出，带领大家疏通河道堆积的淤泥，抗险救灾。大水退去，洪荒之地竟呈现出一片秀美风光：连绵高山险峻林立，山脚河道弯曲东流，河水碧波荡漾。人们为了纪念彭武和彭夷的功绩，把这片连绵山脉称之为武夷山，把山中大河称之为九曲溪，在山脚下修建武夷宫并刻上二人的名字。这就是有关武夷山来历的传说。

[2] 试点区的鸟类种数达302种，占全国种数近1/4。其中，国家一级保护鸟类有黄腹角雉、白颈长尾雉和中华秋沙鸭等。蛇类种数达58种，占全国种数的27.75%，其中的12种为模式标本产地种，特别是挂墩后棱蛇是我国的特有种。昆虫种类多达6849种，全世界共计34目的昆虫，试点区就有31目。其中的金斑喙凤蝶，被誉为"蝶中仙子"，是我国唯一被列入国家一级保护动物的蝶类。两栖类动物35种，爬行类动物80种，哺乳类动物79种，鱼类62种。其中，已列入《濒危野生动植物物种国际贸易公约》的动物有65种，不少是当地特有的珍稀物种，如崇安髭蟾、武夷湍蛙和武夷厚唇鱼等。试点区的植物物种和群落也很丰富，有红豆杉、银杏、钟萼木和水松等国家一级保护植物4种，鹅掌楸、香果树、半枫荷、蛛网萼等国家二级保护植物19种，还有福建假稠李、武夷蒲儿根等武夷山独有的珍稀植物。特别是黄岗山区域，生长着1000多亩集中连片、保存完好的南方铁杉群落。

[3] 试点区具有"碧水丹山"特色的典型丹霞地貌景观和诸多历史文化遗迹，具有重大的景观旅游价值。正所谓："东周孔丘，南宋朱熹，北有泰岳，南有武夷。"据记载，武夷山拥有高悬崖壁数千年不朽的架壑船棺18处，有书院遗址35处，有堪称中国古书法艺术宝库的历代摩崖石刻450多方，宫观寺庙及遗址达60余处。

表 1　试点国家公园基本情况

试点的国家公园	总面积（km²）	集体土地占比	所属省份	整合的保护地类型
武夷山	665.43	70.6%	福建	福建武夷山国家级自然保护区、武夷山国家森林公园、武夷山风景名胜区、九曲溪光倒刺鲃国家级水产种质资源保护区
神农架	1170	14.2%	湖北	神农架国家级自然保护区、神农架大九州国家湿地公园、神农架国家森林公园
钱江源	252.16	84.0%	浙江	古田山国家级风景名胜区、钱江源国家森林公园、钱江源省级风景名胜区
三江源	123 100	0.0%	青海	三江源自然保护区、黄河源国家水利风景区、扎陵湖-鄂陵湖水产种质资源保护区、扎陵湖-鄂陵湖国际重要湿地
东北虎豹	14 612	0.0%	吉林 黑龙江	珲春国家级自然保护区、汪清国家级自然保护区
大熊猫	27 134	21.9%	四川 陕西 甘肃	四川省岷山片区、邛崃山-大相岭片区，陕西省秦岭片区和甘肃省白水江片区共80余个各类自然保护地
祁连山	52 000	0.0%	甘肃 青海	祁连山国家级自然保护区
普达措	300	21.9%	云南	碧塔海国际重要湿地、碧塔海省级自然保护区、三江并流国家级风景名胜区、三江并流世界遗产地
南山	635.94	58.5%	湖南	南山国家级风景名胜区、金童山国家级自然保护区、两江峡谷国家森林公园、白云湖国家湿地公园
热带雨林	4400	0.0%	海南	五指山等5个国家级自然保护区、佳西等3个省级自然保护区、黎母山等4个国家森林公园、阿陀岭等6个省级森林公园及相关国有林场

3. 社区人口密集，人地矛盾突出

试点区跨越武夷山市、建阳区、邵武市、光泽县等4个县（市、区），涉及9个乡镇、25个行政村的3.8万人（试点区内居住人口2.03万）。其中，试点区内的居住人口主要集中于九曲溪上游保护地带，给生态保护和社区管理带来了巨大挑战。

4. 生态系统结构复杂，保护地类型多样

试点区不仅是世界文化与自然遗产地，还是世界生物圈保护区。试点区国家公园内包含了武夷山国家级自然保护区、武夷山国家级风景名胜区、武夷山国家森林公园[1]、九曲溪光倒刺鲃国家级水产种植资源保护区等多种类型的自然保护地。试点区整体生态系统的结构组成较为复杂，不同区域的环境容量、资源禀赋和生态承载力各不相同，必须因地制宜地采取多样性、差异化的保护措施。

5. 保护与发展的矛盾突出，立法平衡和执法查处任务艰巨

试点区是中国乌龙茶和红茶的发源地，茶山分布广、茶园面积大、茶叶收入丰厚，村民和合作社毁林种茶的利益驱动大，保护与发展的矛盾特别突出，立法上利益协调复杂，监管执法任务艰巨，阻力重重，维稳压力巨大。在试点地区，由于生态公益林补偿远远低于开山种茶的收入，加之近年来武夷山岩茶价格上涨，毁林种茶的冲动大增，管理和执法工作面临严峻挑战。

二、武夷山国家公园立法和实施的成就和经验

福建省高度重视试点区立法工作，在研究整合《福建省武夷山国家级自然保护区管理办法》《福建省武夷山风景名胜区保护管理办法》《福建省武夷山世界文化和自然遗产保护条例》等法律法规和充分进行实地调研的基础上，用一年左右的时间，出台了《武夷山国家公园条例》，为积极稳妥、规范有序地推进武夷山国家公园试点工作提供了可靠的法律依据。

---

[1] 武夷山国家森林公园，位于福建省武夷山风景区九曲溪上游生态保护区的北部，距武夷山国家旅游度假区20公里。地处武夷山风景区和武夷山国家自然保护区之间。2004年11月，经国家林业局批准，原武夷山森林公园和武夷山原始森林公园合并成为国家森林公园。森林公园总面积7418公顷，其中核心景区规划面积3085公顷，全部为国有生态公益林，是一个集多种景观于其中、融山水之灵气的原始森林公园。公园内自然资源丰富，拥有世界上同纬度带仅存的最典型、面积最大、保存最完整的中亚热带原生性森林生态系统和世界珍稀特有野生动植物的基因库。

（一）武夷山国家公园立法的主要成就和宝贵经验

《武夷山国家公园条例（试行）》（以下简称《条例》）共设8章71个条文，总计10 285字。总体而言，从立法思路和立法技巧来看，主要具有如下重要成就和宝贵经验：

1. 立法顶层设计较为科学合理

从立法的宏观思路来看，立法的首要问题是如何进行顶层设计，譬如怎样进行立法定位，如何设计法律框架，如何确定法律的调整范围，等等。

第一，合理进行立法定位。《条例》最初的名称为《武夷山国家公园管理条例》，在性质和功能上被定位为"管理法"。后来在审议时，福建省人大法工委认为，《条例》涉及农民合法权益的保护和特色生态产业的发展等诸多方面的问题，不宜仅仅将其定位为以政府管理为本位的"管理法"，二审稿遂改名为《武夷山国家公园条例（试行）》。

第二，立法框架层次清晰，主次分明。《条例》共设8章，按照"先总后分""先主后次""建设—保护—利用"等逻辑，将各章设计为：

第一章 总则（8条676字）
第二章 管理体制（10条1570字）
第三章 规划建设（12条1658字）
第四章 资源保护（14条2378字）
第五章 利用管理（13条1559字）
第六章 社会参与（5条632字）
第七章 法律责任（7条1610字）
第八章 附则（2条99字）

其中，"管理体制""规划建设"和"资源保护"属于《条例》的重点内容。

第三，保护对象广泛，保护范围明确，但又不失灵活性。《条例》第2条既明确了保护范围为"武夷山国家级自然保护区、武夷山国家级风景名胜区和九曲溪上游保护地带"，但又规定"具体范围以经批准的国家公园总体规划为准"。这就为调整国家公园的范围打下伏笔，留下了空间。此外，第33条还以列举的方式，明确了《条例》的保护对象，即不仅包括自然资源、生态环境，还涉及人文资源、传统文化等十分广泛的范围。

2. 设立了主体独立、责任明确、协同配合的监管体制

"法律是一种制度性规范秩序"[1]，国家公园立法，体制"秩序"的设计是重中之重。对此，2017年9月中共中央办公厅、国务院办公厅印发了《建立国家公园体制总体方案》，要求"建立统一管理机构。整合相关自然保护地管理职能，结合生态环境保护管理体制、自然资源资产管理体制、自然资源监管体制改革，由一个部门统一行使国家公园自然保护地管理职责。国家公园设立后整合组建统一的管理机构，履行国家公园范围内的生态保护、自然资源资产管理、特许经营管理、社会参与管理、宣传推介等职责，负责协调与当地政府及周边社区关系。可根据实际需要，授权国家公园管理机构履行国家公园范围内必要的资源环境综合执法职责"。换言之，国家公园管理机构的职责，不仅有资源产权管理、资源利用监管、生态保护监管，还须为国家公园中的居民提供参与管理和推介服务等。

武夷山国家公园体制改革，重在整合武夷山自然保护区、武夷山风景名胜区和九曲溪保护地带等生态碎片化区域，实现统一管理，增强各类自然保护地的连通性、协调性和完整性。《条例》第9～18条，对国家公园的管理体制进行了较为详细的规定。

第一，规定了武夷山国家公园局（以下简称为公园局）为主体、市、县、乡各级地方政府协同管理、村（居）民委员会协助参与的体制格局（第9～13条）。其中，公园局的主体职责主要包括：（1）自然资源、人文资源和自然环境的统一监管；（2）自然资源资产的保护和管理；（3）世界文化和自然遗产的监管。市、县（市、区）、乡（镇）等各级地方政府及其他职能部门的职责是：经济社会发展综合协调、公共服务、社会管理、市场监管、旅游服务等主管职责，协同和配合国家公园管理机构对自然和人文资源、生态环境、文化和自然遗产进行管理。

第二，授予了公园局相对集中的行政处罚权，履行环境资源综合执法职责。至于经济社会发展综合协调、公共服务、社会管理、市场监管和旅游服务等方面的行政处罚权，仍由地方政府及其他职能部门负责（第15条）。

第三，规定了公园局与地方政府的协作机制和联动执法规则（第14条）。

---

[1] [英]尼尔·麦考密克：《法律制度：对法律理论的一种解说》，陈锐、王琳译，法律出版社2019年版，第1页。

第四，贯彻了"社会治理"的理念，重视和强调社会力量的运用，如采用与周边社区签订合作保护协议（第17条）等方式，共同保护国家公园周边自然资源和生态环境。

第五，强制性要求建立管护组织，配备专职或者兼职管护员（第18条）。

3. 体现了"空间有序化"的生态文明要求，实行分区管理，妥善处理保护和发展的矛盾

生态文明观认为："发展问题的生态学根源在于经济与环境脱节、生产与消费分离、体制条块分割、认知支离破碎科学还原论主导、决策就事论事，导致资源代谢在时间、空间尺度上的滞留和耗竭，系统耦合在结构、功能关系的破碎和板结，社会行为在局部、整体关系上的短见和反馈机制的缺损。"[1]"我们经常把文明和自然分离开来；现在，我们必须把文明与自然联系起来——首先在政府的政策中，其次在商业中，最后在个人的具体生活中。"[2]把文明与自然联系起来，将经济、社会与自然融为一个整体，实行一体化的发展，这便推进了生态文明的产生和演进。换言之，生态文明建设并非要否定和反对发展，恰恰相反，生态文明要求的是可以做到人与自然相协调、能够实现"社会-经济-自然"复合生态系统之"三生共赢"（生产发达、生活美满和生态平衡）的高质量发展（如下图2）。

正如沈国舫院士所言："我们既不能把国家公园当作一般公园那样去过度开发游憩旅游资源，也不能采用极端的环境主义的态度去对待，绝对化的保护也是行不通的。"[3]换言之，要坚持"总体利益最大化"的原则，按照功利主义的要求，制定科学、合理的决策，实现经济利益、社会利益（文化保护和民生改善）和生态利益在总体利益上的最大化（第31条）。对此，最基本的要求就是，推进"空间发展格局的有序化"（简称为"空间有序化"），对生活空间、生产空间、生态空间进行一体化的布局和配置，以优化整个国家公园国土空间的利用格局。

---

[1] 王如松："生态文明建设的控制论机理、认识误区与融贯路径"，载《中国科学院院刊》2013年第2期。

[2] [美]霍尔姆斯·罗尔斯顿：《环境伦理学——大自然的价值以及人对大自然的义务》，杨通进译，许广明校，中国社会科学出版社2000年版，第335页。

[3] 沈国舫："生态文明与国家公园建设"，载《北京林业大学学报（社会科学版）》2019年第1期。

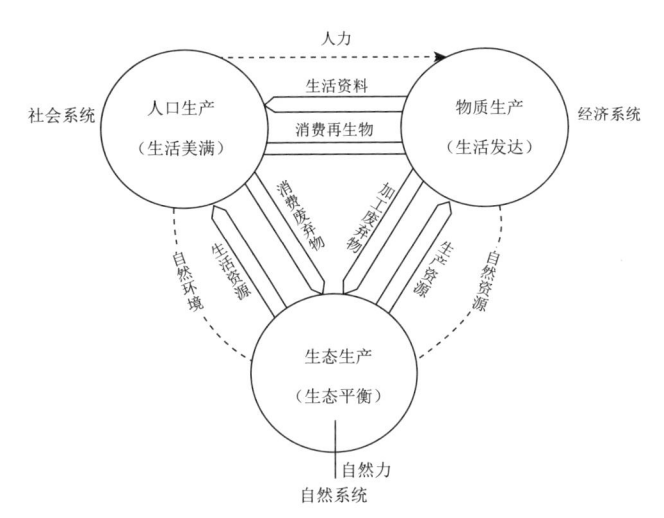

图 2　"社会-经济-自然"复合生态系统中"三生"共赢示意图

《条例》隐现和暗合了这一理念，特别是在第 23~25 条规定了分区管理制度。具体而言，《条例》根据生态系统功能、保护目标和利用价值的不同，将武夷山国家公园划分为特别保护区、严格控制区、生态修复区和传统利用区四大区域。[1]其中，特别保护区[2]是指为保护自然状态的生态系统、生物进化进程以及珍稀、濒危动植物的集中分布区域。具体包括原自然保护区的核心区和缓冲区，原风景名胜区的特级保护区。严格控制区[3]是指为保护具有代表性和重要性的自然生态系统、物种和遗迹的区域。具体包括原自然保护区的试验区，原风景名胜区的一级保护区。生态修复区[4]是指为生态修复重点区域，是向公众进行自然生态教育和遗产价值展示的区域。具体包括

---

[1]　《神农架国家公园保护条例》按照生态功能和保护目标的不同，将神农架国家公园划分为严格保育区、生态保育区、游憩展示区和传统利用区四大区域。

[2]　特别保护区是武夷山国家公园试点区中保护级别最高的区域，本区域内的生态系统必须维持自然或原真状态。

[3]　在严格控制区内，可以安置必要的步行浏览道路和相关设施，可以进入从事科学试验、教学实习、低干扰生态旅游以及驯化、繁殖珍稀、濒危野生动植物等活动，严禁开展与自然保护区保护方向不一致的参观旅游项目。

[4]　生态修复区以生态修复为目标，通过征收、置换等手段，逐步将区内商品林调整为生态公益林，培育以阔叶树为主的林分，提高国家公园的整体生态功能。严格控制旅游开发和利用强度，允许游客进入，但只能安排少量管理及配套服务设施，禁止与生态文明教育及遗产价值展示无关的设施建设。

原风景名胜区的二级、三级保护区和原九曲溪上游保护地带不含村庄的区域。传统利用区[1]是指为原住居民生活和生产的区域。具体包括原九曲溪上游保护地带的村落和部分生产区域，如农田和部分茶山。《条例》以此分区为基础，因地制宜地规定了不同保护方式和保护力度的管理措施[2]。

此外，《条例》还就空间用途管制（第34~35条）、商品林收储（采用置换、赎买、租赁、合作经营等方式将商品林调整为生态公益林，第34条）、建立生物多样性保护基地、重要物种栖息地、繁育基地及种质资源库、迁地保护（第37条）等空间利用秩序调整、生态空间保护等问题作出了全面规定。

4. 部分体现了"发展生态化"的生态文明理念，对保护生态环境和合理利用自然与人文资源作出了规定

生态文明观主张，生态文明建设的重要方法是对传统发展进行生态化的改造，特别是推进传统经济社会发展方式的生态化，以降低人类系统经济社会发展的生态环境代价和自然资源成本。[3]所谓生态化，是指以生态学、系统论和控制论的原理和定律为依据，将人类系统对自然有影响的认识和活动进行有利于人与自然协调发展的调整和改造的趋势和过程。

发展生态化的首要内容是经济发展的生态化。对此，《条例》规定了规划（第19~22条和第26、28、29条）、建设项目审批（第27条）、项目施工规制（第28条）、生态环境监测预警（第36条）、防止有害生物入侵（第38~39条）、森林防火（第40条）、生态保护补偿（第41条）、检疫检查站（第43条）、突发事件应急（第56条）等自然资源和生态环境保护制度。此外，《条例》还就自然资源和人文资源的合理利用，对特许经营（第16条、第46~47条）、土地承包经营（第48条）、茶园总量控制和茶园改造（第50条）等内容做出了较为全面的规定。譬如，《条例》规定，对集体所有的土地以及地上各类自然资源，可采取征收、租赁、设置公共地役权（草案一审稿规定了这种方式，但后来删除了）等方式实施用途管制，并强调因征收或者用途管制造成权利人损失的，应当依法、及时给予补偿。

---

[1] 传统利用区允许原住居民开展适当的生产活动，建设必要的生产和生活设施，如公路、停车场、环卫设施等，但必须与生态环境相协调。

[2] 《武夷山国家公园条例（试行）》第25条。

[3] 杨朝霞："论我国土地法的生态化"，载《清华法治论衡》2014年第3期。

须特别肯定的是,《条例》运用了类型化的管理思维,将国家公园内的生产经营项目分为公益性项目和经营性项目,并采取了差别化的管理制度。对九曲溪竹筏游览、环保观光车、漂流等涉及环境公益的营利性项目实行特许经营制度,医疗、通信、绿化、环境卫生、保安和基础设施维护等公共服务类项目则不纳入国家公园特许经营范围(第46~47条)。

社会和政治发展生态化也是发展生态化的重要内容。在推进社会发展生态化方面,《条例》不仅要求控制人口内迁(第49条),还要求公园内村庄(居民点)、茶叶生产加工区的规划设计,"建筑外观、建筑风格、环境景观和配套设施等,应当符合国家公园规划要求,保持与自然资源、人文资源相协调的村庄风貌和民居特色"(第28条)。在推进政治发展生态化方面,《条例》规定了自然生态系统保护成效考核评估制度、领导干部自然资源资产离任审计和生态环境损害责任追究制度(第6条)。

5. 闪烁出"生态资本化"的生态文明思想火花,着力发展绿色经济,推进本地特色生态产业的发展

生态文明观认为,生态文明建设的路径之一是通过良好生态环境的资本化,发展生态产业和绿色经济。生态环境经过产权化变为生态环境资产,再经过政府付费、市场交易或产业化等资本化运营方式变为生态环境资本,最终实现其价值,这一过程被称为生态环境资本化,[1]可简称为生态资本化。[2]根据资本化的方式的不同,可分为直接的生态资本化和间接的生态资本化。直接的生态资本化是指将生态环境的价值直接变现,具体包括生态服务付费[3]、生态保护补偿和生态资产交易等方式。间接的生态资本化是指将良好的生态环境要素作为生产条件或生产要素而实现营利,包括林下经济、生态养殖、生态旅游、观光农庄、文化产业等绿色经济。无论是生态环境的直接资本化还是间

---

[1] 参见高吉喜、李慧敏、田美荣:"生态资产资本化概念及意义解析",载《生态与农村环境学报》2016年第1期。

[2] 从理论上看,广义的生态资本化可被分为生态环境资本化和生态资源资本化两类。生态环境资本化,强调对自然要素的非消耗性利用,如发展林下经济、森林康养、森林旅游、森林文化等森林产业,属于绿色经济的范畴。生态资源资本化,即强调对自然资源实体的开发利用,如林木商业性砍伐、水力发电等,大多属于排他性、消耗性的利用,通常会产生环境和生态的负面效应,属于传统经济的范畴,要遵循保护优先、合理利用等绿色原则。

[3] 靳乐山、李小云、左停:"生态环境服务付费的国际经验及其对中国的启示",载《生态经济》2007年第12期。

接资本化，其共同特征是对自然要素的非消耗性利用。

《条例》虽然没有全面树立"生态资本化"的理念，但也闪烁着这一生态文明先进理念的制度火花：要求武夷山国家公园内林地、耕地的利用，"按照绿色发展的要求，创新生产经营模式，提升发展生态产业能力"。此外，《条例》还要求武夷山国家公园局组织和引导原住居民发展旅游服务业、茶产业和文化创意产业等特色产业，开发具有当地特色的绿色产品，促使居民持续、稳定增收（第51~52条）。

6. 坚持"以人为本"和"以人民为中心"的生态文明基本立场，着力维护原住民合法权益

生态文明观主张，生态文明建设绝不是要奉行单极的"生态中心主义"乃至"极端环保主义"，其基本立场是"以人为本"和"以人民为中心"，以不断满足人民群众对优质生态产品和生态服务日益增长的利用需要为出发点，以尊重和保护环境权、兼顾生存权和发展权（主要体现为原住民对自然资源的传统开发利用权）、维护环境公平为落脚点。对此，《人类环境宣言》早就指出："世间一切事物中，人是第一可宝贵的。"曲格平老先生也特别告诫："我们在环保工作中常常出现'见物不见人'的情况，……一定要把以人为主体的生命系统作为环境保护的主要任务。"[1] 2019年6月，中共中央办公厅、国务院办公厅印发的《关于建立以国家公园为主体的自然保护地体系的指导意见》也指出，要探索全面共享机制。

对此，《条例》不仅规定要保护土地承包经营人的合法权益，支持其依法、自愿、有偿地进行土地承包经营权流转（第48条），而且要求建立以资金补偿为主，技术、实物、安排就业岗位等补偿为辅的生态补偿机制（第41条），并通过置换、赎买（林农的林木所有权和林地使用权一并收归国有）、租赁（政府通过租赁的形式对需要重点保护的成熟林分进行租赁并加强保护。在政府租用期间林木权属不变，林木由所有者管护，具体参照生态公益林管理）等方式，逐步将商品林调整为生态公益林（第34条）。为了妥善解决原住民的民生等历史遗留问题，《条例》还特别规定，要通过将符合条件的原住民优先聘为生态管护员、护林员（第18条），以有效解决当地村民的就业增

---

[1] 张可兴："如何看待生态环境部的成立，环保泰斗曲格平这么说"，载《中国环境报》2018年6月12日。

收问题。此外，针对试点区内茶山面积大、分布广，茶产业是武夷山村民主要产业这一特征，推进茶产业向专业化、标准化、规模化、品牌化发展，通过"公司+基地+农户"的形式，推进"茶旅融合"，与农户建立利益联结和发展共生机制，增加居民特别是茶农的收入（第51条）。[1]

7. 体现了"治理社会化"的生态文明建设要求，建立了部门联合保护机制、省际协作机制和社会参与机制

生态文明观主张，建设生态文明绝不可各自为政、单打独斗，而是应当充分利用社会分工和社会协作，采用政企合作、部门联动、产业联合、公众参与等生态文明治理社会化的举措，并肩携手解决所共同面对的环境问题。国家公园的生态环境保护和资源合理利用既需要政府主导和部门协同，也需要发挥社会公众的作用，让人民群众参与到国家公园事业中去，对政府是否依法履行职责、是否依程序办事，对企业和个人是否履行环境保护义务等进行监督。换言之，要实现从"社会管理"到"社会治理"的转变，走社会合作、齐抓共管、协同共治的路子。[2]对此，《条例》不仅规定了省级联席会议制度（第9条），而且要求建立市内联合保护机制和省际协作保护机制（第14条），与社区合作保护的行政协议机制（第17条）。此外，还用了一章共6个条文对社会捐助（第58~59条）、专项基金（第59条）、志愿服务（第60条）、专家咨询（第61条）、公众监督（第62条）等内容作出了全面规定，在此不再赘述。

8. 按照权责一致的原则，设置了严苛的法律责任

如果说权利和义务是法律规范性的核心内容，那么，责任则是法律权威性和强制性的重要保障。法律责任是促进权利得以实现、义务得以履行的坚强后盾。相比于其他地方的国家公园立法，《条例》规定了更为严厉的法律责任。譬如，对违法在武夷山国家公园内开发或者变相开发房地产，修建储存爆炸性、易燃性、放射性、毒害性、腐蚀性物品的设施的，除了责令限期拆除、没收违法所得之外，还要并处50万元以上100万元以下的罚款（第63条）。

---

[1] 黄宝荣等：“我国国家公园体制试点的进展、问题与对策建议”，载《中国科学院院刊》2018年第1期。

[2] 程萍：“社会治理为什么要社会化？”，载《半月谈》2018年第1期。

(二) 武夷山国家公园法律实施的主要成就和宝贵经验

早在四百多年前,张居正就指出:"天下之事,不难于立法,而难于法之必行。"庞德同样强调:"法律的生命在于其实施。"自 2018 年 3 月 1 日《条例》开始施行以来,福建省林业厅、武夷山国家公园管理局、武夷山市林业局等部门高度重视实施工作,取得了诸多可喜的成就和可资借鉴的经验。

1. 及时组建武夷山国家公园局,不断推进体制改革

早在 2017 年 3 月,福建省委编委会就印发了《关于武夷山国家公园管理局主要职责和机构编制等有关问题的通知》,将武夷山国家级自然保护区管理局、武夷山风景名胜区管委会有关自然资源和生态保护的监管职责予以整合,组建正处级的武夷山国家公园局,并由副厅级的福建省林业厅副厅长担任首任局长。管理局由福建省政府垂直管理,在过渡期内依托福建省林业厅开展工作。管理局内设办公室、政策法规部、计财规划部、生态保护部、协调部等五部室,下设执法支队和科研监测中心。

2. 建立健全联动机制,推进区域联合和部门协同

国家公园的保护牵涉范围广泛,利益关系复杂,单靠国家公园机构单打独斗难有成效,只有强化行政协调和部门联动,联手推进法律实施,方有出路。

第一,建立省级、基层的联席会议制度和联动工作机制。譬如,武夷山国家公园局与武夷山市建立联席会议制度,联合出台过渡期保护和管理的实施办法,建立乡镇村联保联动工作机制和资源保护执法快速反应机制。武夷山国家公园局分别与建阳区、光泽县建立联席会议制度和基层联动工作机制。

第二,成立省际联合保护委员会和联合保护机制。福建省林业厅联合江西省林业局成立了闽赣两省联合保护委员会,建立了统一协调、相互协作、快速高效的武夷山生态系统完整性联合保护机制。武夷山国家公园管理局还联合了南平市人民检察院成立了联合保护委员会,启动了生态环境和资源保护检察监督专项行动。

3. 通过赎买、租赁、合作经营持续推进商品林收储,不断扩大生态公益林比重

早在十多年前,武夷山市就树立了"生态立市、旅游兴市"的战略,高度重视森林资源的保护和建设。2006 年率先停止阔叶林采伐审批,2008 年开始全面禁止天然针叶林采伐,2009 年规范茶山开垦,2011 年对重点生态区位

内商品林实行限伐，2013 年全面禁止重点生态区位林木和天然林采伐。不过，这些措施也导致重点生态区位内商品林收益难以变现，生态保护与林农收益的矛盾日益突出。

为缓和公益、私益之间的矛盾和冲突，推进森林资源保护工作的持续进行，2015 年以来武夷山市相继出台《武夷山市重点区位商品林收储实施意见（试行）》（武政综［2015］83 号）、《武夷山市人民政府关于开展 2017 年重点区位商品林收储工作的通知》（武政综［2017］29 号）等规范性文件，采用置换、赎买、租赁、合作经营等方式，[1]推进重点区位商品林的收储工作。[2]最先，武夷山市在星村镇开展重点区位商品林赎买改革试点工作，2016 年列入全省首批重点生态区位赎买改革试点县。

自 2016 年始，武夷山市每年筹措资金 2000 万元用于重点区位商品林收储，目前已完成收储 16 967 亩。其中，赎买林分面积 10 738 亩，杉木林的赎买价格约 3000 元/亩至 3500 元/亩（按 2015 年的交易指导价，杉木 456 元/立方米，马尾松 200 元/立方米），赎买期限一般为 20 年。租赁林分面积 1622 亩，杉木林的租赁价格约 22 元/亩至 30 元/亩，租赁期限一般为 20 年。合作经营林分面积 4607 亩，即所谓的设置公共地役权，价格约 20 元/亩，一般稍低于租赁，但实际上这种方式在武夷山试点区用的极少（因为补偿费用远远低于赎买和征收，林农没有意愿）。通过上述方式，共投入重点区位林木收储资金 3060 万元。2018 年，武夷山市纳入南平市森林质量精准提升工程项目，

---

［1］ 所谓赎买，是指在对重点生态区位内的商品林进行调查评估的前提下，与林权所有者通过公开竞价或充分协商一致后，按双方约定的价格一次性或分批次将林木收归国有，林地使用权一并收归国有。租赁，是指政府通过租赁的形式对需要重点保护的成熟林分进行租赁并予以加强保护。在政府租用期间林木权属不变，林木由林权所有者管护，参照生态公益林管理。合作经营（生态补偿），是指由政府与林权所有者、村集体签订合作协议，共同经营改造重点保护区域内的林地林木，将重点保护区域内的林分逐步由单一树种、单一林层的人工针叶林改造为针阔混交复层林。完成改造后，林木所有权、林地使用权归还村集体，并列入县级生态公益林管理，参照省级以上生态公益林进行管理和补偿。

［2］ 2015 年 6 月，武夷山市印发《武夷山市重点区位商品林收储实施意见（试行）》，对商品林收储问题作出了较为全面的规定。所谓重点生态区位商品林，是指位于武夷山市重点生态区位范围内，符合国家级和省级生态公益林区划条件，暂未按有关规定和程序界定为生态公益林的森林和林地。2015 年，武夷山市共有重点生态区位商品林 36.31 万亩，其中，人工商品林 10.8 万亩。通过开展重点生态区位商品林收储工作，将收储后的商品林采取多种森林经营措施，培育成为以阔叶树占主导地位的林分，提升整体生态功能，并列入县级生态公益林管理。人工商品林是收储工作的重点，计划每年筹集资金 2000 多万元，通过购买、租赁、合作经营等方式，用 6 年时间完成九曲溪一重山人工商品林 1.98 万亩，15 年内完成九曲溪流域 6.6 万亩人工商品林的收储任务。

迄今为止，共完成商品林赎买林权过户7.33万亩，拨付资金3.28亿元。

4. 推进确权登记、生态保护补偿等重点制度的贯彻和落实

重点制度的落实，主要体现在如下几个方面：

第一，高效推进自然资源的确权登记。早在2017年3月，福建省国家公园联席会便制定了《武夷山国家公园体制试点区自然资源统一确权登记实施方案》，明确由自然资源厅牵头，南平市和武夷山市、建阳区、邵武市、光泽县政府具体实施。2018年7月6日，武夷山国家公园自然资源确权登记通过专家评估验收。

第二，实施生态公益林补偿政策和天然林保护补助制度，统一试点区生态公益林补偿标准（约25元/亩）。试点区外的生态公益林补偿标准，一般为22元/亩。

第三，建章立制，细化特许经营、生态管护、检查哨卡、入园管理等管理制度。其中，武夷山国家公园管理局组织编写了《特许经营管理办法》，于2018年10月19日报请福建省政府审定，2019年8月22日，福建省司法厅对《武夷山国家公园营利性项目特许经营管理办法（征求意见稿）》公开征求意见。值得一提的是，该意见第6条关于"武夷山国家公园管理机构应当引导与规范符合条件的社区居民参与特许经营项目，鼓励和支持特许经营者优先录用社区居民和生态移民"的规定，很好地体现和贯彻了生态文明建设"以民为本"的理念。

第四，落实规划制度。2018年12月13日，武夷山国家公园局总体规划和5个专项规划通过专家评审和听证，上报福建省政府审定。目前，总体规划正在进一步修改完善之中。

第五，落实茶山改造制度，出台生态改造的具体办法。为贯彻和落实《条例》第50条关于对不符合要求的茶园限期进行生态改造的规定，[1]2018年11月，武夷山国家公园管理局颁布了《武夷山国家公园茶园改造规定（暂行）》，对可改造茶园的具体条件（第5条）、适宜套种的阔叶树种和种植密度（第8条）、化学除草剂和农药禁用（第9、10条）、施肥（第11条）、"头

---

〔1〕《武夷山国家公园条例（试行）》第50条第1款规定："……本条例实施前已开垦的不符合国家公园规划和生态保护要求的茶园，应当按照国家公园规划的要求，限期进行生态改造，但违法违规开垦的茶园应当依法进行处理。"

戴帽、腰绑带、脚穿鞋"的改造标准[1]（第12条）、监管建档（第13条）、申请和审核程序（第4、6、14、15条）等问题作出了详细规定。

第六，积极落实生态管护、社区发展等制度。武夷山国家公园管理局与各村级管护单位签订《生态公益林管护责任书》，明确景区、森林公园和九曲溪上游地带生态公益林管护责任主体。从公园管理局周边村民中公开择优招聘生态公益林护林员14名（工资约2000元/月）、生态管护员[2]20名（工资约3000元/月），选聘社会监督员11名（无工资），设立违法举报电话，强化社会监督。

5. 严格执法查处，严厉打击违法犯罪行为

自《条例》实施以来，武夷山国家公园管理局累计发放责令停止建设通知书61份、告知书20份，拆除违规建设13户21处9930平方米，累计联合整治茶山6000多亩，联合复绿3000多亩，树立监督牌70面，悬挂宣传牌100面。此外，还深入开展了"春雷行动""绿剑2018专项行动"等专项行动，严厉打击了各类破坏环境资源犯罪活动。据统计，2018年共立刑事案件27起，刑事拘留15人，逮捕13人，取保候审1人，起诉14人；查处故意毁林治安案件6起，治安拘留5人；立林业行政案件14起，查处14起，处理违法人员14人，罚款9.05万元；等等。总体而言，国家公园体制改革试点赋予了武夷山国家公园管理局相对集中的综合执法权，使违规建设茶山的老问题基本得到根治。

三、武夷山国家公园立法和实施存在的问题和教训

（一）武夷山国家公园立法存在的主要问题

1. 商品林收储和国有化制度不细，公共地役权制度先立后删

按照中共中央办公厅、国务院办公厅印发的《关于建立以国家公园为主体的自然保护地体系的指导意见》，基于国家公园"在维护国家生态安全关键区域中的首要地位"，"在保护最珍贵、最重要生物多样性集中分布区中的主

---

[1] "头戴帽"是指山顶上要有固定水土的树林；"腰绑带"是指分水岭及坡度不大的山坡中间要有环山带；"脚穿鞋"是指茶山脚下设有森林护坡防沟，利用乔木灌木护住水土。总体来说是防止水土流失的种植树林的方针。

[2] 生态管护员属于国家公园局的正规队伍，承担的责任比护林员更多，属于单位的聘用职工。护林员也是聘请的，但属于松散型管理，不属于国家公园局的单位职工。

导地位",在"保护价值和生态功能中的主体地位"的定位,国家公园在面积规模、生态区位、重要程度、国家代表性上都居于主体地位、发挥主体作用。基于武夷山国家公园试点区集体林地占 70.64% 的客观实际,为实现国家公园的主体地位,更好地发挥国家公园的主体作用,有必要采用国有化等方式,提高国有生态空间及其林木的比重。为此,《条例》第 34 条和第 35 条规定了商品林收储制度和自然资源国有化制度。然而,细究起来,笔者发现至少存在如下几大问题:

其一,没有对商品林收储和自然资源国有化的目标和界限进行规定。譬如,是要把生态修复区内所有重点区位的商品林都变成生态公益林吗?[1]是否必要,有没有做过论证?一共需要多少资金,可否负担得起,是否做过立法预算?再如,是要把公园内所有的非国有自然资源都国有化,还是达到什么比例即可?必要性何在?资金上是否允许?

其二,自然保护公共地役权制度(以下简称"自然保护地役权")先立后删。所谓公共地役权,是指为了管线铺设、环境保护等公共利益的需要,通过当事人的约定或法律的规定,以给付一定有偿使用费为原则,而使不动产所有权或使用权人(供役地人)额外容忍某种不利益或特别承担某种负担,此时,国家、公共事业单位或公众(需役地人)可取得要求该不动产权利人容忍某种不利益或者承担某种负担的用途管制权。[2]譬如,为了低成本保护某一重要的非国家所有的野生动物栖息地,作为需役地(跟传统地役权有诸多不同,并不需要具体特定的需役地,通常为一定的自然要素或生态系统)人的政府可与该土地不动产权利人(作为所有权人的集体或作为农地承包权人的农户)之间签订具有法律约束力的公共地役权协议,并给予一定的经济补偿,该集体组织和农户会因公共地役权的设立而负担土地开发利用上的禁止性或限制性义务,而作为公共地役权人的政府则有权基于环境公共利益保护的需要而限制该块土地的用途。[3]

---

[1] 按照 2015 年印发的《武夷山市重点区位商品林收储实施意见(试行)》,武夷山市人民政府计划每年筹集资金 2000 多万元,通过购买、租赁、合作经营等方式,用 6 年时间完成九曲溪一重山人工商品林 1.98 万亩,15 年内完成九曲溪流域 6.6 万亩人工商品林的收储任务。

[2] See Jeffrey M. Tapick, "Threats to the Continued Existence of Conservation Easements", 27 Colum. J. Envtl. L., pp. 257, 285~286 (2002).

[3] Nancy A. McLaughlin, "Increasing the Tax Incentives for Conservation Easement Donations——A Responsible Approach", 31 Ecology L. Q. 1, 4 (2004).

自然保护地役权主要是对非国有自然资源（如集体所有的林地、草地、湿地、耕地等）进行生态环境和自然资源保护的重要制度，是地役权制度在环境法领域的"改良"性发展（自然保护地役权合同属于行政合同，自然保护地役权主体为自然保护行政机关，自然保护地役权的设立并不严格需要具体的需役地），具有很强的理论性、创新性和广泛的制度发展和应用空间，应当给予高度重视。尽管公共地役权在我国的环境立法领域才刚刚得到关注，但在美国、法国等发达国家已具有多年成熟的制度经验，完全可以通过国家公园立法将这一理论和制度普及化。公共地役权的制度优势在于，贯彻"环境保护经济化"（降低环境保护的经济成本和发展代价）的生态文明理念，以相对于征收、赎买、租赁等其他方式的低成本优势，取得对他人土地的用途管制权，从而实现对自然资源和生态环境的低成本保护。[1]然而，十分遗憾的是，据调查得知，《条例》在草案一审稿中本来是规定了公共地役权的，但后来在福建省人大常委会审议时，鉴于理论界对公共地役权尚有争议，且在试点区的实践中发挥的作用不大，便删除了这一制度，错失了理论研究和制度探索的良好契机。

在这方面，湖南南山国家公园试点区对 2.1 万亩林地开展了公共地役权协议试点。钱江源国家公园试点区，参照《浙江省森林生态效益补偿资金管理办法》的补偿标准，于 2018 年 3 月制定了《钱江源国家公园集体林地地役权改革实施方案》《钱江源国家公园集体林地地役权改革政策处理办法》和《钱江源国家公园集体林地地役权设定合同（范本）》等规范性文件，在不改变集体林地权属的情况下，政府通过与集体林地所有者（由村委会受委托统一签订地役权合同）签订协议，以 48.2 元/亩·年的补偿标准为对价，[2]取得对集体土地的利用方式、利用强度进行适度限制的生态保护地役权。[3]

---

[1] 参见张红霄、杨萍："公共地役权在森林生态公益与私益均衡中的应用与规范"，载《农村经济》2012 年第 1 期。

[2] 根据 2018 年的《钱江源国家公园集体林地地役权改革实施方案》，钱江源国家公园集体林地地役权改革补偿标准为 48.2 元/亩·年，其中公共管护和管理费用为 5 元/亩·年，生态保护地役权补偿金为 43.2 元/亩。

[3] 根据《地役权改革政策处理办法》的规定，地役权客体为钱江源国家公园规划中的具体土地，合同中对供役地基本情况（譬如位置、面积、每亩土地的补偿金额以及现状等）予以明确；划定双方权利义务范围，供役地人在不妨碍国家公园建设前提下，享有正常使用土地的权利，并按照合同约定尽到不损害钱江源国家公园环境的义务，国家公园管委会有权对土地的日常使用进行监督。

钱江源国家公园地役权改革通过放弃先前成本较高的租赁模式，变单一保护主体为利益共同体，[1]既通过限制农民的一定土地使用权而实现对生态的有效保护，又通过让农民保有一定的自主经营权和获得相应的补偿而充分调动其积极性，有利于实现公益和私益的共生、保护和发展的双赢。建议下一步修改《条例》时，对公共地役权作出科学、合理的规定。

其三，没有规定实现国有自然资源占主体地位的实施规则。实现国有自然资源占主体地位，可以采用征收、赎买、置换、租赁、公共地役权等路径或方式。然而，《条例》并没有规定各种实现方式的适用范围和适用条件（实际上即便在功能分区的生态修复区范围，也不必都进行土地赎买和移民），也未规定不同实现方式之间的适用顺位。这样一来，实践中操作起来极易走样。因为，农民和合作社等私人主体总是基于自身利益的最大化，倾向于甚至强制性要求选择价格更贵的赎买和征收方式。但在很多时候，只需采用设置公共地役权、租赁、参股经营等成本更低的方式，即可实现对生态环境的保护。可现实情况是，为了尽可能多地套取国家资金以及确保国有化工作的顺利展开，地方政府往往优先采用赎买的方式，不惜耗费甚至浪费大量国家资金。

可以说，生态文明建设、自然资源产权等方面理论基础[2]的薄弱和国家公园实践经验积累的不足直接影响了《条例》的立法质量。

2. 自然资源资产管理体制规则不详

产权制度是最基本的制度，特别是国有自然资源分级行使所有权制度更是重中之重。以往，我国自然保护地管理的通病是产权主体虚置、产权管理不到位、资产管理与资源管理边界模糊。[3]对此，2015年的《生态文明体制改革总体方案》明确规定："……实行中央和地方政府分级代理行使所有权职责的体制，……中央政府主要对石油天然气、贵重稀有矿产资源、重点国有林区、大江大河大湖和跨境河流、生态功能重要的湿地草原、海域滩涂、珍稀野生动植物种和部分国家公园等直接行使所有权。"2017年的《建立国家公园体制总体方案》进一步规定："……国家公园内全民所有自然资源资产所有权由中央政府和省级政府分级行使。……条件成熟时，逐步过渡到国家公园内

---

〔1〕 秦天宝："论国家公园国有土地占主体地位的实现路径——以地役权为核心的考察"，载《现代法学》2019年第3期。

〔2〕 杨朝霞："生态文明建设的内涵新解"，载《环境保护》2014年第4期。

〔3〕 苏杨："国家公园体制建设须关注四个问题"，载《中国经济时报》2017年12月11日。

全民所有自然资源资产所有权由中央政府直接行使。""建立统一管理机构。整合相关自然保护地管理职能，结合生态环境保护管理体制、自然资源资产管理体制、自然资源监管体制改革，由一个部门统一行使国家公园自然保护地管理职责。……国家公园可作为独立自然资源登记单元，依法对区域内水流、森林、山岭、草原、荒地、滩涂等所有自然生态空间统一进行确权登记。"国家公园管理机构只有能在资源产权管理上"做主"，才可能真正在资源利用和生态保护管理上"当家"。[1]

然而，从《条例》的立法条文和立法过程来看，立法者似乎对自然资源资产管理问题没有给予足够重视，既未明确区分国家公园资产管理体制和国家公园行政监管体制，也未区分经营性资产和公益性资产而设计差别化的制度。譬如，《条例》对国家公园行政监管体制规定得十分清晰（第9~15条），可对国家公园资产管理体制却语焉不详。只是在第10条简单地规定"武夷山国家公园管理机构……受委托负责国家公园范围内全民所有的自然资源资产的保护、管理"，既没有区分公益性资产和经营性资产，也看不出武夷山国家公园的资产管理者到底是谁。换言之，由谁行使或代理行使自然资源国家所有权，并委托武夷山国家公园管理局对自然资源资产进行保护和管理？是自然资源部、国家林草局、福建省政府、福建省自然资源厅，还是福建省林业厅？据了解，东北虎豹国家公园试点区的全民所有自然资源资产所有权是由中央政府直接行使的，具体依托国家林业和草原局驻长春森林资源监督专员办事处进行管理。祁连山国家公园试点区和大熊猫国家公园试点区，分别依托国家林业和草原局驻西安森林资源监督专员办事处和驻成都森林资源监督专员办事处管理（分别加挂祁连山、大熊猫国家公园管理局牌子）。三江源国家公园试点区则探索了委托青海省人民政府代理行使自然资源资产所有权的管理模式。[2]

此外，对于国有自然资源产权的取得（如向集体和个人征收、征用、赎买、租赁、设置公共地役权等）、出让、流转、保护和救济等问题，《条例》也语焉不详，未作出明确规定。例如，因环境污染和生态破坏致使武夷山国

---

[1] 对中央直接行使所有权的国家公园，其管理机构当仁不让就是全部自然资源的主人；对部分国有自然资源所有权由省级政府代理行使的国家公园，其管理机构实际也上收了过去常由县级人民地方政府行使的所有权。

[2] 唐芳林、闫颜、刘文国："我国国家公园体制建设进展"，载《生物多样性》2019年第2期。

家公园内国有自然资源受损时，具体由谁来提起诉讼，向人民法院寻求司法救济？是自然资源部、国家林草局、福建省政府、自然资源厅、林业厅，武夷山市，还是武夷山国家公园局？与《条例》的这种回避政策不同，2017年11月出台的《神农架国家公园保护条例》第22条第2款明确规定："神农架国家公园内全民所有的自然资源资产，省人民政府根据国家规定代理行使所有权，国家公园管理机构负责具体保护和管理工作。"

3. 没能妥善处理与上位法的衔接等问题，未规定环境影响评价等重要的法律制度

根据《建立国家公园体制总体方案》的制度要求和武夷山国家公园管理的现实需要，《条例》在制度供给上还存在诸多空白之处。特别是，没有规定（落实）国家公园边界和功能分区的划定和调整制度、环境影响评价制度、多规合一制度（武夷山国家公园规划应当搞好与全国主体功能区规划、生态保护规划和福建省国土空间规划、土地利用总体规划、城乡规划等的衔接）、特许经营合同生态化制度（损害生态环境、自然资源和人文资源的特许经营合同，应当无效）、查封扣押制度、生态移民制度、生态环境和自然资源损害赔偿制度（关键是如何规定起诉主体和起诉顺位）、国家公园第三方评估制度等重要制度。

在法律制度的完备性方面，《神农架国家公园保护条例》似乎稍胜一筹：不仅对环境影响评价制度[1]、多规合一制度[2]均作了一般规定，还对特许经营合同科加了生态化的绿色约束。[3]在此，需要补充说明的是，关于环境影响评价制度，尽管国家层面已有《环境影响评价法》《规划环境影响评价条例》《建设项目环境保护管理条例》等立法，地方立法固然不必再作出重复性

---

[1]《神农架国家公园保护条例》第16条第1款规定："编制神农架国家公园规划应当依法进行环境影响评价，并履行风险评估、专家论证、公开征求意见等程序，必要时进行听证。"

[2]《神农架国家公园保护条例》第14条规定："编制神农架国家公园规划应当符合全国生态功能区划、国家和省主体功能区规划，与土地利用规划和城乡规划等空间规划相衔接，严守资源环境生态红线。"武夷山国家公园规划应当与福建省有关土地利用总体规划、城乡规划等宏观重大规划相协调。

[3] 2017年11月出台的《神农架国家公园保护条例》第43条规定："国家公园管理机构应当依法对特许经营规模、经营质量、价格水平等进行监督管理。发现特许经营者未履行保护职责，可能损害生态系统、自然资源和人文资源的，应当终止特许经营合同，并要求经营者承担相应责任。"《武夷山国家公园条例（试行）》第46条规定："武夷山国家公园内的九曲溪竹筏游览、环保观光车、漂流等营利性服务项目实行特许经营制度。特许经营的具体管理办法由省人民政府制定。特许经营的项目目录由武夷山国家公园管理机构会同所在地县（市、区）人民政府研究确定后定期公布。"

的具体规定，但应当从中国国情出发而采用一般条款的方式原则性地确认该制度，防止在具体实践中只适用地方立法而将该制度实际架空。

4. 个别禁限性制度和规定有失合理性

生态文明建设的重心是妥善处理"保护"和"利用"的关系，实现自然资源的合理利用和经济社会的永续发展。正如沈国舫先生所指出的："要允许有一些对生态保护无害也可以相容的生产经营活动。绝对的保护地（相当于原自然保护区的核心区）只适于有限范围。"[1]然而，《条例》在制度设计的合理性上出现了一些问题。

问题表现最为突出的是，《条例》第44条关于一律禁止开矿、探矿、爆破、采石、挖沙、取土等的规定。该条既没有区分是在国家公园的哪类功能分区，也未设定相应的解禁条件和补偿手段，而是"一刀切"地绝对禁止。譬如，一律禁止采集药材或者其他野生植物，一律禁止砍伐、放牧、开垦、烧荒。此种做法将人与自然、保护与利用绝对对立起来，"完全屏蔽人类活动并忽略人类活动对生态系统的良性干预"，[2]明显违背了生态文明建设的"总体利益最大化"和"损害最小化"的原则，既无必要性，也无可行性。实际上，人也是生态系统中的重要组成部分，有序的人类活动甚至还可以成为调节生态平衡、维护生态安全的重要生态因素。譬如，据调查研究，朱鹮的活动区显著地接近人类居住区。朱鹮一方面喜欢依靠水田等人工湿地取食，另一方面又喜欢在高大的乔木上筑巢生息，只有人类居住区才有这样的条件，二十余年来，我国很少在人迹罕至的地方发现朱鹮。[3]日本佐渡岛朱鹮森林公园通过种植生态水稻实现了与朱鹮的共生，中国陕西和河南两省曾开展人与朱鹮和谐共存的地区环境建设项目。相比之下，《神农架国家公园保护条例》第30条[4]的规定就部分建立在功能分区的基础上，相对合理一些（尽管也有不合理之处）。对此，《条例》制订者的解释是，为了汲取祁连山事件

---

[1] 沈国舫："生态文明与国家公园建设"，载《北京林业大学学报（社会科学版）》2019年第1期。

[2] 苏杨："保护地可以靠地役权来建设'山水林田湖草人'生命共同体——解读《建立国家公园体制总体方案》之七"，载《中国发展观察》2019年第Z1期。

[3] 李欣海等："朱鹮分布与栖息地内农民的关系"，载《动物学报》2002年第6期。

[4] 《神农架国家公园保护条例》第30条规定："禁止在神农架国家公园内从事下列活动……严格保护区和生态保育区内，禁止进行养殖、种植、砍伐、放牧、采药、开垦、烧荒、开矿、采石、挖沙等活动。"

中地方立法因违反《自然保护区条例》第 26 条而被问责的教训,[1]不得不照抄《自然保护区条例》有关规定,不敢做任何调整和变通。这其实为我国的地方立法提出了一个共性的课题,即如果地方立法确需宽松于上位法特别是国家层面的法律法规,应当走什么立法程序？是否只经上位法的立法机关审批同意或特别授权即可？

此外,从实际调研的情况来看,反映最集中、反对最强烈的问题是毛竹采伐许可制度不合理。武夷山国家公园试点区毛竹林总面积为 17.22 万亩,其中位于武夷山自然保护区实验区的有 10.08 万亩,集体和个人毛竹林所占比例达 90%以上。毛竹采伐收入一直都是村民的重要经济来源。根据《建立国家公园体制总体方案》的要求,国家公园属于主体功能区规划中的禁止开发区,纳入生态保护红线的管控范围,实行最严格的保护。《条例》机械、死板地理解了这一要求,在第 50 条第 2 款作出了明显不合理的规定,不仅要求"国家公园内已依法划定的由集体或者个人经营的毛竹林面积不得扩大",连进行抚育更新的择伐也要"依法取得采伐许可证"。这显然违背了实事求是的原则,犯了生态保护教条主义的错误,侵害了当地村民的合法权益。这是因为,毛竹林是我国特有的森林生态系统,是再生性很强的森林资源。对毛竹林的科学合理利用,反而有利于增强毛竹群落的结构稳定性,提高毛竹林的生态健康水平,持续发挥毛竹林的生态效益,并不会对生态环境和自然资源造成破坏。"在生态保护红线划分上,不要过度追求数量目标,指标不是越高越好,而要实事求是考虑生态保护的必要性、紧迫性,比如如何有利于解决原住居民的民生需求……要允许有一些对生态保护无害也可以相容的生产经营活动。"[2]事实上,2019 年 6 月公布的《森林法（修订草案）》的一审稿大举放开了对毛竹林的采伐监管,采伐自然保护区外的毛竹林不再需要申请

---

[1]《甘肃祁连山国家级自然保护区管理条例》历经 3 次修正,部分规定始终与《自然保护区条例》不一致,将国家规定"禁止在自然保护区内进行砍伐、放牧、狩猎、捕捞、采药、开垦、烧荒、开矿、采石、挖沙"等 10 类活动,缩减为"禁止进行狩猎、垦荒、烧荒"等 3 类活动,而这 3 类都是近年来发生频次少、基本已得到控制的事项,其他 7 类恰恰是近年来频繁发生且对生态环境破坏明显的事项。2013 年 5 月修订的《甘肃省矿产资源勘查开采审批管理办法》,违法允许在国家级自然保护区实验区进行矿产开采。《甘肃省煤炭行业化解过剩产能实现脱困发展实施方案》违规将保护区内的 11 处煤矿予以保留。

[2] 沈国舫:"生态文明与国家公园建设",载《北京林业大学学报（社会科学版）》2019 年第 1 期。

采伐许可（第 51 条）。

5. 某些规定因缺乏《刑法》等上位法的支持或配套立法的细化而被空置

从立法位阶上看，《条例》只属于省级人大制定的地方性法规，在效力和功能上均具有难以克服的局限性。特别是，除非有全国人大常委会的特别授权，否则《条例》不能突破上位的法律和行政法规的规定使得其制度创新的空间较为有限。譬如，《条例》第 64 条规定，在特别保护区、严格控制区和生态修复区内从事严重损害生态系统功能的活动（如严重破坏自然保护区）必须追究刑事责任。问题是，我们从现行《刑法》中根本找不到严重破坏生态的相应罪名。

此外，《条例》中的许多规定过于原则，缺乏可操作性。譬如，第 27 条第 2 款关于"国家公园内已建、在建的建设项目不符合总体规划和专项规划要求的，应当依法逐步进行改造、拆除或者迁出"的规定，由于没有明确规定责令逐步改造、拆除或者迁出的责任主体，在实践中可能无法操作。在出台配套立法方面，三江源国家公园的工作比较扎实。据悉，2017 年 6 月出台《三江源国家公园条例》后，三江源国家公园除了及时制定科研科普、生态公益岗位、特许经营等 11 个管理办法之外，还编制发布了《三江源国家公园管理规范和技术标准指南》。[1]

（二）武夷山国家公园实施中存在的主要问题

1. 试点区的边界划定不尽科学，范围过于宽泛随意

武夷山国家公园体制改革试点一年以来，最突出的问题是试点区的范围划定不尽合理，部分区域既没有高价值的原生性森林生态系统和丰富的物种资源，也没有高品质的人文资源和丹霞地貌等自然景观。换言之，某些区域没有重要自然资源和生态环境的代表性和典型性，不具备《建立国家公园体制总体方案》所要求的保护"重要自然生态系统原真性、完整性"的必要性。更大的问题是，这些地区还是武夷山茶叶生产的集中区，人口分布密集，人类活动频繁，商品林赎买、租赁和生态移民的难度大，基本不具备管理的可操作性。换言之，既无列入国家公园范围进行保护的必要性，也无实施用途管制进行严格保护的可行性或管理的可操作性。对于这样的区域，有必要遵循客观规律，按照实事求是的原则，依法进行调整，该划入的要划入，该调

---

[1] 唐芳林、闫颜、刘文国："我国国家公园体制建设进展"，载《生物多样性》2019 年第 2 期。

出的要调出（如建制镇、产业集中的区域应划出来），进而合理确定武夷山国家公园的空间范围。

目前我国的 10 个国家公园体制试点区总面积约为 22 万平方公里，远远小于现有的自然保护区面积（147.2 万平方公里）。[1]因此，国家公园在自然保护地"管理体系"中的"主体"地位，主要体现在质量和价值、功能与作用上，[2]而非简单的数量规模和区域面积上。[3]"建国家公园不能只有黄石公园、班夫公园一种模式，而是可以有多重模式，规模宜大则大，宜小则小，保护的严格程度可以有等级差异，实际上美国和加拿大等国的国家公园也是有多种模式的。"[4]总之，既要重点防止"保护不足"的问题，也要防范"保护过度"的问题，宜大则大，宜小则小，切忌贪大喜功、片面求大。

2. 难以攻克体制改革的跨区域协调难题，最终未能实现省际整合

推进国家公园体制改革就是为了解决自然保护地分头设置、生态破碎、机构重叠、多头管理等问题，从而按照自然生态系统原真性、整体性、系统性及其内在规律的要求，整合彼此关联的自然保护地，设置统一的管理机构。从保持自然生态系统完整性、系统性来说，武夷山国家公园试点区理应整合本是一体却行政分割、分省而管的江西省武夷山国家级自然保护区的。[5]不过，由于面临跨省难题，无法在短时期内形成跨省级行政区的监管体制和协调体制，最终还是未能实现省际整合。

其实，面对无法攻克的跨省协调难题（如前表 1 所示），最后不得不"委曲求全"、降低改革目标的情形在全国其他地方也同样存在，甚至可以说比较普遍。譬如，浙江钱江源国家公园试点区本应整合毗邻的安徽休宁县岭南省

---

[1] 参见《2018 年中国生态环境状况公报》。
[2] 刘超："以国家公园为主体的自然保护地体系的法律表达"，载《吉首大学学报（社会科学版）》2019 年第 5 期。
[3] 唐小平："中国自然保护领域的历时性变革"，载《中国土地》2019 年第 8 期。
[4] 沈国舫："生态文明与国家公园建设"，载《北京林业大学学报（社会科学版）》2019 年第 1 期。
[5] 江西武夷山国家级自然保护区位于江西省铅山县，武夷山脉北段西北坡，北纬 27°48′11″~28°00′35″，东经 117°39′30″~117°55′47″。保护区总面积 16 007 公顷，其中核心区面积 4835 公顷，占保护面积的 30.2%；缓冲区面积 2021 公顷，占保护面积的 12.6%；实验区面积 9151 公顷。东南与福建武夷山国家级自然保护区相连，共同组成完整的中亚热带中山森林生态系统。

级自然保护区和江西省婺源国家级森林鸟类自然保护区，湖南南山国家公园试点区本应整合毗邻的广西壮族自治区资源县十万古田区域，最终都放弃了跨省整合。就连已经试点的大熊猫国家公园（跨越四川、陕西和甘肃）和东北虎豹国家公园（跨越吉林和黑龙江），直至目前也依然未能建立有效的跨省协同监管体制。

3. 体制改革尚不彻底，原风景名胜区执法队伍仍未调整过来

由于本次试点改革时间仓促，再加上部分地方政府官员对体制改革理解不到位、推动不积极等消极因素的影响，根据福建省编委下发的机构"三定"方案文件精神，原福建武夷山国家级自然保护区管理局成建制划转为武夷山国家公园执法支队，原风景名胜区管理局的执法队伍和九曲溪上游保护地带的乡（镇）政府自然资源管理力量并未整合过来（据不全面了解，主要原因在于福建省编委对体制改革不够积极）。执法支队下辖武夷山（具体人员结构如下图3）、建阳、光泽等三个大队，有编制的总计约50人，其中只有30来人有执法证。换言之，在管理机构的整合重组中，尽管设立了武夷山国家公园管理局，赋予了相应的自然资源和生态环境保护职责，但新设立的执法支队人员几乎全部来自整合前武夷山自然保护区管理局原班执法队伍，却要肩负整个国家公园的执法工作。

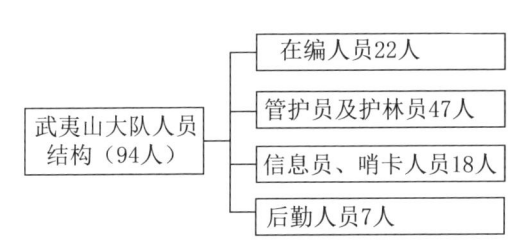

```
武夷山大队人员 ┬─ 在编人员22人
结构（94人）   ├─ 管护员及护林员47人
              ├─ 信息员、哨卡人员18人
              └─ 后勤人员7人
```

图3 武夷山执法大队人员结构

原风景名胜区管理局的执法队伍，在体制上仍隶属于武夷山市城市执法局，且目前只负责景区执法，景区内的自然资源和生态保护执法则由武夷山国家公园管理局执法支队负责。风景名胜区管理局的执法队伍原有85人，但景区管委会借用了部分人员后，现执法队伍只余下40多人（分为5个中队），另聘请了40多名协管员，以及13名护林员（工资约为2000元/月）。

4. 缺乏执法管理站所，国家公园管理局基层"无腿"

当前，武夷山管理局体制上还有一个突出的问题是，武夷山国家公园管

理局全域内都没有设立基层管理站所，管理局下面"无腿"，难以有效开展工作。2017年体制改革试点之前，武夷山自然保护区管理局曾在基层设立有5个管理所，后来体制改革时，全部转入执法支队，成为支队下属的大队或者中队了。在九曲溪上游保护地带，由于机构整合重组时没有将该保护地带的乡（镇）政府自然资源管理力量相应划转过来，后来也未在该区域设立基层管理站所，导致本区域巡查管护力量特别薄弱，监管工作难以到位。

5. 集体土地比例过高，通过赎买、生态补偿推行用途管制阻力大

跟钱江源、南山等诸多试点区面临的情况相似（如表1所示），武夷山试点区内国有土地仅有276.59平方公里，不足总面积的1/3。由于园内集体土地面积比例过高（高于70%），要将重点区位内的集体土地通过赎买、生态补偿（采用租赁、设置公共地役权）等方式实现用途管制，将耗资巨大，财政不堪重负。

正是由于土地赎买任务过重（有政策和制度本身是否科学的问题），赎买工作才会进展缓慢。此外，福建省是南方重点集体林区，通过集体林权制度改革，大部分林地都通过承包而分配到了各家各户。由于目前的生态补偿标准普遍偏低（公园内约为25元/亩，公园外约22元/亩），相比于开山种茶的年收入（10 000元/亩~20 000元/亩）而言，群众收益有限，难以满足林权人的发展需要，生态补偿积极性不高（都希望被赎买）。[1]林木收储方面，由于人工生态公益林未列入收储范围，只能按公益林补偿标准进行补偿（约25元/亩），同收储的赎买方式（约3000元/亩）相比，收益差距巨大，林农觉得显失公平，抵抗情绪较大（也想采用赎买的方式）。另一方面，许多林地尽管已到承包期，但受政策限制又不能采伐，林农不愿将林地返还集体，下一步势必引发新一轮的矛盾和冲突。

6. 没有统一执法着装等法律实施中的其他问题

在本次调研中，笔者发现《条例》实施的问题还有很多。最为突出的有如下几项：一是缺乏统一执法服装，执法身份认可度欠缺，时而存在阻碍执

---

[1] 实际上，这个问题在全国范围内普遍存在。据《半月谈》记者调查，西部某国家级自然保护区确界，被划入大量林地，生态补偿金大概20元/亩，而经营一亩林地一年的收益可达补偿金的数百倍，更不用提工程项目占用林地，一亩补偿7万元~8万元。何伟、周凯、李松："当初随意圈画的自然保护区，如今尴尬了！"，载《半月谈》2019年第14期。

法的现象。[1]二是生态移民任务重，推进难。试点区内居住人口为2.03万，主要集中于九曲溪上游保护地带。从所具备的生态功能和区域属性来看，九曲溪上游保护地带基本属于《建立国家公园体制总体方案》的重点保护区域，也是《条例》规定的生态修复区，应当逐步实施生态移民。然而，由于地理方面的原因，一直找不到合适的搬迁地，迄今无法启动对该居住区人口的生态移民搬迁工作。

要注意的是，实施中出现的问题，有的是源于实施不严、实施不当、实施不力等属于认识、态度、能力、意愿等实施本身的问题，而有些问题则是由于实施所依据的法律和政策存在问题。譬如，之所以无法给国家公园执法队伍安排统一的执法着装，是因为根据《国务院办公厅关于整顿统一着装的通知》（国办发〔1986〕29号）的规定，可以统一着装的，只限于公安、税务等13类人员。国家公园执法队伍不在此列，自然无法安排统一着装。对于此类问题，只有修改上位的法律和政策文件方能得以解决。

四、结语：建议和展望

2017年9月，中共中央办公厅、国务院办公厅印发《建立国家公园体制总体方案》，指出要理清各类自然保护地关系，构建以国家公园为"代表"的自然保护地体系。2017年10月，党的十九大报告指出，要建立以国家公园为"主体"的自然保护地体系。2019年6月，中共中央办公厅、国务院办公厅印发《关于建立以国家公园为主体的自然保护地体系的指导意见》，强调要把具有国家代表性的重要自然生态系统纳入国家公园体系，实行严格保护，形成以国家公园为"主体"、自然保护区为"基础"、各类自然公园为"补充"的自然保护地"管理"体系。国家公园的地位已由自然保护地体系的"代表"，变为自然保护地体系的"主体"，最后变成了自然保护地"管理体系"的"主体"。毋庸置疑，这是一次事关我国自然保护领域的系统性、整体性、

---

[1] 据了解，由于没有统一的制式服装，也给环保执法带来了很大困难。有环保督查人员在山东省济南市一家企业执法时受阻，被扣留长达1小时之久；也有督查人员在河北省邢台市现场检查时执法证被抢夺。有执法人员认为："如果像北京等城市的环保执法人员那样，有制式服装，有大盖帽，加上必要的执法装备，肯定不会出现这种情况。"章轲："环境执法人员有望在年内穿上统一制服 执法过程全公开"，载《第一财经》2019年6月11日。

重构性的重大制度性变革。[1]

从理论上看，国家公园是对自然保护区、风景名胜区、森林公园等多级多类自然保护地的整合，整合后的国家公园兼有"生态""资源"和"环境"之"一体三用"的三重功能，[2]且以维护"生态"安全为主并兼顾"资源"的合理利用和良好"环境"的产业化开发。因此，国家公园的这种"主体"地位，无疑应当体现在其作为自然保护地体制改革意义上的主要任务、主导地位和示范作用上，而非存在意义上的区域面积和数量规模上。换言之，这种地位的要旨和精髓就是要把国家公园管理作为自然保护地管理的"牛鼻子"和"示范者"，就是要把国家公园立法作为自然保护地立法的核心任务和关键一环。

早在2018年9月，《国家公园法》便已被列入十三届全国人大常委会立法规划的第二类项目，各项立法准备工作正在紧锣密鼓地进行。迄今为止，全国已出台《云南省国家公园管理条例》《三江源国家公园条例（试行）》《武夷山国家公园条例（试行）》《神农架国家公园保护条例》等四部地方性立法。其中，《武夷山国家公园条例（试行）》作为跨越福建和江西两地、国有权属比重偏低（主要为集体所有的经济林）、社区人口密集、保护地类型多样、环发矛盾突出的南方集体林区国家公园立法，具有显著的典型性和代表性。对《武夷山国家公园条例》的立法过程和实施进程进行全面、深入的调查研究，总结出应当注意的教训和可资借鉴的经验，对于研究制定一部高质量的《国家公园法》而言，无疑具有重大意义。

理论是实践的先导，没有理论指导的实践容易迷失方向。国家公园立法是一项十分复杂的法制工程，需要有坚实的理论基础作为智力支撑。国家公园立法不仅牵涉山、水、林、田、湖、草等自然要素和建筑、窟洞、碑画、遗址等人文遗迹，需要有生态学、环境学、资源学等多学科的自然科学基础，而且牵涉当地经济发展、社区和谐等复杂的经济社会问题，需要有经济学、社会学、文化学等多学科的社会科学基础。更重要的是，国家公园的法律调整，跨涉环境法、民法、行政法、刑法、经济法和诉讼法等多个法律部门，

---

[1] 唐小平："中国自然保护领域的历时性变革"，载《中国土地》2019年第8期。
[2] 杨朝霞："生态文明建设观的框架和要点——兼谈环境、资源与生态的法学辨析"，载《环境保护》2018年第13期。

需要综合运用环境宪法规范、环境民法规范、环境行政法规范、环境刑法规范和环境诉讼法规范等社会规范和标准、目录、名录、指南等技术规范,需要有宽广、厚实的法学理论作为支撑。就当前而言,加强国家公园立法研究,务必高度重视对"科学"和"法学"两方面基础理论的研究。一方面,要加强对空间有序化、发展生态化、生态资本化、环保经济化和治理社会化等生态文明建设的科学问题,进行深入研究。另一方面,也要加强对环境权、资源权、自然保护地役权、第三方治理、生态保护红线、生态保护补偿、生态移民、生态环境修复和损害赔偿、环境公益诉讼和生态破坏犯罪等生态文明建设的法律问题,进行系统探究。

实践是理论的基础,没有实践基础的理论可能无法落地生根。我国疆域辽阔,气候多样,东西南北的国家公园在自然资源产权、自然要素组成、保护地类型、生态系统结构、社区人口分布、产业结构水平、社会文化习惯、水文气候状况等方面很可能迥然不同,呈现出了显著的地域分布性和客观差异性。因此,进行国家公园立法,必须高度重视立法的前期调研和论证工作。只有对全国范围内所有具有典型代表性的国家公园的自然状况、经济条件、社会水平和文化特征等客观情况了然于胸,才能在前述"科学"原理和"法学"理论的指导下,完成从"事实"到"规范",从"政策"到"法律"的升华和飞跃。

苏力教授的告诫振聋发聩:"我们当然不能忘记法律的价值理性,但更应当指出,目前法律中的科学技术的因素不是太多了,而是远远不够。"[1]只有加强科学界和法学界的对话与交流,只有推进理论界和实务界的沟通与合作,才能制定出一部既有理论高度,又接实践地气,既体现中国特色,又具有时代精神的《中华人民共和国国家公园法》!

---

[1] 苏力:"法律与科技问题的法理学重构",载《中国社会科学》1999年第5期。

探索设立神农架国家公园的法律问题研究*

【摘　要】 长期以来，神农架林区党委、政府探索建立了多种类型的保护地，取得了重大的保护成就。笔者从国家公园的定义、功能及特征方面以及国家公园的产生与发展方面追溯国家公园的根源，对比其与我国现行保护地体系的关系；结合我国现有国家公园试点的发展现状以及发展历程中存在的法律体系不完善、土地权属不明确、专门管理机制体制不健全、生态保护恶化等共性问题，特别是立法不足导致发展不足的问题，具体分析神农架国家公园设立的有利条件，同时重点分析了刚刚建立起来的神农架国家公园存在的亟待解决的问题，那就是体制机制尚不健全，法律法规亟待建立健全，包括区域划分无法律界定、管理职责无法律界定、生产生活和其他经营活动无法律界定、行政执法主体和授权无法律界定等问题。

【关键词】 国家公园；生态保护；立法保障

引　言

国家公园一词源于美国。1832 年，美国人乔治·卡特琳在考察美国西部时目睹人类大肆捕杀野生动物，出于保护原始生态环境和留给子孙后代欣赏的想法提出了"国家公园"这一概念，作为一种生态保护形式。1872 年，美国的《黄石法案》以法令形式明确："国家公园是由政府划定的为确保当代及子孙后代的福祉而建立的生态保护区，以保护自然景观、历史遗迹和野生动植物，并为当代及子孙后代欣赏上述自然资源为目的而建立的自然区域。"其是由国家划定的、以保护自然和民众休闲为目的的、作为公共财产的区域。2014 年出版的《中国国家公园的探索与实践》一书将国家公园定义为："由

---

* 卫林：湖北省神农架林区人民法院党组副书记、副院长。

政府划定和管理的自然保护区，保护具有国家或国际性意义的自然、人文资源景观，兼具科研、教育、休闲娱乐和社区发展等功能，作为实现资源保护及利用的区域。"该书为我国第一部研究国家公园体制的专著，其定义虽未为国家官方所承认，但对于理解我国国家公园定义具有重要参考价值。

国家公园具有以下三项功能：①生态保护功能，禁止任何对自然资源破坏性的建设开发活动游览欣赏功能；②休闲游憩功能，政府划定自然保护区域的重要目的就是为当代及子孙后代提供可以欣赏优美自然原始景观的机会；③助力经济发展功能，旅游业的发展增加了就业和创业机会，繁荣地方经济的同时为国家经济发展助力。

一、我国国家公园发展历程

1956年由政府支持建立的广东鼎湖山自然保护区，是我国第一个自然保护区，是我国早期国家公园的雏形。香格里拉普达措国家公园于2006年8月开始试运行，2007年6月正式挂牌成立，是我国大陆地区建立的首个国家公园。2008年10月，我国第一个国家公园体制试点单位——黑龙江汤旺河国家公园——批准建立。2013年，十八届三中全会提出"加快生态文明制度建设，建立国家公园体制"，这是国家公园体制建设上升为国家战略的开始，同时预示着我国国家公园建设作为生态文明建设的一项重大举措而开始紧锣密鼓地进行。2015年的《建立国家公园体制试点方案》确定我国将在北京、黑龙江、吉林、浙江、福建、湖南、湖北、云南、青海共9个区域开展国家公园体制试点，并首次明确国家公园体制试点区域的选择标准和建立方向，这标志着国家公园体制在我国建立。同年，发改委办公厅又发布了《国家公园体制试点区试点实施方案大纲》《建立国家公园体制试点2015年工作要点》，为我国国家公园试点建设工作提供了具体指导。2015年的《生态文明体制改革总体方案》明确建立国家公园体制，致力生态保护，加强对试点工作的指导，保护自然文化遗产的原真性、完整性。国家一系列政策的出台，为国家公园建设提供了许多便利条件和方向指引，充分体现了我国建设国家公园的决心和其在我国存续的必要性，强有力地推动了国家公园体制在我国的发展。

二、国家公园问题分析

(一) 法律体系不完善

国家公园作为一种新的保护地模式在我国并没有实施的法律基础,相关立法不完善。目前,我国并没有国家公园专门立法,这对国家公园建设工作极为不利,无法可循、无法可依,不能确保国家公园体制建设工作的有序运行。我国的自然保护体系立法以行政法规、部门规章、地方性法规和一些政策性文件为主,数量不少但质量不高,立法层次偏低。

(二) 土地权属不明确

国家公园所有权依法归国家所有,但其土地权属却归国家或集体所有,用益物权又存在归个人的情况,划定国家公园范围但不做好土地确权工作,甚至存在强制征收、划拨情形,征收和划拨的土地是农民的直接生产生活资料的来源,过低的征收补偿标准不能解决权利人的长期生存问题,直接损害了集体或个人的利益,引起权益纷争。权属不清直接导致公园建设管理工作不能顺利开展。

(三) 专门国家公园管理机构缺失

我国现在的国家公园多依托有条件的自然保护区直接建立,各种保护地存在交叉和重叠现象,为国家公园的管理带来了难度。加之我国未设立统一的国家公园专门管理机构,一个国家公园在横向和纵向上常常有多个管理部门。可见,建立专门国家公园管理机构的重要性不言而喻。

(四) 管理体制上管理权、经营权未分离

我国尚未建立统一的国家公园管理机构。目前,国家公园由各部门或各属地政府代国家行使所有权和经营管理权,导致出现了部门分割管理的局面,管理效率低下。

(五) 重开发轻保护,影响生态环境

国家公园这种自然保护模式遵循"保护优先,合理利用"的原则,以生态环境保护为首要目标,这与当地政府以旅游开发为主,重视经济效益的目的相悖。国家公园在许多地方更为重视开发利用,甚至成了当地重要的财政收入来源和带动经济发展的产业支柱,产生商业化过度开发等问题,生态环境的破坏接踵而至。

三、神农架国家公园概况及问题分析

（一）神农架具有国家或国际保护意义的资源禀赋

神农架是全球具有代表性的生物多样性王国，具有丰富的以神农架川金丝猴为代表的古老、珍稀、特有物种；神农架具有北半球保存最为完好的常绿落叶阔叶林混交林与北亚热带山地完整的植被垂直带谱；神农架具有亚高山珍稀的泥炭藓湿地生态系统；神农架具有古老的地质遗迹；神农架具有壮美神秘的自然景观与人文景观资源；神农架具有独特的区位优势。

（二）生物多样性与物种基因库保护存在的主要问题

一是野生动植物栖息地的破碎化导致其交流阻隔，进而造成生态系统功能隔离及局域的生物多样性降低。二是野生植物资源乱砍滥伐得到遏制，但偷采、偷挖仍然存在。三是野生动物资源的滥捕滥猎得到遏制，但偷猎、偷捕仍然存在。四是由于旅游公路的修建与不断拓宽、车辆增加及人类活动的加剧，神农架川金丝猴的栖息地退化严重，特别是生境的隔离与片断化加剧。五是海拔在1800米以下的具有代表性的地带性植被——常绿落叶阔叶混交林与沟谷地带的常绿阔叶林砍伐严重，需要重点保护。

四、神农架国家公园法律问题的思考

（一）神农架国家公园立法现状

（1）区域划分无法律界定。目前，就成立的神农架国家公园依据国家发改委批复的总体规划进行了初步的区域划分，但也仅仅是其内部管理的概念，意义上的版图划分，很多沿用了原国家级自然保护区和国家湿地公园的界线划分，从神农架行政区域与周边县市区域的界线而言，其外部界线总体不变，界线明确，但与神农架林业管理局原管辖的国有林地所划分出来的区域界线不是十分明确。

（2）管理职责无法律界定。神农架国家公园成立以后，从地域区划上合并和承接了原国家级自然保护区和国家级湿地公园以及林业管理局的部分区域，管理和保护方面仍然履行着这三个部门原来的管护职责，但国家公园到底应当怎么管护，目前不明确。

（3）生产生活和其他经营活动无法律界定。国务院在1986年7月批准成立的神农架国家级自然保护区（国家森林与野生动物类型保护区）经过多年的积累和发展，由早期的探索到后期的成熟管理，经历了由混乱无序到规范管理，划定了保护区边缘区域、过渡区域和核心保护区域；边缘区域内有村民生活，甚至存在整个乡镇的区域都是在保护区范围之内，农民承包经营土地，以租赁的方式经营管理部分山林，除了受到动植物保护方面比较严格的管理之外，生产生活基本不受影响。但是，神农架国家公园成立以后，这种格局在某种程度上被打破，除了原保护区还可以维持这种管护模式外，原湿地公园的全部区域和原属林业管理局的部分区域怎样保护面临着亟须解决的矛盾，也亟须法律法规予以界定。

（4）行政执法主体身份和授权无法律界定。自然生态的管理与保护，涉及区域内大量的特有的自然生态、生物物种、森林草地、河流滩头等，也必然涉及众多的行政审批和行政处罚，这些权利和义务的取得，必须来自于法律授权。值得关注的是，湖北省人大常委会已经迈出了为神农架国家公园立法的步伐，2017年以来，已经多次组织实地考察和座谈，征求意见，拟出台《神农架国家公园管理条例》。

（二）关于神农架国家公园立法的思考

1. 建立高层次的法律法规体系

发达国家对国家公园的重视程度从其立法层次上就可以看出。按照和国内法律法规的对应关系，国外的法律体系按级别由高到低大致可分为法律（Law 或 Act）、法规（Regulation）和规章（Principle）三个层次。像美国、加拿大、澳大利亚、南非、英国、德国、巴西、日本、韩国等绝大部分建立国家公园体制的国家都有专门的 Law 或 Act 级别的国家公园法律。而我国还没有针对自然保护体系的法律。因此，建立高位阶的法律，健全国家公园法律制度体系，不论是对试点推广还是对全面建立国家公园制度体系，都是重要的根本性保障。①从法律层面界定国家公园的国家属性；②从法律层面界定国家公园的体制机制，明确管理和保护模式；③严格界定保护的具体内容，与刑法相结合，彰显国家公园的强制生态保护功能。例如，对金丝猴及其栖息地的保护，可以具体到规定公路及其他公共设施的建设要像青藏铁路、公路那样留出动物通道，对珍稀鱼类也应建有洄游通道等设施，对濒危植物物种也要作出相应的严格保护规定，等等。

2. 明确国家公园的公益属性

不论是 IUCN 保护地分类体系还是各典型国国家公园管理体系，一个最突出的共同点就是国家公园的公益性。国家公园是为了满足"当代人了解自然文化价值需要,并完好地传承给子孙后代"的"为公众利益而设"的事业。因此,国家公园的公益性应当明确以下几个层面:一是为全体国民而设而不是为少数人,私人领地是不存在于国家公园范围的;二是经济利益的追求不是国家公园设立的主要目标,廉价的门票甚至免票,旅游活动和开发建设项目的严格控制,是国家公园的重要原则;三是重视社会服务功能,为国民提供公共游憩和教育服务的场所。

3. 明晰土地权属和用途管制

为了解决土地权属差异的矛盾,应对土地的权属和属性有明确的界定,并通过法律、规划、政策等落实严格的资源资产用途管制制度,主要可以采取以下几个方面:一是通过立法实施对不同土地权属的国家公园区域的保护;二是通过实施较为严格的国家公园管理规划达到管理的目的;三是逐步由国家收购或征用,采取中央或当地政府发行债券,国家政府对当地政府进行补贴的方式进行购买;四是实施分区制,对不同土地权属的区域分别管理,神农架国家公园的立法,具体就是要解决分布在公园地域范围内的九湖镇(坪阡古镇)和下谷乡这两个整体乡镇和木鱼镇的部分山林土地的权属界定问题。

4. 突出规划的管控作用

在发达国家,由于土地权属多样化,一般通过突出规划的引领和指导地位,加强空间规划管控,达到国家公园体制有效运行的目的。美国、英国、日本等国的国家公园规划层次都很高。英国的国家公园管理部门,其大部分任务就是审批和执行国家公园规划,可见规划在国家公园的重要地位。据粗略统计,我国自然保护地的两大类型——国家级风景名胜区和国家级自然保护区,国有土地所占比例只有40%和45%左右,大部分为集体土地或林地。因此,提升规划的法律地位,强化国家公园规划的权威性、严肃性和执行力,有利于协调解决国家公园在管理和经营上的矛盾,实现资源的科学严格保护和可持续利用。

5. 明确特许经营等资源有偿使用制度

特许经营制度是国家公园体制的重要特色。许多国家对国家公园中的特许经营活动都有相关法规约束。一般国家公园特许经营项目仅限于旅游和其他经营性项目,如餐饮、交通、购物、旅宿等,并对特许经营范围、引进方式、合作方式、期限、收入用途管理等有明确和较为成熟的限制性规定。我国目前仅《风景名胜区条例》规定了特许经营制度，但对其适用范围没有明确的界定。在国家公园体制建设过程中，资源有偿适用制度是明确资源管理和经营利用边界的重要制度，对凸显政府在其中的监管职能、合理开发国家公园旅游行为具有重要意义。

6. 重视展示、讲解和科普等社会教育功能

国家公园应重视提高其影响力，通过宣传、展示、讲解、游客自身游览体验、活动项目等向全社会推广国家公园的理念，传播国家公园的科学、科普、教育等社会公益职能，这其中尤其重视对学生的科普教育，通过科研项目、活动项目、网上在线教育等方式吸引青少年学生参与和学习。

7. 促进公众参与国家公园的保护

国外国家公园法律鼓励公众参与国家公园的管理，使他们有机会参与公园政策、管理规划以及保护监督等相关事宜。如有的国家公园强调政府与当地社区分享权力和责任的"合作管理"，有的国家公园让利益相关者全程参与规划的编制、审批和实施阶段，有的国家公园建立了完善的志愿者参与制度，使国家公园更具公共性、开放性，有利于国家公园吸引更多的关注和资金支持。总之，通过完善决策参与、过程参与和监督参与制度，有利于使国家公园工作得到全社会的关注、支持和帮助，促进国家公园的健康可持续发展。

国家地质公园开发权的属性、功能及限制*
——以阿勒泰地区为例

【摘　要】 新疆阿勒泰地区辖区内有喀纳斯、可可托海等国家地质公园，地质公园的建立带动了地方旅游业以及地方经济的发展。但是，建立国家地质公园，在确定地质公园开发权的物权属性的同时，须注意生态保护是目的，旅游开发是功能，开发权必须受公法以及环境法的限制。同时，阿勒泰地区的地质公园与当地牧民的牧区存在重叠，旅游开发占用了草场及牧道尤其是转场牧道，造成了旅游开发者与牧民之间的摩擦。因此，阿勒泰地区在地质公园开发的过程中，必须要建立或完善生态保护机制、开发互惠机制、矛盾调解机制等，以更好地诠释建立国家地质公园的意义。

【关键词】 地质公园；开发权；物权属性；生态保护；牧地经营权

一、国家地质公园开发权的功能

关于国家地质公园的建立以及开发，现在还没有专门的管理办法规制，[1]但是，政府部门还是有些相关规定。国土资源部（现自然资源部）发布的《国家地质公园规划编制技术要求》（国土资发〔2010〕89号，已失效）提到，国家地质公园规划由所在地市或县人民政府组织国家地质公园管理机构编制，以科学发展观为指导思想，本着保护地质遗迹、普及地学知识、促进公园所在地区社会经济可持续发展的基本原则，突出地质公园特色，统筹兼顾，做好与已有相关规划的衔接，确保规划具有较强的实用性和可操作性。地质公园在编制规划时，要严格遵循"保护优先，科学规划，合理利用"的

---

* 米伊尔别克·赛力克，北京航空航天大学法学院博士研究生。

〔1〕 我国不同公园有自己相应的管理办法，但内容大同小异，国家林业和草原局正在起草一部以"保护"为主要功能的"国家公园法"。

原则。同时，在中国国家地质公园官网上也明确了我国建立地质公园的主要目的有三个：保护地质遗迹及其环境；促进科普教育和科学研究的开展；合理开发地质遗迹资源，促进所在地区社会经济的可持续发展。[1]

地质公园的建立以及分类与当地的气候、位置以及地形等息息相关。阿勒泰地区位于新疆最北部，冬季漫长且寒冷，夏季短暂且气温平和。其北边是阿尔泰山（阿勒泰因此得名），南部是准噶尔盆地；地区内有额尔齐斯河（唯一流入北冰洋的河流）、乌伦古湖（河）、喀纳斯湖等水域。所以，阿勒泰地区拥有特别的气候、地理位置以及地形地貌，于是在历史的长河中就形成了独特的地质构造和自然风景。阿勒泰地区辖区内有布尔津喀纳斯湖国家地质公园、富蕴可可托海国家地质公园、吉木乃草原石城地质公园、五彩滩国家地质公园（雅丹地貌）等国家级地质公园。同时，辖区内的青河县拟打造首个世界级陨石地质公园。

实际上，建立国家地质公园，地方政府与开发者更注重开发地质遗迹资源，发展当地经济。近年来，阿勒泰地区确立了"以旅游业为主体，牵动一产，托举二产"的总体发展思路，积极创建新疆全域旅游示范区。围绕旅游支柱产业发展，着力打造阿勒泰地区文化产业品牌，推进文化和旅游产业融合发展，已经成为阿勒泰地区文化旅游发展的重要思路。[2]据阿勒泰地区统计部门4A级及以上景区（景点）统计报表数据显示：2018全年，地区6家4A级及以上景区（景点）接待游客337.31万人次，同比增长29.2%，实现营业收入27.04亿元，同比增长32.2%。2018年，喀纳斯景区接待游客229.71万人次，占6家4A级及以上景区接待游客总量的68.1%，同比增长30.85%，实现营业收入26.27亿元，同比增长33.51%；可可托海景区接待游客36.77万人次，同比增长14.24%，实现营业收入0.46亿元，同比下降5.02%；五彩滩景区接待游客51.87万人次，同比增长25.55%；乌伦古湖景区接待游客12.30万人次，同比增长33.53%。[3]

从以上数据中我们很容易发现，建立地质公园的最大功能是旅游开发，

---

[1] 参见中国国家地质公园官网首页：http://www.geopark.cn/，最后访问时间：2019年9月19日。

[2] 参见阿勒泰地区旅游文化产业研讨会：http://egov.xinjiang.gov.cn/2018/08/17/151067.html，最后访问时间：2019年9月19日。

[3] 参见《阿勒泰地区2018年国民经济和社会发展统计公报》。

提高政府财政收入，发展地方经济。如果开发权的功能只有一个，或者说只追求一个功能，不断地消耗地质公园的资源，不仅会违背"所在地区经济可持续发展"的基本原则，也会违背"保护优先，科学规划，合理利用"的原则。所以，地质公园的旅游开发，必须"反哺"，也即"以游养园"，开发与保护同时进行。比如，富蕴可可托海国家地质公园某公司在 2014 年不仅以投入资金植树种草的方式直接回应生态文明，而且在既有信息化设施的基础上，不断进行整合，以二维码数据中心、官方网站和官微网为平台，构建起了涉及环境保护、美景传递、风景触摸、动植物资源等方面的综合性信息系统，使景区自身的生态文明得到更好的体现，使游客能够更加直观地了解、感知景区原生态风光，为智慧旅游系统下的生态文明建设奠定了坚实的基础，形成了可持续、可传承的规范标准。

二、国家地质公园开发权的物权属性

国家地质公园主要功能之一是旅游开发，旅游开发的前提是须有开发权，在讨论一项权利时，研究其属性为首要任务。地质公园开发权到底是什么性质的权利呢？是用益物权？是准物权？还是其他性质的物权？所谓用益物权，指的是在他人之物上享有占有、使用和收益等权能的物权。[1]我国《物权法》第 117 条规定用益物权人对他人所有的不动产或者动产，依法享有占有、使用和收益的权利。从用益物权的概念看，地质公园的旅游开发权，也就是对自然资源的开发（但不同于采矿、捕捞等方式对自然资源的开发），似乎是用益物权的一种。但是，物权法定主义是物权法的基本原则之一，它是指物权的类型和内容应以法律规定为限制，不允许当事人任意创设。

我国《物权法》明确规定的用益物权有：土地承包经营权、建设用地使用权、宅基地使用权、地役权。《民法典各分编物权编（二审稿）》中又多规定了一项用益物权：居住权。地质公园开发权是否属于其中的一种？先看建设用地使用权。《物权法》第 135 条规定，建设用地使用权人依法对国家所有的土地享有占有、使用和收益的权利，有权利用该土地建造建筑物、构造物及其附属设施。虽然地质公园的开发可能会涉及少量附属设施的建造，但地质公园的开发目的并非建造房屋等，根本不符合建设用地使用权的权利主

---

[1] 参见刘家安：《物权法论》（第 2 版），中国政法大学出版社 2015 年版，第 134 页。

旨，所以地质公园开发权不是建设用地使用权。宅基地使用权更加不可能，因为宅基地使用权是在集体所有的土地上建造住宅及其附属设施的权利。关于地役权，《物权法》第156条第1款规定，地役权人有权按照合同约定，利用他人的不动产，以提高自己的不动产的效益。此处称他人的不动产为供役地，自己的不动产为需役地。地役权中涉及两块地，且两块地的用益物权主体是不同的，而地质公园整体上是一块地，所以，地质公园开发权不是地役权。开发权更不可能是居住权。最后，我们来看土地承包经营权。《物权法》第124条第2款规定，农民集体所有和国家所有由农民集体使用的耕地、林地、草地以及其他用于农业的土地，依法实行土地承包经营制度。从这个条款看，地质公园开发权的主体就不符合该条款，因为地质公园开发权的主体往往是地方政府或者是地方政府控股的公司。第125条规定，土地承包经营权人依法对其承包经营的耕地、林地、草地等享有占有、使用和收益的权利，有权从事种植业、林业、畜牧业等农业生产。这一条款是通过生产类型来限缩土地承包经营权的，类型为农业生产，地质公园开发不是农业生产。

分析之后，可得知地质公园的开发权并非我国物权法中的法定用益物权。《物权法》第122条规定，依法取得的海域使用权受法律保护。第123条规定，依法取得的探矿权、采矿权、取水权和使用水域、滩涂从事养殖、捕捞的权利受法律保护。这两个条款的位置在用益物权编的"一般规定"中。我们可以看出：两个条款没有明确说其中的权利为用益物权；条款中的权利均是关于自然资源的。

我们还可以分析地质公园开发权是否属于崔建远教授所说的准物权。准物权不是属性相同的单一权利的称谓，而是一组性质有别的权利的总称。按照通说，它由矿业权、取水权、渔业权和狩猎权等组成。[1] 矿业、取水、渔业、狩猎，这几种权利的共同点之一是它们均是关于自然资源的权利，我们姑且可以称它们为自然资源准物权。而且，这几种权利还有一个非常明显的共同点是：均为取得性权利，即都是能够从大自然获得实物的权利，而这个特点与我国《物权法》法定的几个用益物权有本质的区别。有学者从物权法理论的角度出发，结合旅游资源经营权的权利取得和权利目的的特殊性、权利客体的复合性（自然资源）、对应义务的复杂性及权利目标的多层次性等特

---

[1] 崔建远：《准物权研究》（第2版），法律出版社2012年版，第18页。

征,论证了旅游资源经营权的准物权属性。[1]这种观点有它的道理,但从语义上看,旅游与矿业、取水、渔业、狩猎等有很大的差异,而且旅游为第三产业,后面的几个均为第一产业。另一方面,如前文所说,是不取得实物与取得实物的区别。准物权乃一组种类和性质有别的权利的总称,故将其客体作统一的概括,如将准物权的客体界定为自然资源,要么错误,要么需要限缩准物权的范围,要么无法清晰地揭示有关现象,要么会暴露中国现行法及其理论的缺陷。[2]因此,我们不能把有关自然资源类似物权的权利随意归类到准物权中,地质公园开发权(或者说旅游资源经营权)并非崔建远教授所说的准物权。

从广义上看,不管是地质公园的开发,还是矿业权、渔业权和狩猎权,都是对自然资源的利用,只是利用方式不同,按照利用方式的不同,我们可以进行分类。借用生态保护方法分类中的"就地保护"与"迁地保护"的类型划分方法,[3]自然资源利用方式也可在逻辑上周延地区分为"就地"利用和"迁地"利用。前者是指不改变自然资源的物理属性和自然分布,利用自然资源作为从事人类活动的载体/平台或利用自然资源自身的生产能力从事生产活动;后者是指通过劳动投入将处于自然状态的自然资源从自然界中分离,获取作为人类生产活动原料或燃料的自然资源产品。[4]用这种分类方法,可以很好地理解地质公园开发权与矿业权、渔业权、狩猎权的关系:它们均为利用自然资源的权利,只是利用方式不同。那么,是否就可以将崔建远教授的"准物权"概念再分为两种,比如"取得性准物权"和"非取得性准物权"?崔建远教授认为,将自然资源界定为准物权的客体,只有将权利抵押权和权利质权排除于准物权的体系才可成立,且需要进一步类型化。[5]所以,不能简单地将其再分类。

---

[1] 梁恩树:"论旅游资源经营权的准物权属性",载《社会科学家》2013年第5期,第85~88页。
[2] 崔建远:"再论界定准物权客体的思维模式及方法",载《法学研究》2011年第5期,第29~36页。
[3] "中国生物多样性保护行动计划"总报告编写组:《中国生物多样性保护行动计划》,中国环境科学出版社1994年版,第16~21页。
[4] 王社坤:"自然资源产品取得权构造论",载《法学评论》2018年第4期,第165~177页。
[5] 崔建远:"再论界定准物权客体的思维模式及方法",载《法学研究》2011年第5期,第29~36页。

王利明教授、李显冬教授等学者在研究海域使用权、采矿权、取水权、捕捞权等关于利用自然资源的权利时，提出了准用益物权的概念。李显冬教授认为准用益物权的客体是公共物品也即自然资源，故此种法律关系是由一种体现资源管理的公权和体现民事主体利益的私权共同行使的法律事实的结合所引起的。[1]王利明教授认为，它是指由权利人通过行政特许方式所获得的，对于海域、矿藏、水流等自然资源所依法享有的占有、使用及收益的权利。[2]我们用准用益物权的概念去定性这些利用自然资源的权利应该是合适的。然后将矿业权、渔业权、狩猎权称为取得性准用益物权，将地质公园开发权等旅游资源经营权称为非取得性准用益物权。自然资源准用益物权，因行政许可产生，所以它是有限物权，是受管制的物权。地质公园开发权作为自然资源准用益物权，首先要受到"保护生态环境"要求的限制。

三、国家地质公园开发权与生态环境保护

地质公园是地质遗迹资源保护开发的一种形式，地质遗迹资源的自然属性同时也是地质公园的属性。地质遗迹资源本身的自然特点有：不可再生性、地域性、气候性、多样性等。[3]显然，最重要的特点是不可再生性，即一旦被毁坏，就不复存在。我们可类比森林失火，树木全部被烧坏，很难再得到完全一样的森林，因为即便是种植同品种的树木植物，也无法恢复原貌，并且需要几十年甚至上百年的时间。而从恢复原貌的角度，地质遗迹资源被破坏的严重性远大于森林失火，因为，地质遗迹资源形成于几百年甚至上千年的地壳运动或者地质资源的演变，一旦遭到破坏，自然的历史不可能再按照原来的方式发展。因此地质遗迹资源的保护、地质公园的保护，对于科学家的科学研究工作，对于普通大众认识这个世界、了解地质知识都至关重要。因此，地质公园的开发权必须要以生态环境保护为前提。

《宪法》规定"国家保障自然资源的合理利用，保护珍贵的动物和植

---

[1] 李显冬、唐荣娜："论我国物权法上的准用益物权"，载《河南省政法管理干部学院学报》2007年第5期，第99~104页。

[2] 王利明：《物权法研究》（第4版·下卷），中国人民大学出版社2016年版，第266页。

[3] 李翠林："新疆地质遗迹景观资源保护开发研究——以奇台硅化木-恐龙国家地质公园为例"，新疆大学2011年博士学位论文。

物",〔1〕《环境保护法》规定"具有重大科学文化价值的地质构造、著名溶洞和化石分布区、冰川、火山、温泉等自然遗迹,以及人文遗迹、古树名木,应当采取措施予以保护,严禁破坏"以及"开发利用自然资源,应当合理开发,保护生物多样性,保障生态安全"。〔2〕《宪法》和《环境法》均对合理利用资源、生态保护提出了严格要求。地质公园开发权必须受到法律条款的严格限制。

前文中提到的国土资源部(现自然资源部)发布的《国家地质公园规划编制技术要求》(国土资发〔2010〕89号,已失效)规定,地质公园在编制规划时,要严格遵循"保护优先,科学规划,合理利用"的原则。而我国其他类型的公园在其相应的管理办法中,也均将"保护"放在了首位。《国家沙漠公园管理办法》(2017年)第2条规定:"沙漠公园是以荒漠景观为主体,以保护荒漠生态系统和生态功能为核心,合理利用自然与人文景观资源,开展生态保护及植被恢复、科研监测、宣传教育、生态旅游等活动的特定区域。"《国家级森林公园管理办法》(2011年)第5条规定:"国家级森林公园的主体功能是保护森林风景资源和生物多样性、普及生态文化知识、开展森林生态旅游。"《国家湿地公园管理办法》(2017年)第2条规定:"湿地公园是指以保护湿地生态系统、合理利用湿地资源、开展湿地宣传教育和科学研究为目的,经国家林业局批准设立,按照有关规定予以保护和管理的特定区域。"而且以上三个办法的基本原则分别为:保护优先、科学规划、合理利用、持续发展;严格保护、科学规划、统一管理、合理利用、协调发展;保护优先、科学修复、合理利用、持续发展。三种类型的公园,从原则上看,均为:保护优先,开发在后。

新疆地质遗迹景观资源保护开发的模式有单一保护型、单一开发型、保护开发并重型、保护利用双差型等几种。〔3〕其中,保护开发并重型是比较理想的模型,而地质公园是该模型的典型形式。比如,著名的地质遗迹卡拉先格尔地震断裂带就在阿勒泰地区富蕴可可托海地质公园内,将该断裂带纳入到了园区范围内,一方面是为了将之保护起来供科学研究及地质科普,另一

---

〔1〕 参见《宪法》第9条。
〔2〕 参见《环境保护法》第29条、第30条。
〔3〕 李翠林:"新疆地质遗迹景观资源保护开发研究——以奇台硅化木-恐龙国家地质公园为例",新疆大学2011年博士学位论文。

方面是让游客观赏。

地质公园在保护与开发并重的实践中,问题很多。阿勒泰地区的布尔津喀纳斯国家地质公园,拥有非常壮观的自然景观,具有很高的旅游开发价值,但是该公园又建立在国家自然保护区中,同时喀纳斯又是风景名胜区。建立三者的行政管理部门在国务院机构改革之前是不同的,地质公园是原国土资源部门建立的,自然保护区是原环保部门建立的,而风景名胜区是原建设部门建立的,这也导致了在行使各自行政职能时各部门之间存在激烈的冲突。后来,国务院机构改革将自然保护区、风景名胜区、自然遗产、地质公园等管理职责整合,组建中华人民共和国国家林业和草原局,由新组建的中华人民共和国自然资源部管理,全部归于一个部门显然是便于管理,但是在实践中重开发、轻保护的现象依然存在。同时,地方政府没有正确处理行政部门管理权和开发商经营权之间的关系,没有将开发与保护并重。阿勒泰地区地质公园的开发依旧只注重商业价值,为了增加地方财政收入,地方政府更多的是鼓励旅游开发,甚至有直接把地质公园当作旅游开发区的嫌疑。再者,地质公园内缺乏对地质科学内涵的展示。比如,阿勒泰地区的五彩滩地质公园,进园后右手边有一个展厅,里面很空旷,除了一些摄影作品,没有其他展示品,也没有科普性介绍。地质公园的最大功能就是科普教育,没有丰富的展示和详细的讲解,游客无法很好地了解相关的地质科学知识,不能够知道该地质遗迹是如何形成的,更不可能知道是否值得保护、如何保护。

地质公园开发保护过程中,地方政府、开发经营者、当地居民、游客等主体均需要有保护意识、保护行动。地方政府及政府部门(比如景区管理委员会),在关注公园经济收入的同时,更应该关注自己的行政管理职能,时刻监督经营者合法、合规经营,督促经营者"以游养园",督促经营者精准保护公园生态环境。经营者须时刻保证地质公园的防火灾功能、防水灾功能、防虫灾功能等;全天候巡逻公园,发现破坏现象或者险情,须及时向政府部门报告,并协同政府部门制止破坏,消除险情;经营者,在其类似"年度财务报告"的文件中,应该列明其为保护公园生态环境的经费(可类比科技公司财务报告中的"R&D",也即研发经费)。对于游客而言,在进入特定地质公园前,须清楚了解该公园当中地质遗迹资源的特点以及公园须知,有保护园内生态环境的意识,不破坏园内地质遗迹。

四、国家地质公园开发权与牧民牧地经营权

阿勒泰地区地质公园与当地哈萨克族牧民的牧区存在重叠，因此必须处理好地质公园开发权与牧民牧地经营权的关系。

随着地质公园的开发，当地旅游不断发展，游客的数量不断增长，旅游设施也在增设和更新，而地质公园开发者所占用的草场及牧道（尤其是转场牧道），是当地牧民经过很多代人才开辟出来的，这就很容易导致地质公园开发者与当地牧民之间产生摩擦。自2007年额尔齐斯河上游开始由一家大型旅游公司开发时起，牧民与旅游公司之间的摩擦就不断发生。牧民被告知从2009年夏季开始，不能再使用经过旅游区的一段传统转场牧道，改走新修的牧道。新牧道有40公里，坡度较陡，转场难度较大。[1]我们要知道，转场牧道不只是牧民选择的，同时也是骆驼、马、牛、羊等牲畜在一次次的转场过程中，慢慢形成、慢慢选择的路，不仅要考虑牧民和牲畜的生命安全，同时还须考虑牲畜能够比较舒适地转场，保证它们不得病不减重，否则会影响牲畜的市场出售价格，这也就直接影响了牧民的经济收入。为了更好地开发地质公园，开发者封锁当地牧民原来的转场牧道，给牧民"设置"新的牧道，这一做法已经超越了地方政府许可的经营权利，开发者没有资格也没有能力让牧民使用新的牧道转场，而且牧民和牧民的牲畜都习惯了走传统的牧道转场，新的牧道增加了转场的难度，增加了牲畜丢失的概率，也增加了生命安全的风险。开发者未曾想过，牧民和他们的牲畜其实都是地质公园的一部分。牧民在几十年才形成的牧道上赶着牛群、羊群转场，一方面没有破坏生态环境反而成了生态环境的一部分；另一方面，这也是地质公园中，人与自然和谐相处的场景，是吸引游客眼球的美丽风景。自然资源开发地居民作为生态系统的重要组成部分，在生存和发展中形成了与生态环境共生的特殊利益需求。但现在的情况是，自然资源开发（特别是民族地区自然资源开发）在给当地政府和开发者带来可观的经济利益的同时，其带来的环境污染和生态破坏也使得不少当地居民面临着流离失所的窘境。[2]

---

［1］ 陈祥军："'丝绸之路经济带'资源开发与草原生态及牧区社会——以新疆阿勒泰地区为例"，载《中南民族大学学报（人文社会科学版）》2019年第2期，第176~180页。

［2］ 马晓青、王天雁："自然资源开发地居民利益损失补偿模式研究——以8省（自治区）少数民族地区为例"，载《贵州民族研究》2015年第8期，第167~171页。

开发者与当地牧民关于牧场、牧道各持己见,地方政府及管理部门应该出面公开、公正、公平地解决问题。因为牧民的放牧权、开发者的开发权都是政府许可下的私权利,因此双方也可以在地方政府部门的调解下友好协商,达成一致意见,体现私法意思自治的原则。简单说,开发者应该允许牧民在传统的牧道上转场,而牧民应该井然有序地在规定时间内走完公园内的牧道。实际上,开发者与当地牧民之间不仅可以没有摩擦,而且可以友好相处:一起经营地质公园,让当地牧民及居民参与开发经营。当地牧民是地质公园里以及附近的常住居民,同时还有对家乡的热爱,很容易成为地质公园经营者稳定的劳动力。调查表明,在资源保护和开发中社区参与存在的主要问题是:居民参与度低,参与机会有限,有强烈的参与决策、规划、商业经营的愿望,并希望在参与中分享资源开发的利益,使参与过程得到政府、企业的保障。[1]阿勒泰地区辖区内的布尔津喀纳斯地质公园、富蕴可可托海地质公园,园区内从事小商品买卖、餐饮的小个体户大部分都是当地居民,同时在园区内开游船、区间车的驾驶员也是当地居民,地质公园的开发者给当地居民提供了经营场所和工作岗位。让当地居民真正参与到地质公园的开发中,在减少各方利益摩擦的同时,提高了各方的经济收入,也有利于园区生态保护和可持续发展。

结　语

国家地质公园的建立目的是保护地质遗迹、普及地质知识、旅游开发。地质公园开发权的物权属性为非取得性准用益物权,以许可为前提的受限物权、管制物权。地质公园的生命力在于生态环境的保护,保护优先,开发在后,且应当以游养园。须以政府部门为调解机构处理好地质公园开发者与当地居民之间的矛盾,让他们和谐相处,合理利用自然资源;让当地居民参与开发经营,互利共赢。

---

〔1〕 罗培、秦子晗:"地质遗迹资源保护与开发的社区参与模式——以华蓥山大峡谷地质公园为例",载《地理研究》2013 年第 5 期,第 952~964 页。

再论草原行政执法与刑事司法的顺畅衔接*

【摘　要】 草原行政执法与刑事司法是贯彻落实《草原法》的两种法律适用方式，两者的顺畅衔接是实现《草原法》立法目的的重要保障。实现草原行政执法与刑事司法的顺畅衔接有多种途径，在立法层面，需要准确把握两者的定位，分析衔接不畅的原因，包括相关立法位阶低且约束力差、《草原法》可操作性仍然有局限，以及"移案""受案"与监督内容规范不明确。对此，应当制定专门的"行政执法与刑事司法衔接法"，在立法中健全、完善"移案""受案"等相关规范，具体强化检察机关的监督作用。

【关键词】 行政执法；刑事司法；草原法；衔接

引　言

我国草原面积幅员辽阔，草原在我国生态安全中居于重要地位。《草原法》是维护草原生态安全、保障草原牧区经济社会可持续发展的直接法律依据，草原行政执法与刑事司法（简称草原"行刑两法"）的顺畅衔接是实现《草原法》立法目的的重要保障。我们曾经针对两者的衔接问题进行过若干讨论和展望，[1]至今已有近十年。在此期间，针对草原犯罪案件的司法解释以及针对环境保护的"行刑两法"衔接规范性文件相继出台，但其效果皆不尽人意，始终未能真正实现两者的顺畅衔接。这在较大程度上阻碍了预防和惩

---

* 刘晓莉（1963年生），女，内蒙古通辽人，东北师范大学政法学院教授，博士生导师；史由甲（1993年生），男，河南洛阳，东北师范大学政法学院博士研究生；孙雪（1994年生），女，内蒙古通辽人，东北师范大学政法学院博士研究生。

[1] 参见刘晓莉、孔艳："草原行政执法与刑事司法衔接问题的若干思考"，载《当代法学》2010第4期。

治草原违法犯罪。鉴于此，我们将再次直面这个问题，然而，由于该问题是一个庞大的问题，我们无力在一篇文章中全面探讨，所以仅在立法层面予以讨论，期盼为实现草原"行刑两法"的顺畅衔接尽绵薄之力。

一、草原"行刑两法"衔接问题概述

行政执法与刑事司法虽然存在本质不同，但同属于公法的范畴，是国家对触犯法律的行为人进行惩治和剥夺权利的手段。为了维护生态安全与生态公平，国家通过行政执法与刑事司法这两种不同的法律适用方式，对破坏环境的行为人进行预防和惩治，根据其行为和情节的不同，择一适用。两者的顺畅衔接对于立法目的的实现十分重要，结合草原生态要素而言，则是直接关系着对草原违法和草原犯罪的准确、有效追诉。

（一）草原"行刑两法"衔接的相关规范

迄今为止，我国还没有专门的"行政执法与刑事司法衔接法"，关于"行刑两法"衔接的相关规范都分散于相关的实体法或法律法规等法律文件中。

《草原法》相关"行刑两法"衔接的规定，主要集中在第八章"法律责任"中，其涉及条文包括第61~66条。这六个法律条文，在规定了草原犯罪的同时，也规定了"尚不够刑事处罚的，依法给予行政处分"，这就表明我国《草原法》针对某些破坏草原生态要素的行为，如第62条的"截留、挪用草原改良、人工种草和草种生产资金或者草原植被恢复费"，是根据其行为和情节的严重性来判断行为人应当承受何种处罚的。"行刑两法"的选择适用，是实现《草原法》立法精神的重要手段，同时也体现了我国法律体系的完整性和灵活性。

然而，在看到《草原法》关于"行刑两法"选择适用的灵活性的同时，我们也必须注意到《草原法》关于两者如何选择适用的问题并未提及，只是在条文中说明"尚不够刑事处罚的"，才选择适用行政执法的手段。这一空白导致相关部门在处理草原犯罪案件时面临困境，其中最为明显的就是对行为和情节的定性问题。这一困境普遍存在于包括《草原法》在内的诸多涉及环境保护领域的具体法律之中。为此，我国出台了针对"行刑两法"衔接的规范性文件或者司法解释，[1] 规范性文件包括 2013 年环境保护部（已撤销）与公安部联合发布的《关于加强环境保护与公安部门执法衔接配合工作的意见》（以下简称《2013 年衔接意见》），2017 年环境保护部（已撤销）、公安部和最高人民检察院发布的《环境保护行政执法与刑事司法衔接工作办法》（以下简称《2017 年衔接办法》）等，而司法解释则包括了 2012 年 11 月出台的《最高人民法院关于审理破坏草原资源刑事案件应用法律若干问题的解释》（以下简称《2012 年草原解释》）等专门适用于草原生态要素的司法解释以及 2016 年 12 月最高人民法院、最高人民检察院联合发布的《关于办理环境污染刑事案件适用法律若干问题的解释》等。这些规范性文件和司法解释的出台，为环境执法部门[2]、公安机关和人民检察院处理草原犯罪案件提供了可行的操作程序和工作制度，明确了各个部门的职能和案件移交程序，确立了草原行政执法与刑事司法衔接的基本法律依据或者说框架，为草原生态安全和牧区经济和社会的可持续发展提供了必要保证。

（二）草原"行刑两法"衔接的准确定位

行政执法与刑事司法虽然在前提、主体、处罚依据、处罚手段以及处罚种类等方面存在很大差别，但是在判断破坏草原案件的定性问题时，相关部门常常陷入困境，甚至出现相互推诿的情况。为了正确处理两者的衔接问题，完善工作程序和案件移交制度，需要准确把握两者的定位。

在讨论草原"行刑两法"衔接的准确定位之前，需要先探讨两者的基本内涵。对于草原"行刑两法"衔接的基本内涵，现在并无权威性的规定，可

---

[1] 需要说明的是，本文所列规范性文件和司法解释皆为 2010 年后出台的。2010 年前的规范性文件有 2001 年 7 月国务院发布的《行政执法机关移送涉嫌犯罪案件的规定》、2001 年 12 月最高人民检察院制定的《人民检察院办理行政执法机关移送涉嫌犯罪案件的规定》、2004 年 3 月最高人民检察院、全国整顿和规范市场经济秩序领导小组办公室和公安部联合发布的《关于加强行政执法机关与公安机关、人民检察院工作联系的意见》、2006 年 1 月最高人民检察院、全国整顿和规范市场经济秩序领导小组办公室、公安部和监察部联合发布的《关于在行政执法中及时移送涉嫌犯罪案件的意见》。这四部规范性文件已在本人上一篇论文中做了具体探讨，此处不再多加赘述。另外，本文对于所引规范性文件或司法解释的简称，如《2012 年草原解释》，沿用笔者对此司法解释探讨的论文。（参见刘晓莉、孙暖："我国草原司法解释评判"，载《吉林大学社会科学学报》2013 年第 5 期。）

[2] 我国环境行政执法主体包括多个行政部门，如环保部门、水利部门、林业部门等。在草原行政执法领域，我国《草原法》第 8 条和第 56 条分别规定了草原行政主管部门和草原监督管理机构，其中涉及的草原执法主体十分广泛。为避免混乱，同时与环境保护主管部门（即环保部门）相区分，本文使用统一称谓，即环境执法部门。

以参考的是关于环境"行刑两法"的阐释和解读。环境行政执法是指环境保护行政执法机关根据法律的授权,对单位和个人的各种影响或可能影响环境的行为和事件进行管理的活动。[1] 而环境刑事司法一般是指司法机关依据法定职权与程序,适用法律对涉嫌环境犯罪的案件进行一系列处理的活动。[2] 关于两者的衔接问题,有学者认为就是指在行政执法与刑事司法的过程中,一系列具有功能结构的相关要素间的内在作用方式和相互联系。[3] 本文对此种观点持肯定态度。把握草原"行刑两法"衔接的准确定位需要掌握两点:首先,"行刑两法"并不是对立的,两者的选择适用是以行为程度为依据的。依照我国《草原法》关于草原"行刑两法"的相关规定,对于违反第 61~66 条的行为是否需要适用刑事处罚,是需要根据具体行为的危害程度进行判断的。此种行为危害程度较轻,则属于违法,需要适用行政执法的手段加以调整,相反,如果危害程度较重,则需要用刑事司法的手段予以规制。"行刑两法"这两种不同的法律适用方式并不是绝对的对立,而是存在着转化关系的。其次,需要注意的是,在具体操作中,这种转化往往是由环境执法部门对某些案件作出涉嫌犯罪的判断,再移交给公安机关作出是否立案的决定,因此具体案件性质的转化,需要多个部门(包括监督机关,即人民检察院)共同评估判断案件性质直至最终作出决定。这也从侧面反映出了我国对于包括草原在内的环境犯罪的重视程度,也体现了我国谨慎适用刑法的谦抑性原则。

综上,草原"行刑两法"衔接的准确定位,应当是在充分发挥草原行政执法与刑事司法各自积极作用的基础上,根据草原违法的危害性程度,精准地判断案件性质(究竟是违法还是犯罪),并结合完善的工作制度和移交程序,辅之以检察机关的监督职能,从而正确地依据相关法律,对破坏草原的行为人进行相应的行政处罚或刑事处罚,这其实也就是草原"行刑两法"衔接的应然状态。

(三)草原"行刑两法"衔接的重要意义

草原是我国重要的自然资源和生态屏障,是维护生态安全、保障草原畜牧业发展、构建和谐社会的重要基础。1985 年第一部《草原法》的出台表明

---

[1] 韦君主编:《行政执法实务》,广西人民出版社 2008 年版,第 134 页。
[2] 史玉成主编:《环境与资源法学》,兰州大学出版社 2006 年版,第 248 页。
[3] 参见姜涛:"行政执法与刑事执法的衔接机制研究——一个制度性的审视框架",载《内蒙古社会科学(汉文版)》2008 年第 6 期。

我国已经逐步认识到草原这一生态要素在我国整体生态安全中的重要地位。但是，因为受经济落后和保护意识不足的影响，1985 年《草原法》对草原犯罪的严重社会危害性的认识尚有局限，故而只规定了破坏草原的行政责任，并未设置相应的刑事责任，此时的法律适用仅有草原行政执法。2003 年修正后的《草原法》颁布实施，新增了草原犯罪的规定。至此，《草原法》的法律责任体系趋于完善，两种法律适用方式的并存有利于实现保护、建设和合理使用草原的直接目的，这也是我国《草原法》的立法精神所在。同时，作为草原保护的必要手段——草原"行刑两法"的衔接，也是国家机关针对草原生态资源执法的必然趋势。将严重破坏草原的行为规定为"犯罪"，意味着可以用最为严厉的制裁方法——刑罚——对其进行处罚，适用刑法的威慑力和刑罚的强制力减少此类行为的发生。这体现了国家层面对于草原生态资源的重视，也表明了我国对于严重破坏草原行为的严厉态度。总之，草原"行刑两法"的衔接适用，将有效保护草原生态资源，促进经济和社会的可持续发展。但是，需要明确的是，草原"行刑两法"的衔接适用必须是顺畅的，否则，两者衔接适用的功效将大打折扣。

二、草原"行刑两法"衔接不畅的立法分析

我国草原"行刑两法"衔接不畅已经成为事实，其成因既有立法层面的，也有司法层面的，还有其他层面的。在此，我们只分析立法层面的。

（一）作为操作依据的立法位阶低且约束力差

基于生态文明和美丽中国的战略背景，草原乃至整个环境保护的"行刑两法"顺畅衔接需要完善的法律制度作为前提和基础。然而，由于两者衔接问题的复杂性，致使多部门在联合执法过程中经常出现诸多问题。故而，我国更多的是用规范性文件或者司法解释等，而不是"法律"的方式推动和落实两者的顺畅衔接。这主要表现在两个方面：首先，我国对于草原"行刑两法"的衔接问题尚未通过专门的法律予以明确和统一，对于某些原则性和全局性的问题，是在多个部门法（如《草原法》）和部门规章（如《环境行政处罚办法》）中规定的。如《环境行政处罚办法》第 16 条规定"涉嫌犯罪的案件，按照《行政执法机关移送涉嫌犯罪案件的规定》等有关规定移送司法机关，不得以行政处罚代替刑事处罚"等。这类规定属于部门规章，效力等级更为低下。其次，在实践活动中，行政执法与刑事司法的衔接问题更多

是通过多部门联合发布的规范性文件指导和规范相关部门的执法活动,如《2017 年衔接办法》等。司法解释和规范性文件具有其显著优势,如规范性文件因其发布主体的特定性,可以从工作需要出发,促使执法工作的顺利进行。此外,司法解释的出台,必然是针对某一法条或者某一具体情况而作出的,因此可操作性较强。如《2012 年草原解释》第 1 条所规定的:"违反草原法等土地管理法规,非法占用草原,改变被占用草原用途,数量较大,造成草原大量损坏的,依照刑法第三百四十二条的规定,以非法占用农用地罪定罪处罚。"同时,该解释还在第 2 条对"数量较大"作了明确的解释,即20 亩。这就将《草原法》中的草原犯罪与《刑法》相衔接,针对违反《草原法》的行为人应当承担的刑事责任确定了具体罪名,同时也为我国司法机关处理草原犯罪案件提供了权威性的参考案例和评判标准。

由于规范性文件和司法解释并不是由我国专门的立法机关——全国人民代表大会及其常委会——制定的,而是由行政机关(譬如环保部、公安部)以及司法机关(如最高人民法院)颁布的,因此它们相对于狭义上的法律而言,缺乏相对的稳定性和权威性,存在效力位阶低、约束力差等不足。[1]同时,规范性文件和司法解释固然具有明确性和针对性等特点,然而它们的出台,意味着我国法律存在漏洞和空白,甚至有学者认为这有架空环境刑法之嫌。[2]即便为了一时之需,也应当及时完善立法,用法律而不是规范性文件或司法解释来规范和指导我国社会的正常运行。在建设法治国家的今天,通过制定专门的法律,促使草原"行刑两法"的顺畅衔接,从而保证草原涉罪案件能够正常进入司法程序,继而使行为人接受其应有的惩罚,是势在必行的。

(二)《草原法》位阶高但操作性仍然有局限

我国《草原法》关于草原犯罪的规定,其表述方式为"……构成犯罪的,依法追究刑事责任;尚不够刑事处罚的……"此种规定存在诸多问题,具体表现为:首先,对于具体行为的危害程度表述模糊。何为"尚不够刑事处

---

〔1〕 在 2010 年之前草原行政执法与刑事司法的衔接依据主要是前述四部规范性文件,这四部规范性文件与当时基本不具有可操作性的《草原法》相比,具有可操作性,确立了行政执法与刑事司法衔接机制的基本框架,但是可操作性还是有局限的。2010 年之后又出台了《2013 衔接意见》和《2017 衔接办法》,这两部规范性文件的可操作性明显提高,但是仍然存在位阶低约束力差的问题。

〔2〕 参见赵星:"环境犯罪的行政从属性之批判",载《法学评论》2012 年第 5 期。

罚"？这个标准应该由谁来设定？以《草原法》第 66 条"开垦草原罪"为例。法条描述为："非法开垦草原，构成犯罪的，依法追究刑事责任；尚不够刑事处罚的……"此法条描述十分模糊，非法开垦草原达到何种程度才能被视为"构成犯罪"。这个问题，直至《2012 年草原解释》的出台才有了具体的标准，即开垦草原面积达到 20 亩。此类模糊的描述，在整个《草原法》中并不少见，这说明我国《草原法》对于刑事责任的规定尚存在空白。虽然《2012 年草原解释》弥补了《草原法》的一些漏洞和缺陷，并且司法解释也具有正式效力，但它终究不属于法律，它相对于法律本身所具有的权威性和广泛性而言，仍然存在诸多适用限制，其很有可能导致我国法律体系实施的混乱。其次，针对草原犯罪刑事责任实现的方式和内容，《草原法》自身并无规定，而且由于刑法典中没有规定草原犯罪，所以对于草原犯罪无法直接实施制裁。而《2012 年草原解释》的出台实现了《草原法》与《刑法》的直接对接。如《2012 年草原解释》第 1 条和第 2 条规定"开垦草原罪"和"非法使用草原罪"依照《刑法》第 342 条的"非法占用农用地罪"定罪处罚，第 3 条的"非法批准征用、使用草原罪"适用《刑法》第 410 条的"非法批准征用、占用土地罪"。《2012 年草原解释》首次实现了《草原法》和《刑法》的直接对接，实现了草原犯罪立法在实践中的可操作性，为草原行政执法与刑事司法提供了有力的法律保障。[1] 最后，对于相关主体，主要是指环境执法部门、公安机关和作为监督机关的人民检察院的权力义务以及工作制度等，《草原法》并无直接规范，因此国家相继出台了《2013 年衔接意见》《2017 年衔接办法》等规范性文件，意图规范"行刑两法"的工作制度和移交程序，继而为两者的顺畅衔接提供切实可行的制度保障。

（三）"移案""受案"及监督内容规范不明确

按照《2017 年衔接办法》[2]第二章"案件移送与法律监督"的规定，凡是涉嫌环境犯罪的案件，均需要由环境执法部门向公安机关移送，同时需要将案件移送书抄送至同级人民检察院；公安机关对于环境执法部门所移送的涉嫌环境犯罪案件，应当作出立案或者不予立案的决定，不立案的需要退回

---

〔1〕 刘晓莉、孙暖："我国草原司法解释评判"，载《吉林大学社会科学学报》2013 年第 5 期。
〔2〕 《2017 衔接办法》中原条文规定行政执法主体为"环保部门"，而《2017 衔接办法》明显适用于环境保护领域的行政执法部门，其中应当包含了"环保部门"，所以此处沿用了本文的称谓，即环境执法部门。

环境执法部门；而人民检察院则行使立案监督权力，监督对象包括环境执法部门和公安机关两个主体。可以说，《2017年衔接办法》的出台，为我国环境保护的行政执法与刑事司法的衔接提供了制度保证，同时也为针对特定生态要素的法律（如《草原法》）的具体实施弥补了立法空白。需要特别说明的是，我国《草原法》对于草原执法行政主体有着明确的规定，因此结合草原犯罪案件而言，这里的相关部门主要包括三个：作为草原执法主体的环境执法部门（如草原监理部门）、作为草原涉罪案件立案主体的公安机关以及作为草原犯罪案件监督主体的人民检察院。

《2017年衔接办法》的出台，对于完善相关部门的工作制度和移交程序有着十分重要的意义。然而，由于多部门在联合执法过程中存在诸多问题，导致在执法过程中涉罪环境案件往往不能顺利地进入司法程序，出现了行政执法与刑事司法不相衔接的情况。首先，环境执法部门肩负着执法重任。笔者在针对草原执法的实地调研中发现：一方面，草原的环境执法部门迫切希望实现草原"行刑两法"的顺畅衔接，利用刑法的威慑力和强制力，预防和惩治草原犯罪，维护我国草原生态安全；另一方面，环境执法部门在向公安机关移送草原涉罪案件时，需要附带许多材料，如案件移送书，案件调查报告，监测、检验报告等，还承担着配合公安机关处理涉案物品以及对责任人进行审查等义务，这在无形中加大了环境执法部门的工作量，执法的主动性和积极性受到很大限制，最终导致了草原"行刑两法"的衔接不畅。其次，作为草原涉罪案件立案主体的公安机关在整个执法过程中处于强势地位。在环境执法部门向公安机关移送涉罪案件后，公安机关对于案件是否立案就有了很大的决定权。虽然人民检察院对于公安机关是否立案有着立案监督权，但是此权力却因公安机关的强势地位而往往难以实现。最后，作为草原涉罪案件监督主体的人民检察院的检察监督权处于弱势地位。《2017年衔接办法》第14、15条对于人民检察院的检察监督权作了更为详细的描述。根据规定，人民检察院有权对于草原犯罪案件进行监督，对于环境执法部门应当移送而不移送以及公安机关应当立案而不立案或逾期未作出是否立案决定的案件，人民检察院促使环境执法部门提交移送或者是启动立案监督程序。可以说，人民检察院监督权的明确，直接推动了草原"行刑两法"的顺畅衔接，然而，《2017年衔接办法》对于人民检察院介入草原犯罪案件的具体操作（例如时间、范围以及介入的具体情况）并没有作详细的规定，只是简单地规定"人民检察院发现……"这就存在了空白之处，在一定程度上阻碍了人民检察院监督权的行使，使得检察院的监督权难以实际兑现。

综上，《2013年衔接意见》与《2017年衔接办法》的出台，使草原"行刑两法"的衔接可操作性明显提高，成了两法衔接的主要依据，但是立法位阶低、约束力差的弊端依然存在。《2012年草原解释》颁布之后，虽然实现了《草原法》与《刑法》的直接对接，但是对于草原犯罪案件定罪量刑仍然需要结合司法解释和多个规范性文件。因此，尽管《草原法》位阶高，可操作性有所提高，但是仍然有局限。关于检察院的监督权，虽然《2017年衔接办法》有明确规定，但是具体操作仍然属于空白。上述问题直接阻碍了草原"行刑两法"顺畅衔接，使草原"行刑两法"的衔接适用面临诸多困境。

数据显示，近年来，我国草原违法案件数量一直呈现减少的趋势，以2018年为例，全国草原违法案件数量由2017年的13 761起减少至2018年的8199起，减少比例为40.4%。同时，对于某些特定的违法行为，如开垦草原案件，惩治效果十分显著。比例的大幅度下降，说明了我国草原立法和草原执法等手段发挥出了其应有的成效，体现了相关法律法规对于草原保护的有效性。这是近年来我国草原"行刑两法"在适用上的显著成绩，但是其中也存在着问题。

我国草原违法案件数量一直处于下降的状态，但是自2017年起破坏草原的面积却不见减少，甚至略有上升的趋势。2018年，全国草原违法案件破坏的草原面积仍然高达11.47万亩，比2017年增加了0.15万亩，增比率为1.3%。这说明，虽然我国草原违法案件数量一直在下降，但是其中可能存在某些案件行为危害程度特别乃至极其严重，以至于在案件数量减少的同时，遭受破坏的草原面积却在增加。同时，全国草原涉嫌犯罪案件的移送比例却往往只有3%左右，这就证实了在法律实施过程中草原"行刑两法"的衔接出现了问题。

表1 近年来全国草原违法案件相关数据统计（2014年至2018年）

	2014年	2015年	2016年	2017年	2018年
案件数量	18 998	17 020	15 705	13 761	8199
移交司法机关案件总数占总数百分比	3.26%	3.34%	3.85%	2.36%	4.17%

续表

	2014 年	2015 年	2016 年	2017 年	2018 年
受破坏草原面积（单位：万亩）	31.37	18.04	13.74	11.32	11.47

注：表格数据来源于 2019 年 7 月 5 日我国草原管理司发布的《2018 年全国草原违法案件统计分析报告》，参见中国林业网（http://www.forestry.gov.cn）；表格中"移交司法机关案件总数占总数百分比"一项是本文作者计算得出的。

正如表格所示，尽管我国近年来在打击开垦草原等破坏草原资源的违法行为方面做了积极的探索和努力，但是由于多方面的原因，使得草原犯罪案件难以向司法机关移交，司法机关也难以受理、定罪判刑。一方面导致了某些犯罪行为无法顺畅地进入司法程序，使得"以罚代刑"的情形时有发生，犯罪行为人未得到相应的刑事处罚。另一方面，移送司法机关案件是否已经受理？是否还有没移送的涉罪案件？未立案的案件是否按照《2017 年衔接办法》第 17 条的规定送回环境执法部门？这些数据均未在近年报告中显示，这就说明相关部门对于这些事项不明晰或者不重视，其最终结果导致草原犯罪案件时有发生，"大案""重案"接连不断，背离了我国生态文明建设的总体目标。

三、草原"行刑两法"顺畅衔接的立法对策

为了实现草原"行刑两法"顺畅衔接，需要完善相关立法内容，提高相关立法的约束力和可操作性，针对草原"行刑两法"衔接问题，我们提出如下立法对策：[1]

（一）制定专门的"行政执法与刑事司法衔接法"

制定专门的针对行政执法与刑事司法衔接的法律迫在眉睫。通观整体而言，我国现行的关于"行刑两法"衔接的立法规范不可谓不多，然而其规定方式杂乱，行政法规、司法解释、地方性立法和地方政府规章层出不穷，缺乏统一性和系统性，且这些立法规范因其制定主体，天然就具有效力位阶低

---

[1] 关于《草原法》的操作性仍然有局限性的解决对策，笔者的论文（参见刘晓莉、孙暖："我国草原司法解释评判"，载《吉林大学社会科学报》2013 年第 5 期）已有阐述，在此不再赘述。

的劣势。因此，由我国专门的立法机关——全国人大及其常委会——通过正当程序予以立法，从立法机关的正当性上对两法衔接的机制作出权威而统一的规范，是十分迫切和可取的。

完善法律体系，适用法律推进我国草原"行刑两法"顺畅衔接已经成为现阶段我国生态文明建设的迫切需要。而在立法层面，实现草原"行刑两法"顺畅衔接的问题，实际上也就是行政程序与刑事程序二者结合的立法问题。我国的《刑事诉讼法》几经修改，已经基本上可以满足刑事程序的需要，但是迄今为止并未有统一的《行政程序法》出台，而关于行政程序的立法规范主要散见于多个实体法（如《行政处罚法》《治安管理处罚法》）和部门规章（如《公安机关办理行政案件程序规定》等）之中。针对上述事实，我们再次呼吁，制定专门的"行政执法与刑事司法衔接法"，以"行政执法与刑事司法衔接法"作为草原行政执法与草原刑事司法衔接问题的基本规范，这是势在必行的。在立足于我国的现实情况和实际需要的基础上，充分结合执法实践经验，由国务院和最高人民检察院整合、完善现有规范性文件，特别是涉罪案件的移送标准、受移送机关、不依法移送和不依法接受移送的法律责任等内容，一定要有明确的、具有可操作性的规定，然后通过立法化使其从总体上脱离规范性文件之"身份"，提高效力位阶和约束力，为实现草原"行刑两法"的顺畅衔接提供立法保障，这具有十分重要的意义。

（二）健全完善"移案""受案"等相关立法规范

首先，草原"行刑两法"的顺畅衔接需要重视移交程序，而移交程序的核心内容就是"移案""受案"两个方面。这两个方面的内容可以被一般性地规定在拟要制定的"行政执法与刑事司法衔接法"中，也可以在《草原法》中对其进行补充和强调：其一，规定环境执法部门发现草原涉罪案件必须移送，这是"刑事先理"原则的基本要求，也是行政执法与刑事司法相衔接的首要环节。同时，这项工作需要发挥检察院的监督作用，这也是我国草原"行刑两法"顺畅衔接的重要保证；其二，规定公安机关和人民检察院必须受理移送的草原涉罪案件，并向案件的移送机关反馈受理结果；其三，建立联席会议制度。环境执法部门、公安机关和人民检察院要在法定的期限内召开各层次的联席会议，共同研究解决执法和司法中遇到的问题；其四，重视案件由行政程序进入刑事程序时的证据转化制度。我国《刑事诉讼法》第54条规定了行政证据可以转化为刑事证据，而在《2017年衔接办法》则是将言词证据排除在可转化的证据范围之外，[1]这表明了我国现行法律和规范性文件关于行政证据转化为刑事证据的规定仍然存在混乱之处，行刑衔接过程中的证据转化制度亟待完善。

其次，具体草原"行刑两法"的顺畅衔接还依赖于多部门的共同配合，因此，需要完善工作制度，实现信息通报和协作配合。环境执法部门移送案件时，先移送到公安机关，再由公安机关移送到检察院，最后再由检察院向法院提起公诉，整个过程历经涉罪案件的移送、接受立案、侦查、起诉等多个复杂环节，再加上繁杂、严格的标准，往往使得环境行政部门产生懈怠情绪，经常导致案件"欲移而不能""能移而不移"。[2]故而，为了实现草原"行刑两法"的顺畅衔接，环境执法部门、公安机关和人民检察院之间必须加强分工与合作，形成良好的配合与沟通关系，对于草原保护的信息必须加强沟通和完善。而在具体实践中，我国部分地区已经针对草原"行刑两法"的顺畅衔接进行了尝试。如黑龙江省富裕县、杜蒙县和辽宁省彰武县的草原行政执法机关与公安机关建立了联系工作制度和联合办案制度；宁夏中宁县依托检察机关与行政执法机关"两法衔接"信息共享平台，对符合立案条件的案件及时进行网上录入，确保了涉嫌犯罪案件的顺利移送。[3]这些尝试已经证明了完善的工作制度和移交程序是实现草原"行刑两法"顺畅衔接的重要保障，而我国立法也应当重视和完善多部门之间的联合执法，通过立法途径完善联合执法的规范性，同时也可以激励地方立法发挥创新性，最终为实现草原"行刑两法"的顺畅衔接提供良好的运行基础。

（三）在立法中具体强化检察机关的监督作用

在草原涉罪案件由行政程序进入刑事程序的移送过程中，人民检察院的监督作用是关键所在。我国法律对于人民检察院的监督作用有着明确的规定。如我国《宪法》第134条以及《人民检察院组织法》第2条都明确了人民检察院的法律监督地位。据此，人民检察院依法行使法律监督职责，依法行使追诉犯罪的权力，这一点体现在行政执法与刑事司法的衔接过程中，主要是

---

[1] 蒋云飞："环境行政执法与刑事司法衔接研究之检视"，载《河南财经政法大学学报》2017年第6期。

[2] 吴家明、朱远军："环境刑事司法之现状分析与对策"，载《人民司法》2014年第21期。

[3] 马有祥："积极作为 勇于担当 扎实推进依法治草护草进程"，载《中国畜牧业》2014年第24期。

人民检察院有权监督环境执法部门是否移送犯罪案件和公安机关对于犯罪案件的立案与否。然而，在具体的实施过程中，由于人民检察院自身配置有限，法律监督职能仍然比较薄弱，再加上对外监督需要环境执法部门和公安机关之间的相互配合，多部门联合执法难度较大，因此人民检察院往往只能针对某些特别重大或者社会关注度较高的草原涉罪案件进行法律监督，而对于那些只是达到涉罪程度，但是情节并不严重的案件无法做到逐一监督。因此，我国立法应当着重强化和完善检察机关的监督作用，有效发挥人民检察院法律监督职能，促使我国草原"行刑两法"顺畅衔接。同时，立法还应当对检察机关介入环境执法部门和公安机关的时间和程序进行更为细致的规定，这样才能满足现实需要，充分保障检察机关法律监督职能的有效运作，继而发挥检察机关在草原"行刑两法"衔接过程中的监督作用。

总之，草原"行刑两法"的顺畅衔接事关《草原法》立法精神的落实，也是实现我国建设生态文明和建设美丽中国目标的重要保证。然而，在具体的执法（司法）过程中却因为各种原因（尤其是立法层面的欠缺）而导致草原"行刑两法"衔接不畅，使得草原涉罪案件无法正常进入刑事程序，继而无法正常地适用刑法对其进行规制，这是与我国牧区生态文明建设乃至法治国家建设的整体目标相背离的。本文恰恰是从立法层面探讨了促使两者顺畅衔接的基本途径，为实现草原"行刑两法"的顺畅衔接提供了立法上的理论指引，同时也为我国环境保护的"行刑两法"的衔接提供了理论参考，最终为预防和惩治草原违法犯罪、推进生态文明建设贡献力量。

"三观"引领下的生态刑法之进路探析*
——以价值观、自然观、发展观为视角

【摘　要】 伴随经济高速增长和资源开发所带来的生态资源过度浪费和环境污染日趋加重，环境问题已经成为威胁人民生命健康安全、关系国计民生和社会长治久安的大问题。随着生态环境污染事件不断发生，环境事故损害程度不断加大，传统的民事、行政法律责任对于处罚环境污染案件越发凸显出不足，只有加强对环境污染的刑事责任追究，才能起到有效的惩罚和威慑作用。人们对环境的保护开始依赖于关涉自由、生命的"最后保障法"——刑法。作为保障法，刑法不仅较行政、民事制裁模式更具威慑、阻吓功能，而且在环境保护中具有其他法律无法替代的作用，必须担当起最后防线的职责，以保护越来越脆弱的生态环境。但是，生态刑法的发展相对于人类对生态环境的保护还亟须改进和完善，只有这样才能响应实践需求，生态刑法作为一种保护生态的重要手段，还应对其深层次的价值引导进行分析以准确把握方向。

【关键词】 生态刑法；刑法功能；价值引导

一、当前生态刑法理念方向之困惑

伴随着社会经济的飞速发展，各种资源被大量攫取，生态环境恶化严重，阻碍了社会的可持续发展。随着雾霾、水土流失、沙尘暴等现象的频频爆发，人们意识到了生态环境保护的重要意义和价值，并将其纳入了刑法规制。但是，由于起步时间较晚，我国有关生态刑法的立法司法仍存在着诸多缺陷，有关生态环境的刑法制度还不健全。比如，对于危害生态物质的种类、危害

---

* 张忠斌：湖北省高级人民法院党组成员、副院长；车志平：湖北省宜昌市中级人民法院立案庭庭长。

生态的各种行为、各种危害后果的规定不全面，生态环境刑法的精准性缺失，调控范围不够明确。而导致这些缺陷的原因主要在于指导思想和价值理念方面的困惑不明[1]。

（一）刑法功能的生态环境价值缺失

传统刑法的价值取向在于追求对人身或财产权的保护，缺乏社会发展的系统性持续性理念。目前，我国刑法关于破坏生态的犯罪，集中于保护其生态资源方面。生态资源不仅有经济价值，还有风沙防护、防止水土流失、净化空气等作用，故刑法不能仅仅以经济价值作为量刑的依据，而忽视其对生态环境的影响和严重后果。仅用数量和价值进行衡量是不合理的，没有考虑生态利益的受损害程度，没有体现刑法对生态利益的关注和保护。[2] 由于生态环境保护日趋重要，刑法表现出生态环境价值功能的缺失，显然不能完成其应有的使命。

（二）刑罚种类的生态环境保护不力

现行刑法主要关注对人身或财产的直接侵害，而缺乏对生态环境破坏的间接性的考量。由于生态环境的破坏往往以非法牟利为目的，故以偏重人身罚刑法的制裁手段，缺乏经济制裁相配合适用，对生态环境犯罪的打击点不准，惩罚力度不够，没有发挥出刑法的特殊预防功能。H市近五年来，生态环境犯罪的量刑，判处十年以上有期徒刑的仅有2人，适用非监禁刑的占67.6%，单处罚金、免于刑事处罚的占7.1%。[3] 由于现行刑法中的规定主要是从资源效益方面来考虑的，而对生态的整体效益的刑法责任却是缺失的，不利于对生态环境的全面、有力保护。

（三）生态刑法保护范围不适应形势发展

首先，刑法中所规定的自然资源犯罪的覆盖不全面，依照生态安全的四大要素来界定，传统环境犯罪对于水安全、国土安全、环境安全、生物安全的规范都有欠缺。其次，在生态刑法犯罪构成上，存在诸多与生态法益保护不相适宜的地方，尤其是在罪状设计上大多采用空白罪状，造成了对行政性法规

---

[1] 王敏："生态环境的刑法保护研究——以环境刑法法益为视角"，载《人民论坛》2014年第32期。

[2] 杨华："生态环境的保护与刑法功能完善"，载《云南民族大学学报（哲学社会科学版）》2008年第2期。

[3] 刘少军："生态环境保护的困境及解决进路"，载《湖北省刑法年会论文集》2017年7月。

的过度依赖。最后，在归责方面，固守传统的过错归责，导致有些严重危害环境的行为缺乏定罪依据而无法定罪。

（四）生态环境犯罪的犯罪形态与生态环境犯罪的特征不协调

绝大多数都是结果犯或情节犯，没有举动犯和危险犯的规范，行为犯稀少。由于生态环境破坏具有潜在性、后发性、长期性等特征，生态环境破坏的治理成本远远大于预防成本，因此有必要发挥刑法在生态环境保护中的预防功能。

二、树立"三观"式生态刑法的理念方向

生态刑法的理论指导和法律适用，应在生态刑法的价值功能、人与自然的系统关系、人类社会的历史发展延续等方面予以重点考量，即立足于公平的价值维度、系统的自然维度和历史的发展维度等方面探讨生态刑法的根基及其方向，以形成科学、系统的符合社会正义论的生态刑法指导思想。从横向看，既要充分考虑到世界上不同国家、不同地区、不同民族的生态环境安全和环境利益，也要把目光徘徊在人类和自然的关系和生态系统上，做到理性的自我行为控制。从纵向看，不仅要关注当代人的生态问题，更应该突出保护下一代的生态环境，树立可持续发展观式的生态刑法观。

（一）以正义之价值观把控生态刑法原则

公平在不同主体之间进行权益和责任的分配是生态正义的核心所在。生态刑法的立法和司法完善，最终是为了实现对生态正义的追求，在刑事责任的认定上围绕生态正义展开。发挥刑法生态功能需要对生态环境刑事法律价值做出重构，为生态治理与修复发挥规则机能，使刑事法律能够更好地打击破坏生态环境行为，防止生态环境污染。生态刑法的价值不仅是要关注人的利益，更要真正体现和实现生态正义：一是要以生态环境本位的价值观调整人与人以及人与自然的关系；二是要将生态环境安全纳入刑法领域，将生态利益作为犯罪客体，防止或减少人类对生态环境的破坏，最大限度地实现生态正义。

（二）以系统之自然观构筑生态刑法体系

生态环境是个系统世界，无论是自然界之间的相互关系，还是人与自然的关系，都是相互依存、相互作用、相互制约的。从人与自然的关系来看，二者处在既对立又相互统一的状态，相互影响、相互渗透、相互作用。人与自然本应和谐相处，但由于生产方式的变化导致了相互之间关系的异化，为

了消解这种异化就要消除人类社会对自然生态的非规律性的任意控制，重塑和谐关系。[1] 人类应该以尊重生态规律为前提来利用自然、重视自然。首先，生态刑法的法益表达既要尊重自然规律，也要遵守自然法则。出于刑事法治资源紧缺的考量，生态刑事应该要考虑到其他生命体的基本生存，意识到对非人类物种的保护，这也是保障人类得以良好生活的基础。其次，生态刑法法益的实现同样不能违背自然规律，对生态犯罪行为的打击，不能只是单纯地严惩，在系统性发展性思维下，应在法律允许的情形下责令采取修复生态或者治理生态的行动，更好地对生态进行维护；要在司法实践中改变原来的以实际造成的损失来定罪量刑的惯性，不能仅考虑直观利益，而要以系统的自然观考量生态环境的整体利益。

（三）以历史之发展观引导生态刑法方向

2014年，中国提出了"经济新常态"的概念，即把发展速度适当调整以后务实迈向结构优化、可持续发展能力更强的一种运行状态。新常态下的经济社会发展观要求遵循生态理性，追求经济与自然和谐发展，以满足人的基本需求为目的。新常态下蕴含着生态环境发展与刑法的价值传输和对流，一方面体现在生态环境犯罪的刑事政策考量，应以保障最低的国民之生存权为必要，因此要降低生态环境犯罪的入罪门槛，突出生态犯罪圈扩大趋势；另一方面，在制定完善严格的生态刑罚时，应该借鉴西方国家的成功经验，结合法治本土文化的因素，加大惩戒力度，完善惩戒方法，使得生态环境保护和社会经济发展共进共行。

三、"三观"引领下的生态刑法之进路研析

（一）以对生态环境保护为生态刑法的功能指引

刑法之作用在于它是一种最具强制力的法律规范。在刑法中设立生态环境犯罪的首要目的是保护生态系统最基本的平衡状态，以免危及人类生存所必需的生命保障系统。将生态保护作为生态刑法的功能指引，意指生态刑法应当充分考虑和尊重自然资源和生态演变的规律，使其符合生态学基本原理，如持续性、协调性、生态平衡、生态再生等。我国刑法在保护生态环境方面

---

[1] 杨通进：“寻求人类中心主义与非人类中心主义的重叠共识”，载《西北大学学报（哲学社会科学版）》2006年第2期。

虽然与当时的社会背景相适应，但世事发展，现有刑法状态已不符合现今和未来的发展方向。萨维尼认为，法律就像语言一样，既不是专断的意志，也不是刻意设计的产物，而是缓慢、渐进和有机发展的结果。[1]当前，刑法的生态化成了生态环境保护问题的一种路径选择。刑法生态化是将生态原理引入刑法领域，对现行刑法进行全方位的调整、改进和创新，即重新界定生态环境犯罪、完善相应的刑事处置措施，使生态刑事立法司法更加符合生态规律的要求。[2]生态刑法不仅要遵循刑法规律，还要遵守生态环境的要求，其实质是强化刑法对生态环境的保护作用。通过生态刑法平衡世代间的利益既保护人的利益，也保护自然的利益，既保护当代人的利益也保护后代人的利益，其功能目标在于实现人与自然的和谐相处。

（二）以生态利益为生态刑法的法益指引

伴随着工业化进程的不断加快，非法采矿、污水排泄、危险化学品泄漏以及其他破坏生态资源的重大恶性事故频繁发生，人民群众对用刑法保护生态法益的要求越来越迫切。生态刑法理论必须重新确定保护法益的内容，进而对犯罪构成要件做出新的解释。一方面，界定生态犯罪的法益，生态法益是众多法益中的一种，其不应作为人类利益的从属性利益，而应作为一种独立的利益受刑法保护，把握生态法益就是要正确区分生态犯罪与其他犯罪的界限，抓住生态犯罪的本质特征。生态环境对任何人来说都是一种利益，对生态环境的破坏直接威胁着人类本身的利益，而体现这种利益的内容即为生态利益。生态利益是以生态环境危机为背景而产生和发展起来的一项权利，它源于人类对自己与生态环境关系的重新认识。[3]因此，生态环境犯罪的法益是生态利益。将生态利益作为生态环境犯罪的法益不仅有利于司法判断的可把握性，还能够使刑法在生态环境保护方面体现自身部门法的特殊属性。[4]而且，从司法实践方面来看，将生态利益作为生态环境犯罪的法益，更有利于实现人与自然的和谐发展。

---

[1]　[美]E.博登海默：《法理学：法律哲学与法律方法》，邓正来译，中国政法大学出版社1999年版，第38页。

[2]　梅宏："刑法生态化的立法原则"，载 http://www.riel.whu.edu.cn/show.asp? ID=967，最后访问日期：2006年8月10日。

[3]　简基松："论生态法益在刑法法益中的独立地位"，载《中国刑事法杂志》2006年第5期。

[4]　张明楷：《法益初论》，中国政法大学出版社2003年版，第65页。

（三）以系统性为生态刑法的体系指引

对环境的损害行为，虽然单个地看可能难以确定对人损害的性质，但这些行为可以通过持续地发生而使危害社会的结果得以积累，从而显示其危害社会的性质，由于这个过程可能是在不知不觉中发生的，更由于自然环境被破坏之后恢复的困难性，使得传统刑法对生态自然环境保护的局限性日益显露出来。为了更加周密地对生态利益进行保护，需要对刑法体系进行适当调整。一是单列独立章节。鉴于生态环境犯罪罪名分散化的弊端，应将《刑法》分则第六章第六节规定的生态环境犯罪罪名从该章中独立出来，单独成立一章，并将分散在《刑法》各章节中有关环境犯罪的规定纳入其中，章名可称为"侵害生态环境罪"，以体现生态环境犯罪客体的独立性以及生态环境犯罪特定的社会危害性。二是补充细化。在刑法中规定的生态环境保护条款，应当减少空白罪状。一些犯罪构成没有规定具体罪状，要求司法人员参照其他条款进行定罪量刑，但这种安排导致了某些不法分子利用制度空白逃避打击。因此，生态环境保护规范在刑法制度中要尽量细化、健全，减少空白罪状的出现。三是完善环境犯罪的罪名体系。刑法现有的涉及生态环境的罪名体系过于狭窄，不利于全面、系统地对生态环境进行保护，故应在刑法中适当增设一些生态环境犯罪的新罪名，严密生态环境犯罪刑事法网，积极参考国际条约的规定和要求，借鉴其合理内容，建立有助于拓展国际生态环境犯罪合作的外向型生态刑法。

（四）以周延惩治为生态刑法的犯罪形态指引

为了加大生态环境在刑法中的保护力度，不仅要对违法行为和产生严重后果的现象进行严惩，还要对增加生态环境危险行为的人进行处罚，将破坏生态环境的行为扼杀在摇篮中，发挥刑法的威慑作用。[1]在生态犯罪中规定危险犯，对生态危险犯进行处罚，大大降低生态犯罪危险后果的发生概率，既有利于打击生态犯罪，又有利于防止生态犯罪的发生。对于行政处罚和刑事犯罪的衔接可以通过扩大犯罪圈来发挥刑法的震慑功能：使道德底线刚性化，对违法犯罪采取较为严厉的否定态度，即便是较为轻微的生态违法行为在刑法上也做否定评价，扩大犯罪圈不仅对于生态环境领域犯罪具有很好的控制与预防作用，同时也能让民众养成良好的守法意识与环保意识。

---

[1] 张秋芳："我国生态环境刑法保护的对策探析"，载《中共郑州市委党校学报》2007年第1期。

(五)以完善要素为生态刑法的犯罪构成指引

对生态环境犯罪罪名的犯罪构成要素的完善主要体现为扩张犯罪对象的范围和扩展危害行为的类型两个方面。一方面,扩张犯罪对象的范围,适当在刑法中增设一些生态犯罪的新罪名,扩大生态环境要素的入罪犯罪,才能真正做到有法可依,不疏不漏。生态环境犯罪的犯罪对象范围依然较窄,例如实践中,存在非法进口或非法处置液态或气态废物的案件,而这类行为在现行刑法中并不能找到明确的处罚依据;非法占用农用地为犯罪行为,但破坏其他土地的行为却没有纳入刑法规制范围。[1]生态刑法应当完善对地表、水体、空气、自然景观、噪音污染等生态法益的保护,从而使其更缜密、完善。另一方面,扩展危害行为的类型。例如,非法处置固体废物罪仅规定了倾倒、堆放、处置行为,而其他有牵连性的非法生产、收购、运输和出售境外固体废物的行为却没有被纳入,不利于从各个环节防治固体废物污染环境的行为,刑法有必要全面介入与固体废物有关的各种危险行为,切实降低生态环境侵害的风险。

(六)以生态修复为生态刑法的刑事责任指引

一是要完善生态环境犯罪刑罚适用种类。根据破坏生态环境犯罪的严重程度及犯罪情节、后果,对此类犯罪设置无期徒刑和死刑的刑罚,将罚金数额提高,在司法实践中,据具体案件情况适用不同层次的罚金;完善罚金刑的适用方式,对一些社会危害性较小的环境犯罪,规定单处罚金制;对较重的贪利性犯罪,大幅度提高罚金刑数额和没收财产刑,从经济上预防和杜绝其再犯的可能性;完善生态环境犯罪的资格刑,对实施环境犯罪的自然人或单位判处资格刑,在一定时期内或永久性剥夺其特定的从业资格。二是加强非刑措施的适用。由于生态环境的特点,生态刑法的根本目的在于恢复和维护生态环境,而不是制裁犯罪分子。因此,刑法应强化用于生态恢复和生态补偿的非刑罚措施,包括教育性非刑罚措施、民事性非刑罚措施、行政性非刑罚措施等。三是完善环境犯罪刑罚适用原则。从宏观、整体、未来等动态角度考虑严格责任的合理性、可行性,将严格责任引入生态环境犯罪之中,即以适用过错责任原则为主,适用严格责任原则为辅;实现责任推定原则的法定化,生态刑法中没有因果关系推定原则的直接表述,而司法实践中,很多是采用

---

[1] 赵秉志、陈璐:"当代中国环境犯罪刑法立法及其完善研究",载《现代法学》2011年第6期。

推定原则来确定犯罪行为与危害后果之间的因果关系的,故应在刑法中明确确立环境污染犯罪的因果关系推定原则。[1]

结　语

中共十八大报告正式将生态文明建设作为建设中国特色社会主义"五位一体"总体布局的一部分,充分凸显了生态文明建设已经上升到国家整体发展战略的层面。构建环境友好型和谐社会,为人民创造良好生产生活环境,努力建设美丽中国,是中国当前社会建设的目标,这个目标的实现依赖于整个生态环境法治体系的相互配合、协调运作。刑法作为社会秩序维护的最后一道屏障,理应在生态文明视域下承担责任。在生态环境刑法治理的路上,我们需要以正义的价值观、系统的自然观、历史的发展观来指引治理环境生态犯罪、维护生态环境的可持续和谐发展,共同建设人类美好家园。

---

[1] 刘金萍:"生态环境之刑法保护思路分析",载 http://www.xzbu.com/4/view-6083171.htm.

森林恢复性司法保护机制研究*

【基金项目】 中央高校基本科研业务费专项资金资助"欧盟气候智能型林业治理研究"（2572019BN07）；2019年黑龙江省哲学社会科学研究规划项目"人类命运共同体理念下的森林治理机制创新研究"；黑龙江省哲学社会科学研究规划项目（18FXB007）；教育部人文社会科学研究青年基金项目（17YJC820056）。本成果同时得到中国国家留学基金资助（No.201706605004）。

一、森林恢复性司法保护机制概述

（一）森林恢复性司法的内涵

森林资源一直广泛受到人们的深切关注，越来越多的人亲切地称之为"绿色宝库"。由此可见，森林资源对我们人类的生存发展至关重要。但是随着国际化的森林发展理念的延伸，我国林业经济的快速发展，各种重工业化的不断推进，我国的森林资源保护工作面临着艰巨的挑战。林地所占的面积不断减少，各种森林资源的种类也有所变化，森林资源受到不同程度的损伤，并导致林业资源的整体质量下降。现在越来越多的人开始关注森林资源的治理，传统的司法模式已经不能适应森林治理的迫切需要了，此时森林恢复性司法作为一种代替性的措施应运而生。

森林恢复性司法是指在要求破坏森林者对其所实施的行为承担负责的基础上，由政府、专门机关、森林资源利害关系人共同决定最终应追究法律后果的一种有效的司法程序，旨在保护因森林遭到破坏而直接受到影响的各方

---

* 荆珍，女，汉族，山西平陆人，东北林业大学文法学院副教授，吉林大学法学院国际法学博士，英国伦敦玛丽女王大学商法研究中心访问学者，研究方向是环境法学、国际经济法学。李响，女，汉族，黑龙江大庆人，东北林业大学文法学院环境与资源保护法学硕士研究生，研究方向是环境法学。

共同利益,并积极地寻求一种有效性、补偿性、修复性的解决方案,以恢复正常的社会关系和秩序。该定义的实质是将森林的恢复性治理视为一种法律责任,由此代替传统的、单一的环境犯罪处罚形式。但这只是做到了有相应的犯罪行为一定受到相应的处罚,并没有考虑到被害人的物质或精神损害及森林资源的破坏是否得到修复。事实上,森林资源的恢复性治理要比纯粹的惩罚更有价值。森林恢复性司法较传统的报应性司法更具有实用价值,森林恢复性司法旨在解决环境方面的犯罪,除了对破坏森林者进行相应的处罚外,更关注如何修复被损害的森林资源。因此,森林恢复性司法具有现实的可行性,需要我们建立相应的保护机制。

(二)森林恢复性司法的理念基础

森林恢复性司法是我国保护森林资源的有力措施之一,它贯彻了环境保护法中的预防原则和公众参与原则,以至于广泛地拓宽了森林恢复性治理的主体范围。森林恢复性司法理念的核心之一是恢复被破坏的林业资源,还关注未来林业资源及时、有效地预防,这一司法理念符合当前审理有关森林破坏案件的新要求,也满足了生态文明建设的制度保障需要,进而维护了森林资源整体的平衡,对加强监督、有效管理森林资源的破坏和修复具有促进作用。而且,在此基础理念的支撑下有利于推动森林周边环境的经济转型发展,逐步缩小各地区之间的发展差距,共同实现国家、社会、经济与保护森林资源的综合、全方面发展。

近年来,越来越多的森林资源遭到破坏,为了有效地保护森林资源和更好地修复被破坏的森林,应从构建和谐社会的角度出发,在森林资源司法保护领域积极地引入恢复性司法理念。将恢复性司法理念引入到对环境违法犯罪的处理中,要求破坏森林资源的人除了承担相应的刑事责任以外,还应承担停止侵害、排除妨碍、恢复原状或者森林修复、赔偿损失等责任形式,从而实现惩罚犯罪与保护森林资源的双重目的。

通过森林恢复性司法的有效实施,改变了传统上环境违法犯罪案件"一判了之,过后再犯"的问题,进而增强了打击环境犯罪的实效性。与此同时,对森林资源的保护和修复建立了"保护伞",有利于可持续发展的需要,进而贯彻了环境保护法中的预防原则和公众参与原则。

(三)森林恢复性司法的产生背景

恢复性司法源于20世纪70年代,兴起于北美和澳大利亚。恢复性司法又被称为修复性司法或修复性正义,这一概念最早出现于美国学者巴内特于1977年发表的《赔偿:刑事司法中的一种新范式》一文。恢复性司法的产生源于刑罚功能的变迁和被害人保护运动的兴起。但是,早在我国的西周时期就初显了恢复性司法的苗头,保辜制度作为一种维护被害人权益的制度,在当时的斗殴伤人案件中,能够尽快地帮助被害人减少伤害、避免死亡等严重后果的出现,使犯罪的人受到较轻的刑事处罚。该制度虽然在实施的过程中存在着很大的不确定性。但是,从保护被害人的角度而言,确实起到了重要的保护作用。到了唐代,还出现了专门的罪名来解决纠纷、减少伤害。并且,在化解矛盾和冲突的同时,还维护了社会的稳定。因此,我国古代的恢复性司法理念一直流传至今,主要是通过赔偿、恢复等制度化解社会矛盾和解决刑事纠纷。

同样,西方社会早在古希腊、雅典时期就确立了被害人选择起诉制度。雅典的法律规定,对于犯罪人的犯罪行为,被害人可以选择性诉讼,既可以选择要求其金钱赔偿,也可以选择以刑罚手段惩处犯罪人。这些西方国家的制度都体现了恢复性司法的理念,主要目的在于有效地恢复正常的社会关系。

随着社会的进步与发展,森林保护问题日益严峻,森林资源遭到破坏。人们开始意识到,森林恢复性司法理念也可以应用到环境恢复与森林治理领域。因此,出现了一系列恢复性司法保护机制,同时在森林治理方面更好地得到了体现。

(四)森林恢复性司法的具体内容

在当前森林治理的司法过程中,环境刑事、民事司法在以中国司法的方式遏制环境恶化,进而维护森林资源系统的整体平衡。然而,我国当前的森林资源状况仍在不断恶化,这种现象已经成为不争的事实,环境违法行为屡禁不止,森林资源逐渐减少。即便在违法者受到处罚之后,依然留下了一片片荒山、一棵棵枯枝烂树,森林资源仍然得不到有效的恢复治理。因此,森林恢复性司法作为一种新兴的控制森林资源破坏的方法应运而生,它是对传统过分依赖刑罚与赔偿这种单一方式的弥补。森林恢复性司法保护机制如何在森林治理中加以应用,应当成为森林资源恢复制度构建的重点,其最常用的方式是恢复植被,又被称作补种复绿。

恢复植被是一种有效代替传统处罚的新方式。在我国当前的恢复森林资源的实践中,黑龙江省和福建省等地的基层人民法院设立了森林生态恢复基地,运用"补栽树木、恢复生态"的方法对被破坏的森林进行修复。在破坏林木、矿产和水资源等生态环境案件中，法院可以根据森林资源破坏的程度、违法者悔过的程度，颁布相应的"补植令""管护令"的方式，责令违法者在被破坏的地区或指定区域补种林木从而恢复被破坏的植被。恢复植被是一种缓慢的森林休养方法，它需要考虑水等附近特征的可及性，以及空气质量、土壤、周围植被成活概率等各种因素。同时，还需要确定森林环境的恢复潜力。只有严格控制好各项指标，才能达到预期的森林资源恢复性治理目标。

二、森林恢复性司法保护机制的主要问题

森林恢复性司法作为一种保障机制，在我国森林治理的实施过程中取得了相对较好的效果，但仍然存在着诸多的问题，具体分析如下：

（一）森林恢复性司法的法律依据不足

补种复绿、护林服务等新型责任方式在法律依据、法理基础以及效果评价等方面存在诸多问题。我国尚没有制定具体的针对森林恢复性治理的法律规范。只是在环境犯罪中坚持了恢复性司法理念。随着森林覆盖率的日益减少和国家对森林的高度重视，森林的修复义务应由法律加以明确规定。尽管一些相关法律涉及了森林治理的规定，如可以在侵权责任纠纷中请求侵权人恢复原状，承担森林资源修复责任，但这很显然有些牵强，并未进行详细规定。在具体的案件中，不能满足司法实践的要求，且存在因果关系认定困难、森林资源修复行为适用范围狭窄等问题。

我国目前没有具体的森林恢复性司法方面的立法规范，因此无法指导具体的行为。我国现行与环境有关的法律制度大多侧重对自然资源的合理利用以及对环境污染、生态破坏的保护和预防，而对于森林修复并没有得到足够的重视。现行的环境法律规范也大多考虑某些因素，甚至只注重处罚，缺乏对因环境破坏产生的人与人、人与自然的关系的考量。因此，至今还没有确切的法律制度对环境以及森林方面的修复进行规定。

（二）森林恢复性司法的相关制度较薄弱

目前，我国森林恢复性司法保障机制正逐渐深入到森林治理的实施过程中。其目的是有效地保护森林，有效地制止森林破坏的行为发生。但是，要想达到有损害必修复的结果，不能只停留在司法制度层面，还需要相应的法律和具体的措施加以维护。森林恢复性司法理念在我国的实施不是很普遍，

只是在福建、广西等部分省份有所适用。其主要原因是缺乏相关的制度协助实施。首先，有些司法机关的自由裁量权较大，有效的实施手段缺乏，存在司法腐败的风险。其次，森林资源的效果评价机制不健全，无法适应森林恢复性司法的实际需要，未做到及时的评价监管，林木的生长周期长、存活率低，致使评价机制只能监管一段时间，难以达到最终的目的。最后，森林恢复性司法的工作程序协调不畅通。森林资源的修复是需要多个职能部门相互之间密切协作才能达到最终效果的。但是，现阶段在森林恢复性司法中存在着一系列问题亟待解决，如各职能部门的参与方式不明确，职权配置不清，衔接配合机制不完善，难以形成合力。

（三）森林恢复性司法的适用形式不统一

森林资源的修复是一个漫长又复杂的过程。我国各地区经济发展不平衡、森林资源的受损程度不同，森林资源恢复性司法的具体适用形式也有所不同。这种不同的适用形式，对森林的修复治理不利。实践中，大多数地区仍坚持先破坏、后恢复的方式。恢复性司法在森林资源治理的过程中常见的适用形式有：违法者与国家或者集体协商、违法者与受害人和解、违法者积极赔偿、违法者提供义务劳动、违法者及时补种树木等。然而，在司法实践中，森林资源损害、破坏具有隐蔽性，通常依据判决、鉴定结论，结合当地的特殊情况，最终推定森林资源的具体适用情形。由于缺少统一的法律规定，致使这些适用的情形得不到有效的执行，具体的形式也不统一。因此，难以平衡国家、集体、违法者、受害人各方之间的具体利益，致使森林资源的修复不能及时得到处理。这样有违森林恢复性司法的治理理念。

（四）森林恢复性司法的监管力度不够

在森林恢复性治理的司法实践中，缺乏强有力的监管机构和监管制度。全国森林恢复性司法的展开仍处于探索阶段，主要适用于部分森林资源的破坏案件中。但是，在具体的修复过程中仍存在着诸多的问题，其中，事后监督不足较为严重，不能真正地实现森林资源合理修复的效果。并且，对于森林的补种监督管理机制不够健全，破坏森林者得过且过，存在侥幸心理，消极地履行补种复绿的义务，使遭到破坏的森林迟迟得不到恢复。各个监督管理机关互相之间的推诿，存在监督管理不到位的问题。同时，我国尚未制定具体的森林恢复性治理的相关制度，未明确监督机关的权力、责任范围，导致一些监督机关无法具体地实施权力，不能有效地进行监督管理。因此，这在很大程度上降低了森林恢复性司法本身的效率。

三、森林恢复性司法保护机制的实践及启示

(一) 国外森林恢复性司法保护机制的实践

1. 美国关于森林恢复性司法保护机制的实践

美国是最早进行森林治理恢复立法的国家之一,并由最初的地方、单一立法发展为中央、系统立法。同时,美国有关森林恢复性司法的实施也是非常全面和规范的,其针对森林恢复性治理制定了一系列的法律规范。例如,《复垦法》《综合环境反应、赔偿与责任法》《资源保护和恢复法》等相关法律,有助于已受到破坏的森林资源的恢复。

在森林恢复方面,美国不仅注重立法与司法相结合,而且更注重运用经济手段,合理控制权力与责任的一致性。在森林开发利用的过程中,一方面要赋予森林利用者基本权利,另一方面也要规定森林利用者的森林恢复责任。这有利于权利和责任相统一,进而使森林资源利用者吸取教训,在规定合理的时间内承担责任,修复被破坏的森林资源。

2. 德国关于森林恢复性司法保护机制的实践

德国作为一个以重工业为主导的国家,亲身经历了森林被破坏的具体过程。因此,德国制定出了一系列完备的关于环境恢复的法律体系,比如在保护生态植被性法律方面制定了《森林法》,且几乎在每部与环境相关的法律中都用相当篇幅规制环境破坏后的恢复适用。不可否认的是,这与德国的生态环境、文化底蕴和法治传统息息相关。在森林资源恢复方面,德国采用了补种复绿的方法,要求违法者必须着手复原森林的自然功能和生态功能,还要求对森林资源产生重大影响的任何人都应保证森林资源在使用后不会发生任何不利的变化。

3. 澳大利亚关于森林恢复性司法保护机制的实践

澳大利亚在森林资源恢复方面有完善的法律制度。1992年,澳大利亚提出了国家可持续发展战略,强调只要存在严重的或者不可逆转的破坏环境的可能性的行为,就必须放弃继续开发、利用森林资源。同时,澳大利亚也有严格的森林采伐许可证制度,很多不具有森林恢复治理能力的申请人,没有履行相应的法律责任的,就会受到处罚,因为其客观上对森林资源也是一种破坏。因此,森林采伐许可证的批准程序有着严格的法律规定,德国还要求

同时提交保证书和保证金。

(二) 我国森林恢复性司法保护机制的实践

1. 立法实践

对森林的有效保护是实现经济和社会可持续发展的前提基础，我国虽然没有制定出一部以森林恢复为主要内容的单行法，但有关森林资源恢复的价值理念和制度性安排在我国已经颁布并实施的环境法律法规中也有所涉及。这些都可以作为日后我国关于森林恢复性环境法律责任的立法基础。

在森林资源的恢复性治理方面，我国现行法律法规也多有规定，主要分布在《森林法》《自然保护区条例》《水生动植物自然保护区管理办法》等法律法规中。相关法规明确要求森林植被恢复费应得到具体、合理的应用，专门用于林业的恢复治理，不得用于他处。并由相关的林业管理部门统一、合理、及时地安排森林植被的恢复，尽最大的可能对森林恢复面积进行修复，做出最低限度的要求。同时，上述《森林法》在有关否定性环境责任承担方面也明确规定了恢复植被这一责任形式。

综上所述，我国与森林恢复相关的法律文件都是分散在各级环境保护法规以及有关政策中，并没有专门性、系统化的森林恢复性法律，森林恢复性环境法律责任不够明确。不同法律法规在生态恢复方面的执行标准规定不同，层次高低有所差异并且十分模糊，造成执行力不强、执行情况不好的后果。我国福建省高级人民法院率先出台的《关于规范"补种复绿"建立完善生态修复司法机制的指导意见（试行）》具体规定了补种复绿的面积。它的目的在于对森林资源的恢复进行补偿，在一定程度上体现了森林资源恢复性环境法律责任的内涵。

2. 司法实践

森林恢复性司法理念贯穿于环境刑事、环境民事、环境行政司法的整个过程，旨在为森林资源损害提供高效、全面、及时的救济，以补种、提供资金等方式修复受损的森林，从而缓解人与自然的紧张关系。由于恢复性司法具有恢复性的特征，即通过一系列的司法活动，使之尽可能恢复到犯罪前的社会秩序和个人状态从而维护国家、集体、个人的利益。

由此可以看出，我国在司法实践中已经逐渐树立森林恢复性法律责任理念，在环境刑事、环境民事、环境行政司法的各个领域，将森林恢复性环境法律责任与传统环境法律责任、各地的实际情况和具体案情相结合，将惩罚与恢复相结合，采取补种树木、恢复植被的方式，维护森林系统多样性，恢复原有的森林资源的种类，使该新型的法律责任形式发挥其实际作用和效益。

3. 启示

通过对美国、德国以及澳大利亚森林资源修复法律制度的梳理，我们认为，其对我国森林资源恢复性司法的发展具有重要的指引和参考价值。应结合我国的实际情况，有选择地吸收并借鉴这些发达国家较为成熟、完善的法律制度，以弥补我国现行森林、植被等方面的法律制度的不足，从而更好地修复受损的森林、植被等自然资源。由此可以得出以下启示：

首先，应当建立完备的环境保护法律体系。在森林资源恢复性治理中，应当明确森林恢复的义务主体和承担方式，以政府为主导，企业或个人为补充，做到有违法、破坏等行为就必须承担相应的修复责任。但同时需要明确森林资源恢复成本追偿机制，确定具体、明确的修复数额。如澳大利亚拥有完善的森林资源恢复性法律制度，对我国森林资源合理修复具有参考价值。

其次，确立森林资源恢复专家制度。由于森林资源对人们的日常生活较为重要，法院在作判决时需要专业技术人员的建议与指导，这样森林修复的效果必然会十分理想。在有关森林资源的司法审判实践中，应聘任森林资源领域的学者为审判技术咨询专家，建立配套的森林恢复咨询专家库，为庭审提供专业解答，在必要时协助案件的调查和审理。在事情发生之后及时追究相应责任，不断地改善森林质量，有效地复原生态样貌，帮助恢复者根据森林恢复的类型制定不同恢复期间的计划和目标并提供技术支持。

再次，制定严格的复垦计划和修复标准。针对我国司法实践中森林资源修复存在的问题，并结合美国的成功经验制定适合我国的复垦计划。此外，对于我国森林资源修复主体责任划分不明确的问题，可以借鉴德国关于森林资源修复主体的具体规定，明确相应的森林修复标准，进而促进森林的合理修复。与此同时，应该评价森林资源的恢复潜力，利用科学的手段对森林资源进行有效的评估，例如树木的年龄、树种或土壤类型等。这对森林资源恢复性治理是有益的，也可能成为森林资源评价的重要依据。

最后，推动社会公众广泛参与。森林资源的恢复会对方方面面的利益产生影响，所以应促进各个利益相关方参与到恢复的过程中。根据一些国家对森林修复性法律的规定，为了修复多方面因森林资源损害恶化的环境法律关系，就必须在制定森林修复方案时对各种利益主体进行深入的调查和熟悉，将利益损害者的要求融合到恢复方案中。最终真正将恢复受损的森林资源与人类生存相关联，建立人与自然和谐的社会。

四、恢复性司法在森林治理中的适用完善

在森林资源治理方面，恢复性司法理念日渐显出成效。随着森林资源的逐渐减少和修复技术的迅猛发展，对森林资源的需求不断增加，美国、德国等发达国家加紧对森林资源的控制和掠夺，同时，也更加注重对森林资源的恢复性治理。相比之下，我国在有关森林资源的保护立法、相关配套制度、适用形式以及监督管理等诸多方面严重滞后于现实需要，导致森林资源破坏和流失严重。因此，针对恢复性司法在森林治理中的具体情形，笔者现提出如下完善建议：

（一）完善森林恢复性司法的立法规范

森林治理的立法理念落后，导致森林的恢复性司法停滞不前。因此，应积极地完善我国的森林恢复性司法的立法基础，使森林修复治理有法可依。森林资源作为人类生存和社会可持续发展的重要物质基础以及维护国家安全的重要战略资源，其重要性已经被公众所广泛认知。森林资源恢复性司法工作复杂多变，存在很多问题，相对比较严重，亟须依照我国国情制定立法规范，以保障森林资源恢复性司法的进一步实施。制定明确的森林恢复性司法的立法规范，有利于规范违法者的行为，同时赋予各机关相应的监督管理权，做到既分工明确，又密切配合。

首先，扩大森林恢复性司法的适用范围。恢复性司法理念应结合预防原则和公众参与原则，将恢复性司法贯穿于整个森林修复治理过程。做到事前预防与事后监督相辅相成，逐渐地拓宽森林修复的适用范围，加强对森林资源原状的修复措施，积极采取有效措施预防或者减轻损害结果的发生，有利于缓解社会问题，恢复被破坏的森林。

其次，规范森林恢复性司法的责任承担方式。森林资源具有多样性，所以承担修复责任的方式也应该是多元的。在司法实践中，为了达到更好的修复目的，应采取有效的方式维护森林资源，充分发挥积极效能，针对具体的情况采取相应的、合理的责任承担方式，这有利于森林恢复性司法的深入发展。

最后，完善森林恢复性司法的立法程序。森林恢复性治理理念契合了以

补偿、恢复为诉求的和解价值。因此，应完善森林恢复性司法的立法程序，严格依程序进行管理。在立法过程中，制定适合的法律规范，明确具体的修复机制，加强立法保障。

(二) 健全森林恢复性司法的相关制度

森林是一种可更新的资源，利用森林的可更新特性，使森林在采伐后及时更新，巩固和发展现有森林，保证森林永续利用，发挥森林的多种效益，维护森林环境免受破坏。

首先，建立森林恢复性司法配套制度。这需要与此相关的各个职能部门的紧密协调合作，科学、有效地评估森林受损程度，及时检查监督，将补种复绿的责任落实到位。需要尽快启动各个机构对森林恢复性司法的相关制度建设，以司法的形式要求违法者采取措施修复森林资源，及时防止森林资源的损害继续扩大，使森林资源得到实质、有效的保护。

其次，统一森林资源修复资金管理制度。设置统一的森林修复资金的专门账户，做到专款专用，有利于对及时补种复绿提供强有力的资金保障。同时，可以有效地对保证金、修复金、处罚金等进行合理规划与随时监管，防止资金流失或者挪作他用。这一制度的目的是进一步畅通森林恢复性司法的实施渠道。

最后，引进森林恢复性司法的第三方监督制度。森林恢复性司法的监督机制不同于其他法律制度，其需要完善的监督模式和强有力的监督机关。因此，仅仅由公、检、法等机构进行监督和管理是不够的，还需要引入第三方的监督、管理机制。原因是第三方的专业性、中立性较强，可以对森林资源恢复方案的合理性、可行性以及恢复效果等方面做出专业化的评估，从而保证森林资源恢复取得良好的效果。

(三) 统一森林恢复性司法的适用形式

通过采取及时、有效的措施，进而实现森林恢复性司法的最终目的。缓解社会问题，是森林恢复性司法内在且实际的要求。因此，统一森林恢复性司法的适用形式显得尤为重要。由此可以推出两类适用形式：第一，协商形式。国家、集体、违法者等积极地协商解决森林受损问题，采取作为的方式来补救受损的森林资源，以达到森林资源修复的目的。第二，和解形式。违法者积极地采取最有效的方式进行补种复绿，使受损树木在短时间内得以修复。应尽可能地与树木的管理者统一和解的意见，并合理地履行和解意见的具体内容，其目的是解决矛盾、化解纠纷，使受损的森林资源恢复原状。

（四）加强森林恢复性司法的监督管理

森林资源受到损害的案件不可能一判了之，审判后还要不断地加强对森林恢复治理的司法监督和管理，以促进受损的森林得到快速、有效的修复。因此，第一，提高森林修复监管人员的专业化水平。完善现有的森林修复制度，及时建立新形势的法律体系，做到与时俱进，只有这样才能让森林监管人员在监督管理的过程中有相应的法律依据可以遵循。并且，应定期组织召开研讨会、论坛会、讲座等对森林修复监管人员进行相应的培训，提高他们自身的素养，进而使破坏森林资源的违法行为人产生恐惧心理，不敢再肆意妄为，继续实施破坏森林的行为。第二，加强森林恢复性司法的联动机制。各机关之间紧密结合，通过分工合作展开森林恢复性司法的衔接工作，包括有效落实具体裁判的实施，监督管理森林恢复资金的合理利用，积极带领破坏森林者对树木的补种等。第四，开展森林恢复性司法的文化宣传。通过定期发布环境恢复司法《绿皮书》、发布典型案例、开展主题性活动等，以案释法、弘扬法治、保护生态，增强对环境恢复司法的认同感，扩大环境恢复司法的功能和社会效应，最大限度地降低环境犯罪率。

随着我国森林覆盖率降低，森林面积日益减少，森林受损的情况日益加剧，严重影响了社会稳定、持续发展，修复受损的森林资源已经刻不容缓。随着森林恢复性司法理念的深入人心，我国森林资源的司法救济已从过去的重赔偿转向重修复。

总之，当前我国森林资源恢复性理念在立法及司法实践层面仍不够成熟，而美国、澳大利亚以及德国都曾经历从森林受损、破坏到修复的过程，拥有相对完善的森林恢复性司法法律制度。我国应通过借鉴国外关于森林资源的恢复性司法经验，立足于我国的国情，以现有法律框架为落脚点，充分保证该制度在我国构建的可行性。因此，森林资源恢复性司法的完善对于修复受损的森林资源、确保社会的可持续发展、推进生态文明建设、构建和谐社会都具有重要的现实意义。

生态保护诉求下森林类犯罪的优化设定*

【摘　要】 生态文明改革大力推进，生态文明写入宪法，保护生态环境成为我国现阶段的重要任务，对刑法发挥生态保护功能提出了更高的要求。森林具有重要的生态功能，因此我们有必要对森林类犯罪回应生态诉求的现状开展研究。我国刑法设定了7种森林类犯罪，通过梳理2012年至2019年该类犯罪的判决文本，可以发现我国森林类相关罪名的刑法设定与司法实践具有司法常态化、地区差异化、罪名差异化三个特征。但目前森林类犯罪的设定仅考虑到了对于森林资源和部分林木产权的保护，森林生态功能的专门保护存在欠缺，因此仍无法完全回应我国对于生态保护的需要。笔者通过分析发现，司法实践中实际运用较少的罪名具有合理性、应当注重森林类犯罪行政处罚与刑事处罚的衔接、设定破坏生态环境罪等措施，优化罪名设定，更好地回应生态保护的诉求。

【关键词】 生态保护；森林类犯罪；体系化

引　言

2015年9月11日，中共中央、国务院发布《生态文明体制改革总体方案》，要求从法律层面为生态文明体制改革提供法治保障；2017年10月18日，习近平总书记在党的十九大报告中指出"生态文明建设功在当代、利在千秋"；[1]建设生态文明是中华民族永续发展的千年大计，节约资源和保护环境成了我国的基本国策；2018年3月11日，《宪法（修正案）》颁布，

---

* 宦吉娥，中国地质大学（武汉）公共管理学院法学系副教授。国家社科基金一般项目"自然资源财产权利非征收性限制的合宪性研究"（编号：17BFX087）。马佩瑶，中国地质大学（武汉）公共管理学院法学系本科生。

〔1〕 引用十九大报告。

将生态文明纳入宪法，宪法作为我国的根本大法，对于我国刑法的生态保护功能提出了更高的要求和期望。生态文明建设已经成为当前国家的重要任务。

生态文明建设需要制度提供保障，其中刑法具有特殊的功能，"在生态环境保护问题上，刑法保护可谓最后一道防线"。[1]而森林生态系统是地球陆地上最大的生态系统，森林覆盖面积大、生物种类多、更新能力强，能够维持生态圈的稳定，对生态环境影响深远，中共中央出台的决定[2]、意见[3]多次提及对森林资源的保护，保护森林资源的最终目标是要实现对生态文明的保护。我国刑法理应发挥其对森林生态的保护作用及后盾性功能，推动我国森林生态保护的发展。

但刑法关于森林类犯罪的设定是否可以回应生态文明改革的诉求仍需观察和研究。在知网中以刑法为背景，以"森林"为主题并含不同的检索词进行检索，检索"林权改革"，仅有6篇相关文章，其中5篇是对于盗伐林木及滥伐林木罪的探讨；检索"自然资源"，仅有5篇相关文献，其中3篇探讨生态法益及犯罪；检索"自然资源产权制度改革"，无相关文献；检索"生态"，共有11篇文章，其中3篇以生态法益视角探讨立法完善。由此可见，我国目前回应生态保护诉求的森林类犯罪的相关研究十分稀少，主要集中于以下方面：第一，刘冬霞[4]、汪海燕[5]、刘炜煌[6]等人从林权改

---

[1] 林莉莉、张淑芳、福建省漳州市人民检察院："论生态环境的刑法保护——基于检察实践的探究"，载最高人民检察院法律政策研究室：《2018第二届全国检察官阅读征文活动获奖文选》，中国学术期刊（光盘版）电子杂志社2018年版，第15页。

[2] 《中共中央关于全面深化改革若干重大问题的决定》第十四部分："健全自然资源资产产权制度和用途管制制度，对水流、森林、山岭、草原、荒地、滩涂等自然生态空间进行统一确权登记，形成归属清晰、权责明确、监管有效的自然资源资产产权制度。"

[3] 《关于统筹推进自然资源资产产权制度改革的指导意见》第九部分："促进自然资源资产集约开发利用。……加快出台国有森林资源资产和草原资源资产有偿使用制度改革方案"；在第十二部分指出"根据自然资源资产产权制度改革进程……完善自然资产产权登记制度"。

[4] 刘冬霞："试论集体林权改革对滥伐林木罪重构的影响"，载《湖北科技学院学报》2013年第1期，第8~9页。

[5] 汪海燕："林权改革视域下盗伐林木罪犯罪客体的反思"，载《中南林业科技大学学报（社会科学版）》2010年第5期，第65~67页。

[6] 刘炜煌："林权改革之毁林犯罪的研究"，载《长沙民政职业技术学院学报》2009年第3期，第49~51页。

革出发研究个罪;第二,徐欣欣[1]等人从案例出发研究环境刑法;第三,王毅[2]、李文杰[3]等人从生态法益出发构建刑法体系。因此,本文将从生态保护诉求出发对森林类犯罪进行研究,提出对该类犯罪优化设定的建议。

一、森林类犯罪刑法设定与刑事司法适用

(一)森林类犯罪的刑法设定

森林类相关罪名的设定可以分为两类:

第一,在刑法分则中进行设定(7种)。包括:"非法占用农用地罪""非法采伐、毁坏国家重点保护植物罪""非法收购、运输、加工、出售国家重点保护植物、国家重点保护植物制品罪""盗伐林木罪""滥伐林木罪""非法收购、运输盗伐、滥伐的林木罪""违法发放林木采伐许可证罪",各个罪名构成要件详见表1。

第二,在森林法及其实施条例中进行设定(5种)。包括:盗伐、滥伐森林或其他林木的,非法采伐、毁坏珍贵树木的,超过批准的年采伐限额发放林木采伐许可证或者超越职权发放林木采伐许可证、木材运输证件、批准出口文件、允许进出口证明书的,买卖林木采伐许可证、木材运输证件、批准出口文件、允许进出口证明书的,从事森林资源保护、林业监督管理工作的林业主管部门的工作人员和其他国家机关的有关工作人员滥用职权、玩忽职守、徇私舞弊的。

除此以外,《最高人民法院关于审理破坏森林资源刑事案件具体应用法律若干问题的解释》也对森林类犯罪作了具体的界定与解释。

表1 森林类犯罪构成要件分析表

构成要件	客体(法益)	客观	主体	主观
非法占用农用地罪	国家对土地的管理制度	违反土地管理法规,非法占用耕地改作他用,数量较大,造成耕地大量毁坏的行为	一般主体[4]	故意

---

[1] 徐欣欣:"论环境公共利益的法律保护——以森林公园中破坏环境资源案件为例",中国海洋大学2012年硕士学位论文。

[2] 王毅:"国家生态安全与生态犯罪惩治",载《森林公安》2018年第5期,第12~16期。

[3] 李文杰:"以'生态法益'为中心的环境犯罪立法完善研究",吉林大学2015年硕士学位论文。

[4] 一般主体是指:已满16周岁的自然人和单位。

续表

构成要件	客体（法益）	客观	主体	主观
非法采伐、毁坏国家重点保护植物罪	国家的林业管理制度	违反森林法的规定，非法采伐、毁坏国家重点保护植物的行为	一般主体	故意
非法收购、运输、加工、出售国家重点保护植物、国家重点保护植物制品罪	国家的林业管理制度	非法国家重点保护植物、收购、运输、加工、出售国家重点保护植物制品，破坏国家林业管理制度的行为	一般主体	故意
盗伐林木罪	国家的林业管理制度和林木的所有权	违反保护森林法规，盗伐国家、集体和个人所有的森林及其他林木，数量较大的行为	一般主体	故意
滥伐林木罪	国家的林业管理制度	违反国家保护森林法规滥伐森林或其他林木，数量较大的行为	一般主体	故意
非法收购、运输盗伐、滥伐的林木罪	国家的林业管理制度	在林区非法收购盗伐、滥伐的林木，情节严重的行为	一般主体	故意
违法发放林木采伐许可证罪	国家的林业管理制度	违反森林法的规定超过批准的年采伐限额发放林木许可证或者违反规定滥发林木采伐许可证，情节严重的行为	特殊主体[1]	过失

从罚则比较，罚则最重的应当是"非法占用农用地罪"，该罪基本刑最高为5年，而其他罪名为3年；其次是"非法采伐、毁坏国家重点保护植物罪"和"非法收购、运输、加工、出售国家重点保护植物、国家重点保护植物制品罪"，这两种罪名在处自由刑的同时并处罚金，相对于基本刑为单处罚金的其他罪名，罚则更重；再者为"盗伐林木罪""滥伐林木罪"及"非法收购、运输盗伐、滥伐的林木罪"，这三种罪名基本刑为3年以下，单处或并处罚金，具有选择的余地，罚则相对较重；最后，罚则最轻的是违法发放采伐许可证罪，该罪只处自由刑，且基本刑为3年以下，详见表2。

---

[1] 特殊主体是指：该罪名的特殊主体是林业主管部门的工作人员。

表 2 森林类犯罪罚则分析表

罚则[1]	刑种	刑等及刑期
非法占用农用地罪	自由刑	五年以下有期徒刑或者拘役
	罚金刑	并处或者单处罚金
非法采伐、毁坏国家重点保护植物罪	自由刑	三年以下有期徒刑、拘役或者管制；情节严重的，处三年以上七年以下有期徒刑
	罚金刑	并处罚金
非法收购、运输、加工、出售国家重点保护植物、国家重点保护植物制品罪	自由刑	三年以下有期徒刑、拘役或者管制；情节严重的，处三年以上七年以下有期徒刑
	罚金刑	并处罚金
盗伐林木罪	自由刑	数量较大的，处三年以下有期徒刑、拘役或者管制；数量巨大的，处三年以上七年以下有期徒刑；数量特别巨大的，处七年以上有期徒刑
	罚金刑	数量较大的，并处或者单处罚金；数量巨大的，并处罚金；数量特别巨大的，并处罚金
滥伐林木罪	自由刑	数量较大的，处三年以下有期徒刑、拘役或者管制；数量巨大的，处三年以上七年以下有期徒刑
	罚金刑	数量较大的，并处或者单处罚金；数量巨大的，并处罚金
非法收购、运输盗伐、滥伐的林木罪	自由刑	情节严重的，处三年以下有期徒刑、拘役或者管制；情节特别严重的，处三年以上七年以下有期徒刑
	罚金刑	情节严重的，并处或者单处罚金；情节特别严重的，并处罚金
违法发放林木采伐许可证罪	自由刑	情节严重，致使森林遭受严重破坏的，处三年以下有期徒刑或者拘役

---

[1] 此处罚则主要分析自然人，单位犯罪处罚为：对单位判处罚金，并对其直接负责的主管人员和其他直接责任人员，依照本节各该条的规定处罚。

（二）森林类犯罪的司法适用

1. 趋向常态化

通过对 2012 年至 2019 年全国森林类犯罪判决书年度统计图的分析可知，我国对于森林资源的保护成了一种常态化司法行为，我国森林类犯罪的司法实践呈现常态化趋势。第一，2014 年全国森林类犯罪案件为 10 361 件，是 2013 年的近 4 倍，2013 年两会提出要推进节能减排和生态环境保护，推动了各界对于森林及生态文明的保护。同年，《国家林业局关于森林公安机关办理林业行政案件有关问题的通知》出台，提出"达到立案标准的，森林公安机关必须立为刑事案件"，通知刺激了案件数量的提升。第二，2014 年后案件数量稳定在 10 000 件至 13 000 件之间，案件数量相对平稳（2019 年除外[1]），故 2014 年至 2018 年案件数量呈现稳定、平缓的上升趋势，说明我国的环境保护、资源保护政策起到了一定的作用，森林类犯罪案件在稳定的同时缓慢减少，说明我国公民有意识地利用法律来保护森林资源，同时由于社会的发展，这种破坏森林资源的情况逐渐减少。（详见图 1）

图 1　2012 年至 2019 年全国森林类犯罪判决书年度统计图

---

[1]　由于 2019 年尚未结束，案件统计时间截至 2019 年 8 月，因此 2019 年的案件数量不具有参考价值。

2. 地区差异化

通过对2012年至2019年全国森林类犯罪判决书年度省份（直辖市、自治区）的统计分析可知，各省森林类犯罪案件发生率与森林蓄积有关，地区差异较大。

森林类犯罪发生较多的地区森林类犯罪数量可以达到7000多件，而少的地区只有18件，差异较大。且森林类犯罪案件发生率排名前十的省份分别是：广西壮族自治区、云南省、河南省、吉林省、贵州省、内蒙古自治区、湖南省、福建省、江西省、黑龙江省。据第九次森林资源清查省份分布表统计，森林蓄积（森林中林木材积的总量）排名前十的省份为：西藏自治区、云南省、四川省、黑龙江省、内蒙古自治区、吉林省、福建省、广西壮族自治区、江西省、陕西省。由此可以看出：第一，上述10个省份中有7个省份或自治区（广西、云南、吉林、内蒙古、湖南、江西、黑龙江）属于在全国第九次森林资源清查[1]（2014年至2018年）中林木材积的总量靠前的；第二，河南省、贵州省、湖南省虽然林木材积并不靠前，但是农地面积大，由于本文的森林类犯罪中包含了"非法占用农用地罪"，因此三省案件数量较高。（详见表3）

表3 2012年至2019年全国森林类犯罪判决书年度省份（直辖市、自治区）统计表

省份（直辖市、自治区）名称	案件数量（件）	排序	省份（直辖市、自治区）名称	案件数量（件）	排序
广西壮族自治区	7715	1	陕西省	1242	17
云南省	5752	2	山东省	1088	18
河南省	5374	3	浙江省	1026	19
吉林省	5089	4	重庆市	817	20
贵州省	3960	5	海南省	674	21
内蒙古自治区	3420	6	甘肃省	588	22
湖南省	3038	7	山西省	437	23

[1] 源自国家森林资源清查统计。

续表

省份（直辖市、自治区）名称	案件数量（件）	排序	省份（直辖市、自治区）名称	案件数量（件）	排序
福建省	3016	8	江苏省	381	24
江西省	2977	9	新疆维吾尔自治区	280	25
黑龙江省	2943	10	天津市	153	26
四川省	2689	11	宁夏回族自治区	147	27
湖北省	2465	12	北京市	129	28
广东省	2444	13	青海省	78	29
辽宁省	2042	14	西藏自治区	30	30
安徽省	1786	15	上海市	18	31
河北省	1526	16	总计	63 324	

3. 罪名差异化

通过对2012年至2019年森林类犯罪案件数量对比图进行分析，我们可以发现森林类犯罪的各个罪名案件发生率不同，罪名具有差异性。

森林类个罪案件从2012年至2018年案件数量呈现上升趋势，其中"盗伐林木罪"和"滥伐林木罪"相加比例达到66.82%，占森林类犯罪的一半以上，而"非法收购、运输盗伐、滥伐的林木罪"及"违法发放林木采伐许可证罪"相加比例不到1%。由此可以看出：第一，"非法收购、运输盗伐、滥伐的林木罪"及"违法发放林木采伐许可证罪"占比较小，说明这两类犯罪在司法实践的过程中操作性较低，实际发生的可能性小，在后期森林类犯罪体系化的过程中可以考虑对罪名进行优化或合并处理。第二，"盗伐林木罪"和"滥伐林木罪"占据了一半以上的比例，说明在司法中这两种罪名的适用较多，那么对这两种罪名的规制应当更加仔细，需要依据时代的变化对其进行规制。（详见图2）[1]

---

[1] 图2：A代表"非法采伐、毁坏国家重点保护植物罪"，B代表"非法收购、运输、出售国家重点保护植物、国家重点保护植物制品罪"，C代表"盗伐林木罪"，D代表"滥伐林木罪"，E代表"非法收购、运输盗伐、滥伐的林木罪"，F代表"违法发放林木采伐许可证罪"，G代表"非法占用农地罪"。

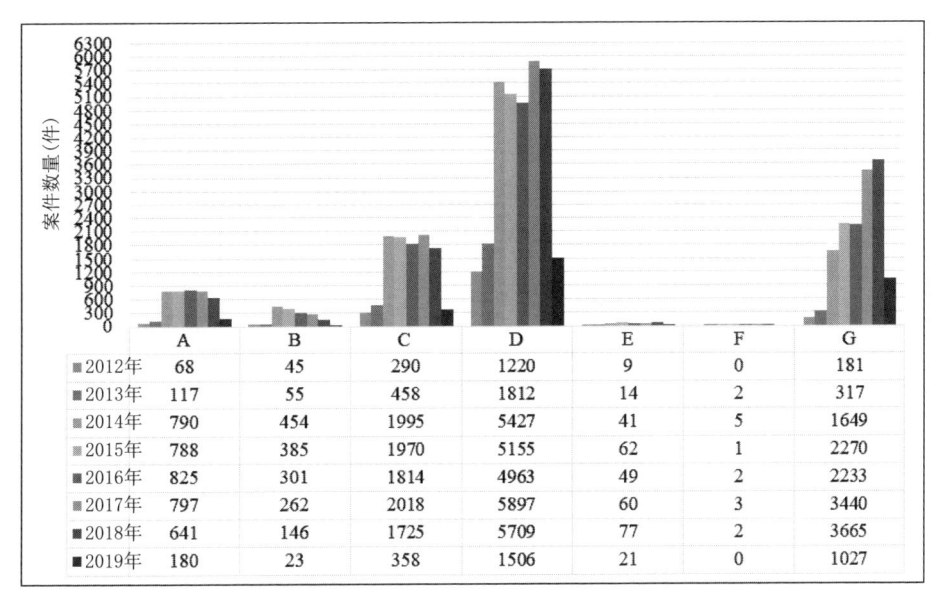

	A	B	C	D	E	F	G
2012年	68	45	290	1220	9	0	181
2013年	117	55	458	1812	14	2	317
2014年	790	454	1995	5427	41	5	1649
2015年	788	385	1970	5155	62	1	2270
2016年	825	301	1814	4963	49	2	2233
2017年	797	262	2018	5897	60	3	3440
2018年	641	146	1725	5709	77	2	3665
2019年	180	23	358	1506	21	0	1027

图 2 2012 年至 2019 年森林类犯罪案件数量对比图

二、森林类犯罪对生态保护诉求的回应

生态保护诉求下的森林类犯罪回应，首先要求其做到对森林资源的保护，保护森林资源是对森林物理形态的保护；其次要做到对森林产权的保护，这是对森林资源社会形态的保护，对产权的清晰界定可以激励公民养护森林资源，利用私人力量对抗人为破坏；最后要做到对森林生态安全的保护，关注森林破坏后森林生态体系的损失，这是对森林功能层面的保护。三个层面紧密相关、相互支撑。刑法保护的法益需要由诉求的物理形态逐渐达到功能层面，不断完善，才可以实现森林类犯罪对生态保护诉求的回应。

目前我国森林类犯罪对生态保护诉求的回应情况体现在以下几个方面：

（一）对森林资源的保护

我国刑法对森林资源的保护规定比较完善。从构成要件比较：第一，从犯罪客体来说，"盗伐林木罪"为复杂客体，其他罪名为简单客体；"非法占用农用地罪"涉及对土地管理制度的保护，其他罪名则是对林业管理制度和森林资源的保护，但"非法占用农用地罪"可能发生在林区中，因此归纳于森林类犯罪中；第二，从犯罪客观方面来说，"非法采伐、毁坏国家重点保护植物罪"及"非法收购、运输、加工、出售国家重点保护植物、国家重点保护植物制品罪"不需要"数量较大"或者"情节严重"即可构成,而其他罪名则需要,这说明国家对珍稀植物及其他重点保护植物的重视,其在森林类犯罪中的地位较高,2012 年至 2019 年森林类犯罪案件总数对比表也显示出这两类犯罪相对占比较大,是森林类犯罪中的重点;第三,从犯罪主体来说,"违法发放林木采伐许可证罪"的犯罪主体是林业主管部门的工作人员,其他罪名均为一般主体,说明森林类犯罪既对一般主体进行约束(要求符合条件的自然人和单位全部实现对林业管理制度和森林资源的保护),也对特殊主体进行规制(要求林业工作人员切实履行职责,避免从行政领域出现问题),也说明森林类犯罪在立法时即考虑到对森林资源的保护不仅仅要从行政角度出发,更要与公众相联系,提高公众保护森林生态系统的意识;第四,从犯罪主观方面来说,"违法发放林木采伐许可证罪"只能是由犯罪人的过失构成的,而其他罪名则为犯罪人故意实施,说明森林类犯罪对林业主管部门的工作人员提出了更高的要求,要求其尽到更高的注意义务。

由此可见,我国森林类犯罪是对于森林资源与国家林业制度法益的保护,在 7 种森林类犯罪中都保护了森林的物理形态。同时,从省份分布比较,各省森林类犯罪案件发生率与森林蓄积有关,森林蓄积高的省份,犯罪案件发生率高,说明我国刑法发挥了对森林资源的保护作用,比较良好地做到了在生态诉求下对森林资源的保护。

(二) 对森林产权的保护

我国刑法对森林产权的保护相对不充分。首先,我国森林类犯罪对森林产权的关注相对较少,7 种罪名中仅"盗伐林木罪"关注到了林木所有权,"盗伐林木罪"保护的林木所有权,不包括个人房前屋后种植的零星树木。其次,2019 年《关于统筹推进自然资源资产产权制度改革的指导意见》出台。该指导意见提出:"平等保护各类自然资源资产产权主体合法权益,更好发挥产权制度在生态文明建设中的激励约束作用。"[1]这说明产权改革注重对私人产权的保护。除"盗伐林木罪"外其他罪名均侧重于对国家的林业管理制度和森林资源的保护,通过制度来实现保护产权的目的。

由此可见,森林类犯罪对私人产权的关注不够充分,影响了产权激励功

---

[1] 引用《关于统筹推进自然资源资产产权制度改革的指导意见》。

能的发挥。目前，森林类犯罪关注犯罪人对于林业制度的破坏，利用强制力强制公众保护森林资源，但是无法做到让公众从内心重视森林资源或者自发去保护森林生态体系。如果对森林产权的保护能够做到国有产权和个人产权并重，一方面可以通过强制力威慑预备犯罪的人及普通公众，保护森林，另一方面可以通过让公众知道保护的是私人产权，从而激发公众自发保护森林生态的热情，最终达到惩罚与教育相协调，推动对森林产权以及森林生态的保护。

（三）对森林生态安全的保护

尽管对森林物理形态和社会功能的保护可以推动对森林生态安全的保护，但通过对森林类犯罪客体的分析，这7种罪名都涉及对森林资源和林木产权的保护，但没有专门注重其生态功能，无法充分回应生态保护的诉求。

综上，我国刑法中的森林类犯罪回应了对森林资源与产权的保护，但是无法回应生态诉求下对森林生态安全的保护。接下来需要通过解释论与系统论的方法，实现对刑法中现有罪名的深入解释，对刑法与其他法律、森林类相关罪名与其他罪名进行系统优化，以回应对森林类犯罪的生态保护。

三、森林类犯罪的优化设定建议

（一）司法适用较少的罪名应当保留

通过对2012年至2019年森林类犯罪案件总数进行分析可知，"非法收购、运输盗伐、滥伐的林木罪"（共计333件）、"违法发放林木采伐许可证罪"（共计15件），在森林类犯罪中相加所占比例不到1%。这些罪名在司法中较少适用，但仍值得探究。

第一，"非法收购、运输盗伐、滥伐的林木罪"被规定于我国《刑法》第345条第3款，是依托于前两款而存在的，一般与"盗伐林木罪"与"滥伐林木罪"相伴而存在，多与"盗伐林木罪"与"滥伐林木罪"作为共犯论处，定"盗伐林木罪"或"滥伐林木罪"，因此减少了一部分该罪名在司法实践中的定罪量刑。但是如果没有唆使他人盗伐、滥伐林木后予以低价收购的，与盗伐、滥伐的犯罪分子事先通谋，承担盗伐、滥伐林木的运输分工等情况的，则不能与前两种罪作为共犯论处，此时该罪名的重要性就显现出来了。即年满16周岁具有刑事责任能力的人故意在林区非法收购盗伐、滥伐的林木的犯罪分子，应当被定该罪，它保护的是国家对森林资源的管理活动，具有自身的存在合理性。

第二,"违法发放林木采伐许可证罪"被规定于我国《刑法》第407条,属于渎职罪范畴,单独成条。该罪从2012年至今仅在15个案件中适用,那么是否可以将该罪名与"滥用职权罪"或"玩忽职守罪"进行合并来减少司法成本?通过三罪对比我们可以发现,"滥用职权罪"与本罪最大的区别在于构成要件的主观方面一个为故意一个为过失,这两种罪名在主观上差别过大,无法融合;"玩忽职守罪"与本罪十分类似,一个属于一般条款一个属于特别条款,双方的主观方面都是过失,但是"违法发放林木采伐许可证罪"被单独设立,说明了刑法对森林资源的保护和重视,因此本罪没有可以合并的罪名,单独设立具有合理性。(详见表4)

表4 三罪构成要件对比表

	滥用职权罪	玩忽职守罪	违法发放林木采伐许可证罪
性质	一般条款	一般条款	特殊条款
客体	国家机关的正常活动	国家机关的正常活动	国家的林业管理制度
客观	滥用职权,致使公共财产、国家和人民利益遭受重大损失	违反工作纪律、规章制度,擅离职守,不尽职责义务或者不认真履行职责义务,致使公共财产、国家和人民利益遭受重大损失的行为	违反森林法的规定超过批准的年采伐限额发放林木许可证或者违反规定滥发林木许可证,情节严重的行为
主体	国家机关工作人员	国家机关工作人员	林业主管部门的工作人员
主观	故意	过失	过失

(二)森林类犯罪行政处罚应当与刑事处罚衔接

我国《森林法》第76条第2款规定:"滥伐林木的,由县级以上人民政府林业主管部门责令限期在原地或异地补种滥伐株数一倍以上三倍以下的树木,可以处滥伐林木价值三倍以上五倍以下的罚款。"而《刑法》对森林类犯罪主要有以下规定:"处三年以下有期徒刑、拘役或者管制,并处罚金""处三年以下有期徒刑、拘役或者管制,并处或者单处罚金"等。通过对比我们可以看出双方在处罚种类上的差别:行政处罚以植树和罚款为主,而刑事处罚以自由刑和罚金刑为主。

在森林类犯罪中,"非法采伐、毁坏国家重点保护植物罪"及"非法收购、运输、加工、出售国家重点保护植物、国家重点保护植物制品罪"不可单处罚金,除上述两类犯罪名外仍可以罚金代刑。针对单位处罚来说,如果直接负责的主管人员和其他直接责任人员被判处了自由刑,单位仍可通过缴纳罚金或接受行政处罚的方式,通过植树造林来保护森林资源和生态。但针对被判处自由刑的自然人来说,当自然人被判处自由刑后,人身自由受到了限制,那么犯罪人无法在此期间开展任何救济活动来保护被破坏的森林资源及生态体系。针对被判处罚金刑的自然人来说,如果可以用罚金代替自由刑会导致对犯罪人的惩罚力不足,对其他人的威慑力降低,同时罚金用途不透明,罚金全上交国库,统一划分,不会专门划分出来保护森林,无法起到专门对森林资源进行保护的作用。

因此,要实现对森林生态的保护,需要刑事处罚与行政处罚交叉,"确保行政处罚与刑事罪名的衔接"。[1] 首先,行政机关要依法履行职责,对于刑法中规定的7种森林类犯罪加以注意,依照法律规定,对涉及刑事的,不得以罚代刑。其次,如果行政机关在移送案件时已经作出行政处罚决定,让违法者植树并缴纳了罚金,那么应当将行政处罚决定书一并抄送公安机关、检察院;如果尚未作出行政处罚,在人民法院未作出刑事处罚时,对于"需要行政机关通过行政执法程序追究行政责任的,还应当向行政执法机关提出司法建议,由有关行政执法机关依法追究行政责任"的案件要及时移送,[2] 因为植树的行政处罚不仅可以凸显出我国法律对森林生态功能的保护,弥补目前刑法无法实现对森林生态法益保护的不足,对森林破坏后生态功能的损害进行补救,而且可以起到惩罚与教育相结合的功能,让犯罪人感受到植树不易,从内心不愿再次从事森林类犯罪,减低犯罪人再犯的概率。由于无论犯罪人缴纳罚金或是受到自由刑处罚,都不能实现对森林生态的保护,而我国行刑衔接的原则是刑事优先,在这种情况下,很少能够真正实现使用植树造林等切实保护森林生态的处罚手段。对此,可以考虑在原来的行政处罚中加入

---

[1] 戢浩飞:"行政执法与刑事司法衔接的理性审视",载《北方法学》2015年第5期,第89~97页。

[2] 周佑勇、刘艳红:"行政执法与刑事司法相衔接的程序机制研究",载《东南大学学报(哲学社会科学版)》2008年第1期,第47~52页。

"由于客观原因无法补种的,由主管部门代为补种,费用由违法者承担",由于"未作出行政处罚的原则上应当在公安机关决定不予立案或者撤销案件、人民检察院作出不起诉决定、人民法院作出无罪判决或者免予刑事处罚后,再决定是否给予行政处罚"。[1]当犯罪人已经受到刑事处罚时,实际上也无法通过行政处罚来要求其植树造林。因此,笔者建议刑法将植树造林等具有生态保护作用的处罚手段作为非刑罚的处罚方法进行规定,在完成行政处罚与刑事处罚衔接的同时,确保在刑事处罚单独运用的情况下也可以实现对森林的生态保护。

(三) 设定破坏生态环境罪

由于我国刑法中的森林类犯罪并没有罪名将对生态安全的危害作为森林类犯罪的构成要件或者某种情节进行处罚,因此如果想要实现对生态法益的保护,就需要将犯罪人破坏森林后对生态安全的危害作为森林类犯罪的加重、从重情节进行设定:

方案一,将破坏森林生态安全放入森林个罪。在7种罪名后,将严重破坏森林生态安全作为加重、从重的情节进行规定。例如将"违反国家规定,非法采伐、毁坏珍贵树木或者国家重点保护的其他植物的,或者非法收购、运输、加工、出售珍贵树木或者国家重点保护的其他植物及其制品的,处三年以下有期徒刑、拘役或者管制,并处罚金;情节严重的,处三年以上七年以下有期徒刑,并处罚金"改为"……情节严重的,处三年以上七年以下有期徒刑,并处罚金;严重破坏生态安全的,处七年以上有期徒刑,并处罚金"。这种做法的好处在于:第一,可以让7种森林罪名都对生态安全进行保护,实现刑法保护生态安全的功能,第二,将对森林生态安全的危害作为加重情节设定,有利于降低刑法运行的成本,将立法、司法及执行的成本控制在一定的范围内。但是,分别将破坏森林生态安全放入7种森林个罪,过于繁琐,流程上比较复杂,理论上行得通,但是操作性不强,不利于森林类犯罪未来的发展,因此将破坏森林生态安全放入森林个罪中的途径不可行。

方案二,扩充"污染环境罪"的构成要件,改为"破坏生态环境罪"。比照《刑法》第338条的规定:"违反国家规定,排放、倾倒或者处置有放射

---

[1] 引用《中共中央办公厅国务院办公厅转发国务院法制办等部门〈关于加强行政执法与刑事司法衔接工作的意见〉的通知》。

性的废物、含传染病病原体的废物、有毒物质或者其他有害物质，严重污染环境的，处三年以下有期徒刑或者拘役，并处或者单处罚金；后果特别严重的，处三年以上七年以下有期徒刑，并处罚金。"第一，"污染环境罪"具有改为"破坏生态环境罪"的前提条件。虽然"污染环境罪"的犯罪对象主要是有放射性的废物、含传染病病原体的废物、有毒物质或者其他有害物质，但是2016年《最高人民法院、最高人民检察院关于办理环境污染刑事案件适用法律若干问题的解释》对"严重污染环境"的情形作了明确的界定。其中包括"造成生态环境严重损害的、致使森林或者其他林木死亡五十立方米以上，或者幼树死亡二千五百株以上的等"，说明污染环境罪本身关注到了对生态及森林的破坏，体现了刑法对生态的保护。第二，"污染环境罪"具有改为破坏生态环境罪的特定目的。虽然文章讨论的是森林类犯罪，探究对森林生态安全的保护，但期望通过体系化的设定使刑法关注到整体的生态安全，发挥生态保障功能，所以不需要为森林单独设立生态保护罪名，直接设定破坏生态环境罪，一方面可以强调刑法对生态法益保护的特别关注，另一方面可以实现除对森林生态保护外，各种资源的系统保护。第三，"污染环境罪"具有改为"破坏生态环境罪"的独特优势。将"严重污染环境的"，改为"严重污染环境、破坏生态安全的"，不需要单独设立条款，只需要进行解释，即可用最小的成本实现期望达到的保护生态的目的。

结　语

建设生态文明是中华民族永续发展的千年大计，随着《生态文明体制改革总体方案》的出台，生态文明纳入宪法，保护生态环境成为重要任务，刑法保护生态安全，是生态文明入宪对刑法的要求，是刑法作为保障法的需要，其可以从森林资源、林木产权、森林生态安全三个方面回应生态保护的诉求。目前我国刑法对森林资源的保护比较完善，并涉及了对林木产权的保护，但是对森林生态安全的保护并不充分，因此提出森林类犯罪行政处罚应当与刑事处罚衔接，增设植树造林的非刑罚处罚手段，修正污染环境罪的构成要件，设定破坏生态环境罪等可行的方案。并且，可以通过对森林类罪的体系化设定，引导学界及实务界关注生态法益，达到宪法及政策对生态保护罪名设定的目的，最终更好地实现刑法对森林生态安全的保护。

非法占用林地中罚金的适用*

【摘　要】 在《刑法修正案（九）》之后，无限额罚金制度的使用更加广泛，但罚金刑的处罚数额如何确定也引起了不小的争论，本文通过分析吉林省211个"非法占用农用地罪"的案例，归纳出对破坏林地以作他用的8种类型，以及各自所判处的罚金数额，得出在罚金数额的确定上法官拥有较大的自由裁量权的结论，针对非法占用农用地罪的实际案例提出了两种解决方案，一种是分两步走细化罚金标准，一种是明确缓刑适用标准。以此来解决民众面对罚金数额不一而不知如何行为的难题。

【关键词】 非法占用农用地罪；林地；罚金制度；缓刑

引　言

我国幅员辽阔，林地范围分布广泛，但人多地少的问题仍旧存在，因此，非法占用林地以作他用的情况层出不穷，"非法占用农用地罪"的案件数量逐年上升，2012年之前都是个位数，从2014年开始案件数每年都在1000件以上，2018年案件数达到了高峰，一共有2242件，其中黑龙江省、云南省、湖南省、河南省、江西省的案件数量为上百起，占全年案件数量的63.7%，吉林省案件占全部案件数量的21.5%，位居榜首，这六个省份作为"非法占用农用地罪"的案件高发地区，与当地人口数量、地理环境以及生活习惯、经济状况是密不可分的。

---

* 岳荣，北京林业大学法学系硕士。

一、非法占用农用地罪案件数据统计分析[1]

(一) 非法占用农用地罪的用途与罚金统计分析

从样本案例来看,非法占用林地主要有两种形式:一种是收到退耕还林通知后继续耕种,但这种情形较少,211个案例中只有5例。另一种是非法开垦林地以作他用,这种情况的案件数达206件,占总数的97.6%,这也说明,绝大部分人是在明知不是耕地的情况下故意毁坏林地,以满足自己的需求。非法开垦林地的利用形式主要可被归纳为表1的8类。

表1 非法占用农用地用途

名称	案件数/例	所占比例/%	最高罚金/元	最低罚金/元
种植人参	79	37.44%	107万	2000
种植粮食作物	77	36.49%	2万	1000
修建娱乐场所	23	10.9%	42万	1000
采沙、采石、采土、采矿	15	7.1%	5万	1000
修建建筑	9	4.27%	10万	1000
养殖	4	1.9%	3万	5000
堆放砂石材料	2	0.95%	6万	4000
种植中药材	2	0.95%	3万	3000

如表1显示,所占比重最大的是开垦林地种植人参,案件数量达79件,占总案件数的37.44%。种植人参最高罚金达107万元,是所有用途中罚金最高的。这与吉林省是我国人参最大产地之一的因素有关,而且人参市场广阔,无论是自己种植,还是将土地出售给他人种植,都会获得较多利润。与高利润相对应的就是开垦林地种植人参的罚金力度也较重。

种植粮食作物的案件数位列第二,共有77件,其中包括5例收到退耕还林通知后继续耕种的案件。种植粮食作物的最高罚金为2万元,相比于其他类型的用途来说处罚数额较低。人参、粮食作物、中药材都属于农作物,因

---

[1] 本文所用样本数据来源于中国裁判文书网,浏览日期截至2019年4月1日。

此，种植农作物的案件数共计 158 件，占样本总数的 74.88%，是吉林省非法占用农地罪中毁林的主要目的。要想减少对林地的开垦破坏，转变公民对毁林种植的思想观念尤为重要。

"非法占用农用地罪"中罚金刑的规定是"并处或单处罚金"，样本中除了 2 例被免于刑事处罚外，209 个案例都判处了罚金刑，其中单处罚金的有 23 人，并处罚金的共 208 人，占总人数的 90.05%。可见，并处罚金是罚金刑在非法占用农用地罪中适用的主要形式。但法条中没有明确规定罚金的数额，而是适用无限额罚金制，由法院根据被告的实际犯罪情况来裁量。因此，罚金数额或高或低，甚至差异巨大。

表 2 罚金判处情况[1]

名称	人数/人	占被告人数比例/%
单处罚金	23	9.95%
并处罚金	208	90.05%

通过表 1 的数据对比我们可以发现，种植人参的罚金数额差距是最大的，罚金最高甚至达到了 107 万元，法律具有教育的作用，按理来说巨额的罚金会对案件发生后打算毁林种植人参的人起到一定的教育作用，在犯罪之前会更多考虑可能会被判处的罚金成本，一些人为了避免巨额罚金会选择不去毁林种参。但是，种植人参又有被判处 2000 元的例子，这样一来，就仍旧有人会怀着侥幸心理，铤而走险，认为自己不一定会付出较重的代价，而去追求种植人参带来的高收益。

种植粮食作物的罚金数额整体较低，且差距较小。这可能也是因为种植粮食作物带来的利润与其他用途相比并不高，而且这部分犯罪人大都是配合整改，积极悔改的，考虑到犯罪情节，社会危害程度相对较低，因此对他们适用了较轻的罚金刑。

（二）非法占用农用地罪刑期统计分析

在吉林省的 211 件案例中，除了 2 人免予刑事处罚，有 163 人被判处有期徒刑，45 人被判处拘役。因为非法占用农用地罪的法定刑期是 5 年以下，所

---

[1] 单位犯罪的案例只统计自然人的处罚情况。

以样本中被判处有期徒刑的最高刑期是4年，且仅有2人，其余刑期均在3年以下，而且适用缓刑较多，被宣告缓刑的有168人，占总被判处刑罚人数的80.77%。由此可见，"非法占用农用地罪"更多是适用了轻缓的短期自由刑。

表3 自由刑适用及实际执行情况统计

名称	数量/人	占被判刑人数比例/%
拘役	45	21.63%
有期徒刑	163	78.37%
缓刑	168	80.77%
非缓刑	40	19.23%

缓刑率高的主要原因是大多数人能够积极认识到自己的错误，主动自首，并认罪悔改，法官在综合考虑了他们的再犯可能和对社区的影响后，判决的时候会选择宣告缓刑。在样本中，主动向公安机关投案自首的人数达到犯罪人数的34%。而且，一部分人在案件审理时就已还林或积极还林。经统计，已还林和积极还林的人数占犯罪人数的11%，还有一部分人也在庭审中承诺会积极还林。因此，"非法占用农用地罪"的案件上诉率和再犯率都较低，案件的审判质量较高。[1]

二、罚金刑的适用及引发的问题

罚金是指人民法院判处犯罪者向国家缴纳一定数额金钱的刑罚方法，[2]属于附加刑的范畴，我国共有倍比罚金制、限额罚金制和无限额罚金制三种罚金制度。有些犯罪因为能够计算出犯罪数额，所以适用倍比罚金和限额罚金符合罪刑相适应的原则。但是，很多犯罪所造成的损失并没有合适的标准来进行衡量，或者是无法计算出准确的数额，这时由法官行使自由裁量权，按照犯罪的实际情况来确定罚金的数额，能够使得罚金刑更加灵活，这也是无限额罚金的优势所在。

自《刑法修正案（九）》之后，我国罚金刑呈现向无限额罚金倾斜的趋

---

[1] 晋海、胡漫漫："非法占用农用地行为特征及司法治理策略——基于200个判例的经验分析"，载《湖南农业大学学报（社会科学版）》2016年第1期，第83~87页。

[2] 高铭暄、马克昌主编：《刑法学》（第8版），北京大学出版社2016年版，第240页。

势。《刑法修正案（九）》对罚金刑的修改主要有两种形式：一种是增加罚金刑，在原来没有或处以其他附加刑的条文中增加罚金的规定，例如第120条增加了"并处罚金""可以并处罚金"；[1]另一种是将限额罚金修改为无限额罚金，例如第170条将"并处五万元以上五十万元以下罚金"修改为"并处罚金"。[2]

《刑法修正案（九）》的修改扩大了罚金刑在刑法中的适用范围，同时也扩大了无限额罚金的适用，与其他两种罚金制度相比，无限额罚金的适用占总罚金刑的70%以上，结合无限额罚金制的优势可以看出，为了保持法律的稳定性，立法者将具体的罚金数额确定问题留给了司法解释和法官。

（一）非法占用农用地罪中的罚金刑处罚标准不一

首先《刑法》第52条规定了如何适用罚金刑，但是条文中没有规定罚金的具体数额，而是由法官结合《最高人民法院关于适用财产刑若干问题的规定》第2条的内容，以及犯罪人的实际情况来自由裁量。司法解释中将罚金的最低数额确定为1000元，但没有规定最高数额。"非法占用农用地罪"中的罚金制度就属于无限额罚金制，法官根据犯罪情节，以最低1000元为限对犯罪人判处罚金，但是由于无限额罚金制没有设定最高限额，所以罚金的数额不一，仅从判决中也无法判断怎样的情况会被判处更高额的罚金。

通过对样本211个案例进行归纳分析，笔者得出了两种关于"非法占用农用地罪"罚金数额标准的推论：

第一，以犯罪人非法占用林地用途为准，即根据犯罪人非法获得的利益来确定罚金的数额。因为种植人参获利要比种植农作物高，样本中被判处的罚金数额也普遍较高，最高为107万元，这份判决书由吉林省靖宇县人民法院于2018年3月作出，李某在2007年、2013年均因"非法占用农用地罪"

---

[1] 《刑法》第120条修改前条文："组织、领导恐怖活动组织的，处十年以上有期徒刑或者无期徒刑；积极参加的，处三年以上十年以下有期徒刑；其他参加的，处三年以下有期徒刑、拘役、管制或者剥夺政治权利。"修改后条文："组织、领导恐怖活动组织的，处十年以上有期徒刑或者无期徒刑，并处没收财产；积极参加的，处三年以上十年以下有期徒刑，并处罚金；其他参加的，处三年以下有期徒刑、拘役、管制或者剥夺政治权利，可以并处罚金。"

[2] 《刑法》第170条修改前条文："伪造货币的，处三年以上十年以下有期徒刑，并处五万元以上五十万元以下罚金；有下列情形之一的，处十年以上有期徒刑、无期徒刑或者死刑，并处五万元以上五十万元以下罚金或者没收财产。"修改后条文："伪造货币的，处三年以上十年以下有期徒刑，并处罚金；有下列情形之一的，处十年以上有期徒刑或者无期徒刑，并处罚金或者没收财产。"

被判刑，又在 2015 年非法开垦林地 142 400 平方米（213.6 亩），出售给他人种植人参，非法获利 270 余万元，靖宇县人民法院对李某判处有期徒刑 4 年 6 个月并处 107 万元罚金，还追缴了非法所得 275.82 万元。

此案例是得出第一种推论的有力证据之一，犯罪人之所以冒着风险多次犯法，就是因为种植人参的利益巨大。而且前两次犯罪的罚金均为 2 万元，并没有对犯罪人起到威慑教育的作用，第三次犯罪的罚金高于其所获得的收益，并且将非法获利全部追缴，罚金仅是对其犯罪行为的处罚。此外还有 5 个案例，都是将非法获利没收上缴后，再处以高额的罚金。

但是通过表 4 的案例对比，我们可以看出，种植人参也有可能和种植农作物的罚金相同。于某伟种植人参，涉案总面积为 30 615 平方米（45.9 亩），被判处罚金 10 000 元。范某良毁林开荒种地，非法开垦林地及荒地 10 906 平方米（16.359 亩），被判处罚金 10 000 元。于某伟种植人参，且种植面积要大于范某良，按理来说获得的利益要比范某良多，但是法院对他们判处的罚金数额却相同。因此，种植人参获利较种植农作物多，罚金数额也较大的推论就不成立了。

而且，通过对同用途案例的对比，即使是开垦林地一致的用途，罚金的高低也会有差异。与"范某良案"类似，齐某力种植农作物，[1]非法占用林地面积 10 400 平方米（15.6 亩），被判处罚金 1000 元。这两个案例同样都是毁林耕种，非法占用林地面积也相差无几，获得利润也应该相差不多，但是罚金数额却是 10 000 元与 1000 元的差距。

以上四个案例，占用林地种植不同种类的作物，即使种植面积不同，判处的罚金也有可能一致，占用林地种植相同种类的作物，即使面积相似，判处的罚金也有可能不一致。所以，判处罚金的数额与占用林地的用途并不一定有关联。

第二，以犯罪人开垦、破坏林地的亩数为准，即以犯罪人造成的损失作为罚金数额的确定标准。开垦、破坏林地的面积越大，罚金数额就越高。李某种植人参的面积是于某伟的 4.6 倍，被判处的罚金数额也远远高于于某伟。

但是通过个别案例的对比，第二个推论也有例外之处。与李某对比，林

---

[1] 齐某力犯非法占用农用地罪 [2018] 吉 0822 刑初 203 号。

某种植玉米、花生等农作物,[1]非法占用林地面积达 246 048 平方米（369.072 亩），被判处罚金 2 万元。林某占用林地面积比李某更多，但是被判处的罚金数额却比李某要少很多。这两个案件的对比结果更符合推论一，因为种植人参的获利要比种植农作物高，即使涉案面积较少，罚金数额也要更高。

表 4　案件对比

案件	种植种类	涉案面积	主刑	罚金刑/元
李某	人参	142 400 平方米（213.6 亩）	有期徒刑 4 年 6 个月	107 万
于某伟	人参	30 615 平方米（45.9 亩）	有期徒刑 1 年缓刑 2 年	1 万
范某良	农作物	10 906 平方米（16.359 亩）	有期徒刑 1 年缓刑 1 年	1 万
齐某力	农作物	10 400 平方米（15.6 亩）	拘役 2 月缓刑 4 个月	1 千
林某	农作物	246 048 平方米（369.072 亩）	有期徒刑 3 年缓刑 3 年	2 万

综合分析，两种推论既有合理之处，也有牵强之处，但因法律没有规定明确依据，各法院的裁量标准并不统一，都是法官根据以往的经验来行使自由裁量权。如何适用无限额罚金刑不仅困扰着触犯法律等待判决的当事人和一般大众，也困扰着要作出裁判的法官，因为同案不同判的情形，会引起社会的争论和质疑，不仅法官会受到非议，甚至还会动摇司法判决在人们心中的公信力。

（二）法官对罚金的自由裁量标准难以捉摸

无限额罚金制的扩张适用，在保证法律的确定性和稳定性的同时，也给予了法官很大的裁量自由权。伴随着法官的自由裁量权出现的，是对滥用自由裁量权的质疑，罚金的数额是否合理也引发了大量的思考，判决书中大多是对犯罪情节按照法律规定进行一定描述，关于法官裁量罚金的标准则并不会过多着墨，这也加深了社会大众对法官裁量罚金的疑惑。

法官行使自由裁量权实质上是在进行一定的选择，而且法官的自由裁量是有限度的，要受到程序和制度的双重限制，裁量的自由度与在判决时需要考虑的因素成反比，判决时要考虑的因素越多，裁量的自由度就越小。因此，

---

[1]　林某犯非法占用农用地罪［2018］吉 0721 刑初 226 号。

只有法官对形势有良好的判断和把握，在裁量中充分发挥基于经验理性的能动性才能实现裁量正义，使判决得到社会共识的支持。反之，一旦人们对法官的裁量产生怀疑，就会影响到司法的公信力，整个司法体系也会面临信任和道德危机。

以"李某案"为例，李某三次"犯非法占用农用地罪"，2007 年被判处有期徒刑 1 年，并处罚金人民币 2 万元，2013 年被判处有期徒刑 2 年，并处罚金人民币 2 万元，2018 年被判处有期徒刑 4 年 6 个月，并处罚金人民币 107 万元。三份判决都由吉林省靖宇县人民法院作出，三份判决也都符合罪刑法定的原则，分开看并无不妥之处，但对比三份判决，罚金的数额相差甚异，难免会让人疑惑。

李某在 2013 年作为累犯，被判处的罚金数额与 2007 年初犯时一致，这是否达到了司法解释中根据犯罪情节判处罚金的要求呢？而且，累犯的加重处罚，在罚金上也并未有所体现，唯一的差别就是有期徒刑从 1 年变为 2 年，若说刑期的增加是对李某作为累犯的加重处罚，那 2018 年的判决可谓是"太重了"，不仅有期徒刑的刑期增加了，罚金数额也超过了百万。对比 2013 年和 2018 年两次犯罪，李某均为累犯，毁坏林地面积相差 112 亩，被判处的罚金数额却相差 105 万元。

这不禁让人将目光转向作出裁判的法官，思考法官为何会作出如此的判决。法官在行使选择权时要考虑结果是否合法、合理，判决首先要合法是毋庸置疑的，但由于人的道德观不可能完全重合，合理性的标准也不一而同，所以对合理性的接受程度决定了判决结果是否会引起争议。法官作为一名法律工作者，思维方式有时会与一般社会大众不同，在面对犯罪时，考量问题的角度会更深、更广，为了减少因思维差距而引起争议的情况，法官在判决书中应对特别之处进行一定说明，这不仅有利于减少社会大众对裁判的质疑，也有利于法律发挥教育作用。

从样本数据来看，大部分判决文书显得模板化，概括说明法定从轻、从重情节后，并不会对判决结果的加重或减轻部分做出进一步说明。李某第二次犯"非法占用农用地罪"成立累犯时，从重处罚的结果体现在监禁刑上，作为附加刑的罚金是否也应有所体现呢？罚金明显没有体现从重处罚的，法官应当在判决书中给予一定的说明。判决书是法官裁量权的最终体现，清晰易懂、说理使人信服的判决书是解决司法问题、建立良好法治环境、满足社会需求的基础,也是促进法官自由裁量权进步的基石。

三、完善我国罚金刑的建议

(一) 细化无限额罚金量刑标准

为了保持刑法的稳定性和确定性,可以通过司法解释或指导性案例的形式来细化无限额罚金刑的裁量标准,为司法实践提供理论依据和具体的量刑指导。

第一步是确定罚金刑处罚标准位阶。现实案例中,情况多变,判处罚金要考虑的要素较多,法官参考的标准虽各有不同,但大都有迹可循,因此可以用归纳法在司法解释中规定标准类型,再按照位阶选择来确定罚金的处罚。例如,将犯罪所得利益和违法造成的损失作为衡量犯罪情节和案件具体情况的标准。

罚金刑有两方面的意义:一是使犯罪人不能获得非法经济利益,二是令犯罪人付出更大的犯罪成本和经济代价,[1]将"比较违法所得数额、犯罪造成的损失情况,以数额较大的作为罚金处罚标准"确定为判处罚金的第一步,法官可以通过比较犯罪人通过违法获得的收益和犯罪造成的损失,给予其相当的财产性处罚。例如,在"非法占用农用地罪"中,将判处罚金的标准类型确定为占用农地获得的利润和毁坏农用地的面积,若犯罪人获得的利益高于其毁坏的面积损失,就以违法所得数额作为判处罚金的标准。反之,则以毁坏的面积损失为标准。

要使罚金刑发挥威慑作用,就要在一定程度上削弱犯罪人的经济实力的同时增加犯罪人再犯的成本。一般人都会在行为前作出一定的衡量,比较自己将会获得的收益和要付出的成本,若犯罪带来的收益小于或等于犯罪的成本,那理性的人就不会再选择犯罪。罚金刑实质上就是通过增加犯罪的成本来降低犯罪人再犯的可能。

在比较确定标准之后,应参照倍比罚金的形式,按照标准金额的倍数确定无限额罚金的数额。例如,犯"非法占用农用地罪"的,以违法所得数额为判处罚金的标准,可以按照其不当得利的2倍来确定罚金数额。当然,这

---

[1] 陈洪郡:"罚金及其与罚款、没收财产的区别",载《中学政治教学参考》2016年第17期,第66~68页。

也有可能造成罚金数额过高而犯罪人无力承担的情形，这就需要加入第二层面的考虑因素。

第二步是结合考虑犯罪人自身的财产状况、缴纳能力。我国疆域辽阔，各地区经济发展水平不一，一刀切的固定罚金形式很容易因地区差异造成处罚不公，这也是无限额罚金得以广泛应用的原因之一。细化无限额罚金量刑标准也不能忽视这种差别，因此，罚金数额在考虑犯罪情节、确定标准位阶之外，也要考虑罚金刑的实现程度，即犯罪人的自身财产状况。

法律的生命在于实施，判处罚金的目的也是要能够切实收缴且起到威慑教化作用，判处超出犯罪人缴纳能力的罚金和对犯罪人来说无足轻重的罚金都不利于罚金刑的发展。前者很可能会产生"债多不压身"的想法，从而消极对待；后者则会忽视罚金带来的负效应，一旦出现这样的情况，罚金刑就会失去应有的意义。

因此，在初步根据犯罪情节确定罚金标准后，要结合犯罪人的自身财产状况，在其经济能力的承受范围内提高或减少罚金，以保证犯罪人有能力缴纳罚金，同时也提高犯罪人对罚金刑影响的重视程度。

当然，考虑犯罪人的财产状况，并不意味着经济条件困难的人可以逃脱罚金的制裁，若犯罪人造成的损失要远超其经济承受范围，那考虑其财产状况并且减少罚金也会显失公允。《刑法》第53条[1]规定了分期缴纳罚金和罚金的减免事由，对于能力有限的犯罪人，放宽其缴纳罚金的时间，并不因经济条件差而过分宽恕，这一条的规定同时也能够杜绝犯罪人能缴而不缴的情况，保证了罚金刑的可实现性。

细化无限额罚金的量刑，为法官裁量案件提供一个准确的参考依据，既有利于法官裁判案件，减少同案不同判的情况，也有利于民众形成一致的认识，减少争议，进而提升司法权威。

（二）明确缓刑适用标准

通过样本数据分析，非法占用农用地罪的缓刑适用比例达到了80%，但

---

[1]《刑法》第53条"罚金的缴纳"："罚金在判决指定的期限内一次或者分期缴纳。期满不缴纳的，强制缴纳。对于不能全部缴纳罚金的，人民法院在任何时候发现被执行人有可以执行的财产，应当随时追缴。由于遭遇不能抗拒的灾祸等原因缴纳确实有困难的，经人民法院裁定，可以延期缴纳、酌情减少或者免除。"文姬："单位犯罪中罚金刑罪刑均衡立法实证研究"，载《中国刑事法杂志》2018年第1期，第54~73页；侯佳："短期自由刑与罚金刑的易刑处分问题研究"，载《黑龙江省政法管理干部学院学报》2015年第1期，第42~45页。

是在判决中，法官对于缓刑方面的解说并不明确，罚金的数额与适用缓刑是否有一定的联系，是否被判处高额罚金可以增加适用缓刑的可能，也并不可知。有学者认为，罚金刑除了威慑、教育功能，还有替代功能，在复合罚金形式下，短期自由刑和罚金刑是可以相互替代的。

对这种观点持肯定态度的人认为，以罚金刑替代短期自由刑能够有效地消除犯罪人逃避刑罚的侥幸心理，可以避免犯罪人推诿、逃避缴纳罚金，有利于促进罚金刑的执行。根据这种思路，以罚金的缴纳和数额的大小作为适用缓刑的考验标准之一也具有可行性。

从经济学角度来看，监禁犯人的成本要比判处罚金高，也即有期徒刑耗费的成本要比罚金刑的成本高。因为监狱的建造和维护都需要经费，而且还需要支付监狱管理人员劳务费，这些无疑都加重了监禁刑的施行成本。监禁刑除了限制犯罪人的自由，并不能够为社会增加财富，但是缓刑和罚金刑的结合却可以给犯罪人通过在监外工作获得财富的机会。从效益的角度来看，当判处缓刑并处罚金刑足以达到刑罚目的时，效益要大于判处监禁，并且可以避免由监禁的滥用带来的资源浪费。[1]

但这种观点也很容易招来以钱代刑的质疑，有钱人可以用金钱来换取自由，经济实力较弱的人却要因为不能缴纳罚金而遭受牢狱之灾，这很容易破坏社会的稳定和司法的公正。所以，要给以罚金替代短期自由刑一个限制的前提，即只有在特殊情况下，才能够以罚金刑代替短期自由刑。当处以罚金足以起到刑罚的惩戒、教育作用时，可以适量提高罚金的数额，减少短期自由刑的时间。

《德国刑法典》有以罚金代替自由刑的规定，我国《刑法》有 52 个条文规定了并处或单处罚金，且法定刑期为 5 年、3 年、2 年以下，即短期自由刑既可以监禁刑和罚金刑并用，也可以只处罚金。以"非法占用农用地罪"为例，样本中单处罚金的比例为 9.95%。可以看出，大部分案件都是采用了非监禁刑的方式，犯罪人的负担主要是作为附加刑的罚金，他们仍有通过劳动获得财富的机会。

---

[1] 蔡荣："法经济学视野下刑罚体系的效益化改造"，载《学术探索》2018 年第 5 期，第 110~117 页；侯佳："短期自由刑与罚金刑的易刑处分问题研究"，载《黑龙江省政法管理干部学院学报》2015 年第 1 期，第 42~45 页；《德国刑法典》，冯军译，中国政法大学出版社 2000 年版；沈振甫："我国罚金刑适用范围的扩张趋势探究与反思"，载《法制与社会》2016 年第 11 期，第 244~245 页。

对于经济困难者来说，更多的罚金会加重再次犯罪的成本，但他们可以通过劳动再次获取财富，以罚金来换取较短时间的监禁，让他们更早地投入到工作中，这样可以在一定程度上避免其出狱后出现经济断层。对于有钱人来说，爱惜羽毛是他们获得更多财富的前提，罚金刑对名誉的损伤足以让其提高警惕，为了寻求更多的利益，本性会驱使他们减少采取可能被判处刑罚的行为。

我国宽严相济的基本刑事政策取得了广泛的社会认同，罚金刑的大量适用从立法层面上体现了宽严相济。通过罚金来调节刑罚的轻重，面对重罪犯人时，既限制自由又剥夺财富，对犯罪人实行"双重打击"，以彰显刑罚的威慑力并达到遏制犯罪的目的；面对轻微犯罪时，可以仅剥夺财富，这样既能够达到惩戒犯罪的目的也不会造成刑事资源的浪费。

刍议我国环境刑法法益*

【摘　要】 环境刑法法益是指环境刑法保护的人对于环境所享有的生态利益、精神利益、生命健康利益和财产利益。近年来，我国许多学者对环境刑法的应然法益进行了积极探索，主张将生态利益纳入刑法的保护范围。当前，我国生态安全形势非常严峻，把严重侵犯生态利益的违法行为上升到犯罪的高度，有利于促进我国的环境生态安全，实现经济、社会的可持续发展。

【关键词】 法益；环境刑法法益；环境犯罪；生态利益

一、环境刑法法益概述

环境利益有广义和狭义之分：广义的环境利益是指人们在环境中生存和发展的利益，是依托于自然环境的、人身及财产利益的实现所不可缺少的重要利益，包括生态利益、生活利益和生产利益。狭义的环境利益实际上是指无法直接用货币来衡量的环境针对人的多种利益，主要是生态利益，也包括生产、生活利益中无法货币化的利益。这种利益的载体是具有公共物品属性的、没有市场价值的环境资源。广义的环境利益的载体包括具有市场价值的环境资源。狭义的环境利益不包括财产利益、经济利益，且与财产利益、经济利益相对立。人们通常讲的环境利益，是指狭义的环境利益，保护环境所实现的也是这种狭义的环境利益。

（一）环境法益的基本内涵

由法律所保护的利益我们称之为法益。法益就是合法的利益。[1]刑法所

---

* 邓思奇，北京林业大学法学系环境法学硕士。

〔1〕［德］弗兰茨·冯·李斯特：《德国刑法教科书》（修订译本），徐久生译，法律出版社2006年版，第6页。

保护的利益，即为刑法上的法益。环境刑法中所保护的某种生活利益，即为环境刑法法益。

环境权还是一个较为模糊的概念。我国学术界对环境权并没有形成统一的理解与认识，我国法律也暂未对其明确、公开地予以认可。环境权必然是基于一定的法律规范而存在的，因为它一旦离开了法律规范，内容只能是空洞的。纵观各国环境刑法，也未提及把环境权作为保护法益。[1]因此，我们暂时不能认为污染环境、破坏环境的行为侵害的是"环境权"。

环境生态安全、环境生态利益也不是保护法益。污染环境、破坏环境的行为会侵犯人们的环境公共利益（包括环境公共安全、公共权利、公共福利等），这种行为并不一定必然侵犯公民的生命健康权、公私财产权。因此，环境刑法的法益究竟是什么？应当是环境公共利益。按照我国现行《刑法》，当前是以环境管理秩序为保护法益，且生态利益并未被纳入刑法所保护的范畴之内。当前，我国《刑法》应改变只保护传统法益的现状，把环境生态利益的保护纳入其中，以扩大环境刑法的保护范围。

（二）刑法语境下的环境法益

如何界定刑法语境下的环境法益？目前学者们对此的基本立场主要有三个：

其一是人本位的立场，即认为只有侵犯传统法益，破坏资源的行为，才应受到刑罚处罚。我国1997年《刑法》第六章第六节设立了"破坏环境资源保护罪"，意在表明国家设立环境犯罪的目的在于保护环境资源，打击污染、破坏环境的行为，但是在具体罪名的犯罪构成中，却又要求污染、破坏环境的行为造成了严重结果，这样的一种错位在实质上表明国家设定环境犯罪的真实用意在于保护人的生命、健康和财产，而不关注或者未主要关注对于环境本身的损害。1997年《刑法》经修订后，环境犯罪成了侵犯单一客体的犯罪，在认定犯罪成立与否时，只需考察行为人是否实施了环境污染和破坏行为及是否达到了诸如"严重污染环境""情节严重"的程度，一定程度上反映了国家保护环境和资源的立法意图。但在之后颁布的司法解释中，具体认定入罪的相关标准仍然有部分罪名是以财产及人身损失为依据的，这使得环境刑法所保护的法益又模糊了起来。

其二是环境本位，即生态法益不同于个人法益与国家法益、社会法益。

---

[1] 吕忠梅、徐祥民主编：《环境资源法论丛》（第4卷），法律出版社2004年版，第145页。

生态法益是与国家法益、社会法益、个人法益并列的一种法益，具有基础性和独立性；任何对生态环境的侵犯的行为，都会侵犯社会利益和个人利益，都应受到刑罚处罚。

其三是折中说，即认为环境法益包括生态环境利益、人类环境利益两方面。侵犯人身、财产安全的行为应受刑罚处罚是毋庸置疑的。但没有侵犯人身、财产安全，超越资源再生能力和环境自净能力的破坏环境行为也应受刑罚处罚。笔者认为，第三种立场更为可取。

二、我国环境刑法的应然法益探索

近年来，我国许多学者对环境刑法的应然法益进行了积极的探索，主张将生态利益纳入刑法的保护范围。梅宏提出将生态保护要求融入刑法规范，建立生态化的刑法体系。[1] 还有学者指出，我国环境刑事政策的制定应兼顾社会本位和自然本位两方面，将保护的重点转到人类利益与生态环境利益并重上来，树立保护生态环境的刑事立法政策。我国现行刑事立法思想对生态效益的认识不足，环境犯罪侵害的直接对象是人类赖以生存的环境，财产损失或人身伤亡是环境危害的间接后果，各种生态危害才是环境犯罪的直接而且比具体的财产损失和人身伤亡更严重的后果。惩治环境犯罪的立法在目前应更多地从考虑生态效应的角度出发，而不是仅仅考虑经济利益。[2] 有学者也认为，环境刑法的指导思想应当是人本主义和自然本位主义的有机结合，环境刑法的立法思想应将保护的重点从人的生命、健康和财产利益，转变为人类利益与自然利益并重上来。[3]

纳什曾说："人类的利益与生态系统的利益是统一的。判断善恶的标准不在乎个体，而在乎于整个生命共同体。自然所具有的生存权可以归属于伦理的共同体，应将伦理平等的观念扩大到全体生态系统中去。自然具有与人类同样明确且值得敬畏的权利。"[4] 以上学者都引用纳什的观点来论证刑法保护

---

[1] 梅宏："刑法生态化的立法原则"，载《华东政法学院学报》2004年第2期。
[2] 廖斌："西部环境保护的刑事政策分析"，载《科技与法律》2003年第2期。
[3] 王秀梅："环境刑法价值理念的重构——兼论西部开发中的环境刑法思想"，载《法学评论》2001年第5期。
[4] [美]纳什："自然的权利"，转引自汪劲：《环境法律的理念与价值追求》，法律出版社2000年版，第209页。

生态利益、自然利益的重要性。笔者认为，只有人才有利益，不应当把人类利益与生态利益、自然利益对立起来。生态环境利益、自然利益是人的生态环境利益、自然利益，而不是自然自身的利益、生物的利益，无须借助于生态中心主义伦理学的自然本位、自然权利理论来论证生态环境利益保护的重要性。

生态价值是刑法介入环境保护的出发点，也是环境刑法的价值底蕴的应有内容，维护生态平衡应成为刑法的重要机能，为突出环境刑法的生态特色，以生态利益中心主义为指导思想更为妥当。因为，生态利益中心主义着眼于整个生态系统，其内在地权衡了人类利益与自然利益之协调关系，表达了两者兼顾的愿望。环境犯罪的本质特征在于它对生态系统及其平衡的破坏，进而危及人类的生存与延续，进一步讲，它直接侵犯的是人与自然之间的生态关系。有学者认为，在反对环境犯罪的斗争中，人们首先认识的是环境破坏之后对人类生命健康的危害，然后才认识到了对人类基本生存环境的威胁，将保护生态学意义上的环境作为自己保护的社会利益。[1]把"生态环境"作为刑法保护的法益，一方面提高了生态环境的法律价值，另一方面可以避免环境污染发展到给人的生命健康和财产安全造成损失的程度上才加以惩治的无奈，从而提高环境保护的水平。

基于上述所言，笔者认为，我国的环境刑法在立法上应坚持"全面保护、重点治理"的调控理念，即在严密环境犯罪刑事法网的同时，突出对某些环境犯罪行为的重点治理。一方面，要以人类中心主义的观念为支撑，保障环境犯罪事后治理的全面性，坚持法益保护的传统刑法理念，严密环境犯罪的刑事法网，将严重危害社会利益和公民权利破坏环境的行为纳入刑法的治理范围；另一方面，要积极借鉴生态中心主义之观念，结合我国当前环境犯罪的严峻形势以及整体社会现状，在不对当前社会发展水平和居民生活水平造成明显影响的前提下，对于高发、频发、易反复的破坏生态环境现象和造成难恢复、不可逆的严重污染的污染现象等突出问题，刑法应适当提前介入进行早期化治理。这种调控理念适当兼顾了人类中心主义和生态中心主义的合理因素，符合我国当前环境治理工作的总体态势，并且可以较好地指导对突出环境问题的刑事治理。

---

[1] 王世洲："德国环境刑法中污染概念的研究"，载《比较法研究》2001年第2期。

三、完善我国环境刑法法益的建议

(一) 将环境法益作为环境刑事立法保护的重点

环境污染犯罪行为所造成的危害结果并不仅仅表现在对人类生命健康以及财产的损害方面，该行为所导致的危害结果也会对生态系统与环境本身造成极大的损害。如果环境刑法仍只重视生命健康与财产安全等人为因素，仅将环境犯罪变为侵犯公民人身、财产权利的犯罪，仍不以环境法益的保护为中心，设立环境刑法就将无任何意义。

惩治环境犯罪的最终目标就是保护环境，而如何保护环境法益中的生态价值是该项举措应当解决的首要问题。环境犯罪的客观方面中，应增加对环境污染与破坏的因素，从而确定定罪量刑的标准。而环境犯罪中为保护人身生命健康和财产安全，同样应纳入环境法益所保护的内容，只是环境法益中的环境要素具有优先性。刑法应当重视环境法益的主导地位，并将其体现在刑事法律规范中。

近年来，将环境刑法的法益保护范围扩大至"人类环境"范畴的呼声越来越高，这种呼吁是有其合理性的，但是如何扩充环境刑法法益是需要理论依据支持并且应把握分寸的。现如今，以人类为中心的环境刑法明显不能适应且解决现有的环境问题。在这种趋势下，德国学者许乃曼提出，所有的生态利益都应具有平等的地位。刑法可以而且必须确定生态法益，这种生态法益必须独立于环境行政法而存在，并因此不受任何行政性规范的约束。[1]但是，一味追求生态中心主义，将现行刑法的模式全盘推翻，构建全新的"生态刑法"，以追求生态平衡原则作为刑法的基准，这是一种不切合实际的做法。人类的进化发展已经到达了一定高度，不可能再还原、退化回原始社会的自然法程度，这未免会显得本末倒置。

(二) 将生态法益纳入环境刑法保护范围

人类对生态环境的保护归根究底也是为了人类生命以及科技的可持续发展，同样是以人为中心的价值取向选择。故在确定整个传统刑法体系能够正常执行运作的基础上，环境刑法保护范围引入"生态法益"，不仅能够为人类环境提供周全的刑法保护，同时也能有效地避免整个刑法机制的瘫痪与崩溃。

---

[1] 王秀梅：《刑事法理论的多维视角》，中国人民公安大学出版社 2003 版，第 29~30 页。

生态法益在现如今并无统一的概念。笔者认为，对生态法益的界定应综合生态学和法学来进行定义。生态法益可以被理解为是一种由法律所保护的生态利益，这种利益为人类提供空气、水、空间等赖以生存的环境要素。生态利益不属于个人、社会乃至国家，它以生态系统为基础，是全人类共同而非共有的精神与物质利益。

传统刑法主要保护的是人身权和财产权，通过造成的损害结果来确定犯罪行为人如何定罪量刑。而这种传统形式忽视了生态本身的价值，不利于对生态环境的保护。完善的环境刑法体系需要在传统刑法法益的基础上增加对生态法益的保护，从而增强对环境犯罪的监管力度，提高环境刑法的威慑性，使实施环境犯罪的犯罪人被绳之以法，最终使刑法制度构筑得更加完善。

（三）将侵害环境刑法法益的犯罪独立成章

环境犯罪被规定在现行《刑法》第六章"妨害社会管理秩序罪"之下的第六节"破坏环境资源罪"中，但是这种设立犯罪的模式还是不能正确反映环境犯罪的客体。人类文明已经进入了绿色文明时代，我们所面临的生态危机使传统刑法理论无法再为环境刑法实践提供持续的指导。欲改变这种仅以人类为中心的状况，实现人类生产与生活更上一个台阶，就必须充分尊重环境，这是绿色生态文明时代的一个突出特征。所以，我国《刑法》应使环境法益成为环境犯罪的客体，直接把危害环境法益的犯罪独立成章，以便对环境犯罪进行有效制裁，不只是考虑人为的客观因素。

在《刑法》中设立环境犯罪最主要的目的是保护生态环境，然而，随着科技的进步和社会的发展，我国环境犯罪的种类也日益增多并且更加繁琐，造成了我国环境刑法立法上大块的空白和盲区。诸如草原生态环境可以防止水土流失、涵养水源、土地沙化、调节气候，它也是发展畜牧业的主要基地。我国草原植被被任意破坏，草原上的珍贵野生动植物遭到掠夺性的乱捕导致草场碱化、退化、沙化，草原面积减少，草原生态平衡严重失调，水土流失急剧扩展，对于生态系统的破坏是很严重的。草原生态的破坏对于我国西部生态脆弱的地区造成极大的经济损失、生态危险，再如破坏自然保护区、破坏大气质量、噪声污染破坏风景名胜区等方面的刑事立法都是没有被规定在法律中的。因此，补充相关罪名，扩大刑法保护的环境要素的范围，有利于对环境法益进行全面、系统的保护。

当前《刑法》第六章"妨害社会管理秩序罪"中专门设立的一节——

"破坏环境资源保护罪",其法益是国家对环境资源保护的管理制度。其中涉及9项具体的环境犯罪。但若要引生态法益进入环境刑事立法,该法益就无法与妨害社会管理秩序罪中的其他罪名相适应,故可以借鉴德国刑法典和俄罗斯刑法典分则体系,将环境犯罪独立成章,探索设立"危害环境罪"一章。专章的设立将产生以下两方面意义:

1. 设立"危害环境罪"会使环境刑法获得特有的保护法益

环境刑法特有的保护法益不是纯粹的人身权和财产权,而是上述的生态法益。若仍归于妨害社会管理秩序罪,环境刑法的保护法益势必要与该章节的法益相适应,即环境法益的重点落在管理制度上,这种法益仍是以人为中心,尚未兼顾生态因素。

因此,有必要更新观念,将生态法益引入环境刑法,上升到独立的刑法法益层面,故使环境犯罪在刑法分则中独立成章是大势所趋。

2. 设立"危害环境罪"会使环境生态的地位得到提高

一直以来,我国都将经济发展放在最为重要的地位,重经济轻环境的观念已深入人心。现如今,环境保护法以及公益诉讼的实施都困难重重也是这个原因。设立专章"危害环境罪"后,不仅发挥了刑法的强制性,为保护环境提供积极的作用,也可将环保的观念深入人心,体现出对生态环境的重视。

略论物权制度对办理涉林案件的影响*

本文所指的涉林案件是指危害森林资源和森林资源管理制度的林业行政案件和刑事案件。从直观上看，涉林案件的定性、归责与处罚是依据行政和刑事法律作出的，与物权制度并无直接的关联。但实际上，物权制度与涉林案件的定性、归责和处罚息息相关，并直接影响着涉林行政、刑事法律制度的修订和完善。

一、林木所有权法律制度对办理涉林案件的影响

（一）"一物两权"问题

从现行法律制度看，森林（林木）所有权规定看似明确，实则含混不清。《森林法》第14条规定："森林资源属于国家所有，由法律规定属于集体所有的除外。"这说明森林资源所有权形式只有两种：全民所有和集体所有，亦即公有。但另一方面，法律规定林木可以为非公有制主体所有。《民法通则》第75条规定："公民的个人财产，包括公民的合法收入、房屋、储蓄、生活用品、文物、图书资料、林木、牲畜和法律允许公民所有的生产资料以及其他合法财产。"根据所有权排他性原则，我们不难得出以下两个结论：要么森林资源与林木是两种不同性质的物，要么《森林法》林权制度规定存在问题。

一些人认为，森林资源与林木就是两种不同性质的物，理应有不同的物权。一是质的不同，森林资源指的是自然资源，而不是人工栽植的林木；二是量的不同，森林资源指的是大片林木，而不包括一些零星林木。因为森林资源属于"自然资源"和公共产品，所以不仅应归公有，而且客观上也要求其归公有。但这一观点既不符合法律，也不符合逻辑和实际。

第一，不符合我国森林资源现状。据第六次全国森林资源调查，我国人

---

* 吴鹏，湖北省林业局。

工林保存面积为0.53亿公顷，蓄积15.05亿立方米，人工林面积居世界首位。人工林是我国森林资源的重要组成部分，在生态建设中占据重要地位。

第二，不符合现行法律规定。根据《森林法》《森林法实施条例》等有关法律法规的规定，除农村居民自留地和房前屋后个人所有的零星林木以外，其余林木都是被纳入国家森林资源管理范畴之列的。

第三，不符合逻辑。《森林法实施条例》第2条规定："森林资源，包括森林、林木、林地以及依托森林、林木、林地生存的野生动物、植物和微生物。"这说明森林资源与林木在逻辑上是一个整体与部分的关系，既然作为"整体"的森林资源属于国家或集体所有，那么作为"部分"的林木理应也属于国家和集体所有，但事实是有关法律制度规定林木可以为非公有制主体所有。

第四，不符合林权制度改革精神。根据我国正在推进的林权制度改革的精神，除《森林法》规定不能流转的防护林、特种用途林以外，国家和集体所有的其他森林（林木），通过流转可以为非公有制主体所有。

那么，《森林法》林权制度规定是否存在问题呢？《宪法》第9条规定："矿藏、水流、森林、山岭、草原、荒地、滩涂等自然资源，都属于国家所有，即全民所有；由法律规定属于集体所有的森林和山岭、草原、荒地、滩涂除外。"《物权法》第48条规定："森林、山岭、草原、荒地、滩涂等自然资源，属于国家所有，但法律规定属于集体所有的除外。"

以上法律规定来看，《森林法》规定森林资源为国家或集体所有似乎并无不妥。但问题关键在于，森林资源既不是独立于林木之外的物质形态，也并非全部为"自然资源"。森林与矿藏、水流、土地等自然资源不同，除一部分为天然生长外，还有很多为人工栽植，虽然这部分森林的最终形成也包含了自然成分，但不能算作是"自然资源"，或者说不能算作是《宪法》《物权法》等法律所指的"自然资源"。既然有些森林资源不是自然资源，那么《森林法》笼统地规定森林资源属于国家或集体所有是不科学、不合理的。

这种不科学、不合理所造成的后果是：一方面将森林资源作为自然资源规定为国家和集体所有；另一方面，又将组成森林资源的林木规定为包括非公有制主体在内的多种权利主体所有。这样，对于人工栽植的森林（林木），从资源属性和财产属性来论，也就分别获得了不同性质的所有权。当然，对于天然林而言，其实也存在一个所有权资源属性与财产属性在利用上的冲突和平衡问题。

一个基本的法律常识是：物权指权利人依法对特定的物享有直接支配和排他的权利，具有排他性、独占性。从法理层面讲，是完全不应当存在"一木两个所有权"的。但实际情况是确实存在，这说明在此问题上的立法或司法解释存有不严谨之处。

（二）添附问题

在实践中，经常会发生行为人未经同意，擅自在国家集体所有或者他人所用的土地上植树造林的现象。如何认定所植林木的归属就成了一个令人头疼的问题，而且这一问题常常并不能得到很好的解决。

在他人土地上植树从民法角度上讲，其性质属于添附。所谓添附，是指民事主体把不同所有人的财产或劳动成果合并在一起，从而形成另一种新形态的财产。添附是罗马法以来民法物权中所有权原始取得的重要方式。因为是"新财产"，所以自然要确认该财产的归属问题。遗憾的是，《物权法》对此没有明确规定，添附而生的"新财产"归属也就悬而未决。那么，具体到植树这个问题上，应该怎么办呢？

有人提出"谁造谁有"的主张，认为既然国家有此政策，那么谁植的树，自然归其本人所有。可真的如此么？要解决该问题，必须追根溯源地弄清"谁造谁有"究竟是一个什么规定？具体内容如何？但是，到目前为止，所谓"谁造谁有"只是体现于《森林法》的有关规定原则，以及散见于一些文件之中，并没有一个权威的说法或是解释。

"谁造谁有"政策发端于20世纪50年代。其基本内容是指有关单位、个人经土地权利人同意或默认，在宜林荒山上造林后取得该林木所有权，但是执行政府号召参加义务造林的除外。

而明确提出"谁造谁有"这个概念的，是在林业"三定"时期。1981年3月8日，中共中央、国务院发布《关于保护森林、发展林业若干问题的决定》（中发［1981］12号），提出了稳定山权林权、划定自留山、确定林业生产责任制的林业"三定"政策。为贯彻实施该政策，1981年7月11日，国务院办公厅在《转发林业部关于稳定山权林权落实林业生产责任制情况简报的通知》中指出："山林权属有争议的，充分协商，合理解决。林权，坚持谁造谁有、合造共有的政策，维护国家和集体造林成果，防止借口山林纠纷，乱砍滥伐，拆场毁林。"在林业"三定"之前，除农村居民房前屋后、自留地等少量林木外，其他林木均为公有制。在稳定山权林权、落实林业生产责任制的时代背景下，坚持"谁造谁有、合造共有"政策，其主要目的自然是"维护国家和集体造林成果，防止借口山林纠纷，乱砍滥伐，拆场毁林"。

1998年4月29日，第九届全国人民代表大会常务委员会第二次会议发布第一次修正后的《森林法》。该法第27条规定："国有企业事业单位、机关、团体、部队营造的林木，由营造单位经营并按照国家规定支配林木收益。集体所有制单位营造的林木，归该单位所有。农村居民在房前屋后、自留地、自留山种植的林木，归个人所有。城镇居民和职工在自有房屋的庭院内种植的林木，归个人所有。集体或者个人承包国家所有和集体所有的宜林荒山荒地造林的，承包后种植的林木归承包的集体或者个人所有；承包合同另有规定的，按照承包合同的规定执行。"

《森林法释义》对以上规定的说明是："本条根据谁造谁有的原则，从法律上明确规定了营造的林木归营造的单位和个人所有。"值得注意的是，该条规定"谁造谁有"的前提是造林主体对土地的合法占有和使用，即有"法律上的原因"，如第4款规定的"承包"。

2003年6月25日，中共中央、国务院发布的《关于加快林业发展的决定》（中发〔2003〕9号）规定："要进一步明确非公有制林业的法律地位，切实落实'谁造谁有、合造共有'的政策。"该规定的目的是"放手发展非公有制林业"，而非纠纷解决。其蕴含的前提仍然是"合法投资"，植树造林必须"依法占有"土地，取得土地使用权，而不是"非法占有"状态下的"谁造谁有"。

2008年6月8日，中共中央、国务院发布《关于全面推进集体林权制度改革的意见》（中发〔2008〕10号）。其中对明晰产权的规定是："在坚持集体林地所有权不变的前提下，依法将林地承包经营权和林木所有权，通过家庭承包方式落实到本集体经济组织的农户，确立农民作为林地承包经营权人的主体地位……"在确权发证的过程中，各地产生了比较多的林权纠纷，于是各地纷纷出台林改政策解释。其中，"谁造谁有"被确定为解决林权纠纷的一项重要政策依据。在实际操作过程中，各地对"谁造谁有"的理解虽然并不一致，但基本排除了恶意抢地植树的合法性。如《福建省高级人民法院关于印发〈福建省高级人民法院关于林业民事审判若干问题的会议纪要〉的通知》（闽高法〔2008〕361号），对因"谁造谁有"政策引发的林木所有权及林地使用权纠纷的处理意见是：侵占国有林场、采育场经营的林地的，或明知林地有争议抢造林木的，不适用"谁造谁有"政策。

如上所述，侵权人以"谁造谁有"政策为由，主张在他人土地上所植林木归其所有，于法无据。司法实践中，一般的处理原则是：由不动产所有人取得合成物所有权，但应当给原动产所有人以补偿。

1988年4月2日，《最高人民法院关于贯彻执行〈中华人民共和国民法通则〉若干问题的意见（试行）》（作者注：2008年12月18日，《最高人民法院关于废止2007年底以前发布的有关司法解释（第七批）的决定》对该意见部分条文进行了修改，但第86条不在其列）第86条规定："非产权人在使用他人的财产上增添附属物，财产所有人同意增添，并就财产返还时附属物如何处理有约定的，按约定办理；没有约定又协商不成，能够拆除的，可以责令拆除；不能拆除的，也可以折价归财产所有人；造成财产所有人损失的，应当负赔偿责任。"该解释所体现的处理原则依据，实际上是债权（契约和侵权）理论，而不是物权理论。在行为人违背权利人主观意志的情况下实施添附，就会发生侵权与添附的竞合。如果是添附（物权）制度比较健全，权利人就可以选择用物权制度或者是债权制度来保护其权益；反之，就会失去以物权制度保护的可能。

尽管有部分学者主张将添附问题在物权制度中予以规定，但是在制定《物权法》时始终未能如愿。于是，对未经权利人同意而实施添附的处理，目前只剩下依侵权制度办理这一条路径可行。

那么，依照侵权制度真能解决行为人在他人土地上植树的问题吗？有时可能有些困难。

《侵权责任法》第15条规定，承担侵权责任的方式主要有：停止侵害、排除妨碍、消除危险、返还财产、恢复原状、赔偿损失、赔礼道歉、消除影响、恢复名誉。以上承担侵权责任的方式，可以单独适用，也可以合并适用。

但是，如果行为人在种植林木时，林权人便予以制止或者虽然制止但未能成功，林木生长多年后，又该如何处理呢？此时，林木具有一定的生态和经济价值，且行为人付出了大量的管理成本。此时，再适用停止侵害、排除妨碍、返还财产、恢复原状的责任方式，显然已不公平、合理。林权人此时主张权利，行为人可能会以诉讼时效或者是权利失效原则来进行抗辩。

《民法总则》第188条规定："向人民法院请求保护民事权利的诉讼时效

期间为三年。法律另有规定的，依照其规定。诉讼时效期间自权利人知道或者应当知道权利受到损害以及义务人之日起计算。法律另有规定的，依照其规定。但是自权利受到损害之日起超过二十年的，人民法院不予保护；有特殊情况的，人民法院可以根据权利人的申请决定延长。"因此，超过此诉讼时效期间的，林权人就失去了法律保护。

此外，我国法律目前虽然没有明确规定权利失效原则，但并不等于没有适用空间。权利失效是指权利者在一定期间内不行使其权利，依特别情势足以使义务人正当信任债权人不再要求其履行义务。如此，基于诚实信用原则，债权人不得再主张其权利。权利失效原则是诚实信用原则、禁止权利滥用原则的当然内容和具体化。在法律适用过程中，有一个原则是"穷尽法律规则，方得适用法律原则"。这说明来源于民法基本原则（诚实信用原则和禁止权利滥用原则）的权利失效原则，是可以在审判工作中适用的。如果林权人在行为人植树后的多年时间里没有行使其权利，行为人便有充分理由相信林权人默认了其植树行为。因此，在我国法律尚未规定具体的权利失效规则时，行为人是可以依照民法诚实信用原则和禁止权利滥用原则来进行抗辩的。自然，林权人主张其有权清除行为人所植林木就站不住脚了。

值得说明的是，行为人虽然对林权人清除林木有抗辩权，但并不能改变其侵权性质。行为人植树行为是否侵权与林权人能不能利用法律保护其权利是两个不同的法律问题。其中，一个是债权和债务问题，一个是债权行使和债务履行问题，不能因为债权不能行使、债务不能履行，就否定债权、债务的存在或是改变其性质。

（三）林权交易问题

林权交易虽然是债权问题，但交易的落脚点是物权问题。在涉及林权的执法中，有时会产生一种错误思维：以有关买卖合同是否有效来推断林木所有权，或者以林木所有权来推断买卖合同是否有效。

这更多的是一种想当然的思维，并不符合民法理论。其实，签订合同是一种债权行为（契约行为、负担行为、法律行为），而转移林木所有权则是一种物权行为（处分行为、事实行为），虽然契约行为经常成为物权设立、变更、转让、消灭的原因，但总体来说，二者分属于不同的民法体系，并没有必然的内在联系。

而之所以会产生"物权变动的债权意思主义"思维，即由当事人间的债权意思产生物权变动，一个很重要的原因是我国民法的立法传统。1949年以前的民事立法基本移植了《德国民法典》确立的物权形式主义（物权意思+公示生效）；1949年以后至2007年《物权法》颁布，基本照搬了苏联的债权形式主义（债权意思+公示生效）。2007年《物权法》颁布，在债权形式主义的基础上，确立了以"物权意思+公示生效"主义为主、"物权意思+公示对抗"主义为辅的二元主义。

譬如，《合同法》（1999年颁布施行）第130条规定："买卖合同是出卖人移转标的物的所有权于买受人，买受人支付价款的合同。"第132条第1款规定："出卖的标的物，应当属于出卖人所有或者出卖人有权处分。"第150条规定："出卖人就交付的标的物，负有保证第三人不得向买受人主张任何权利的义务，但法律另有规定的除外。"第51条规定："无处分权的人处分他人财产，经权利人追认或者无处分权的人订立合同后取得处分权的，该合同有效。"从以上法条中我们可以看出，负担行为与处分行为合为一体，契约行为与物权行为是被紧紧地"捆绑"在一起的，有些"同呼吸、共命运"的味道。

直到2007年《物权法》颁布施行，以上立法思想才发生变化。《物权法》第9条第1款规定："不动产物权的设立、变更、转让和消灭，经依法登记，发生效力；未经登记，不发生效力，但法律另有规定的除外。"第15条规定："当事人之间订立有关设立、变更、转让和消灭不动产物权的合同，除法律另有规定或者合同另有约定外，自合同成立时生效；未办理物权登记的，不影响合同效力。"从这两个法条中，我们可以看出，合同效力与物权效力相区分原则已经确立，即物权变动与其基础关系或者说原因关系（如契约行为、无因管理等）相分离。区分这两种效力不但是科学的，符合物权为排他权而债权为请求权的基本法理，而且被民法实践证明对分清物权法和债权法的不同作用范围，区分当事人的不同法律责任，保障原因合同当事人的合法利益也是非常必要和行之有效的。

《合同法》第32条规定："当事人采用合同书形式订立合同的，自双方当事人签字或者盖章时合同成立。"第44条规定："依法成立的合同，自成立时生效。法律、行政法规规定应当办理批准、登记等手续生效的，依照其规定。"法律、行政法规没有规定"林木买卖合同"应当办理批准、登记等手续生效，所以，应自合同双方当事人签字或者盖章时生效。《最高人民法院关于审理买卖合同纠纷案件适用法律问题的解释》（法释［2012］8号）第3条规定："当事人一方以出卖人在缔约时对标的物没有所有权或者处分权为由主张合同无效的，人民法院不予支持。出卖人因未取得所有权或者处分权致使标的物所有权不能转移，买受人要求出卖人承担违约责任或者要求解除合同并主张损害赔偿的，人民法院应予支持。"从该条文规定可以得知，无论权利人是否追认，无权处分合同只要是不违反法律规定的效力性强制性规范，那么就是有效的。

从物权效力来看，林木属于不动产，《森林法实施条例》第6条规定："改变森林、林木和林地所有权、使用权的，应当依法办理变更登记手续。"《物权法》第9条第1款也确立了不动产物权设立、变更、转让和消灭登记生效主义。这里规定的应当依法办理变更登记手续，不是规定合同（契约行为）的生效要件，而是规定物权转移（物权行为）的生效要件。当事人签订林木买卖合同后，如果未依法办理林权变更登记手续，就不发生林木所有权（物权）变动的法律效果，即法律不认为林木所有权已由出售人转移为购买人所有。在林木被采伐之时，林木所有权在法律意义上仍归原林权人拥有。

（四）影响办案问题

第一，影响案件定性。无论是《森林法》《森林法实施条例》对盗伐、滥伐的处罚，还是《刑法》规定"盗伐林木罪""滥伐林木罪"，都着眼于对森林资源的保护。也就是说，此时的林木是被作为森林资源对待的。如前所述，在"一物两权"情形下，森林资源所有权属于国家和集体所有，那么，以非法占有为目的，未经有权机关批准擅自采伐林木，岂不是都要被定性为盗伐林木？哪怕此林木为非公有制主体所造，甚至该主体依法获得了林权证（财产性质的所有权）。这种理论上的逻辑推理，显然不符合执法实践。以犯罪为例，《最高人民法院关于审理破坏森林资源刑事案件具体应用法律若干问题的解释》（法释［2000］36号）第3条规定："以非法占有为目的，具有下列情形之一，数量较大的，依照刑法第三百四十五条第一款的规定，以盗伐林木罪处罚：（一）擅自砍伐国家、集体、他人所有或者他人承包经营管理的森林或者其他林木的；……"不难发现，该解释所指的所有权不是资源性质的所有权，而是财产性质的所有权。这就不能不使人迷惑了：归属于破坏环境资源保护罪的"盗伐林木罪""滥伐林木罪"，不以森林资源所有权而以林木财产性质的所有权来区分判断，究竟是否科学合理？这无疑是一个两难的矛盾命题,当我们肯定森林资源所有权制度时,就必然要否定最高人民法院这一司法解释的科学合理性;而当我们肯定最高人民法院这一司法解释的科学合理性时,也就否定了森林资源所有权制度所包含的精神。在添附和林权交易的情形下,如果不能厘清林木所有权或者占有的问题,那么案件定性也会失去方向。

第二,影响案件处罚方式。当森林(林木)受到破坏时,国家为保护森林资源或是林木财产关系,其处罚方式是各不相同的,往往会导致保护关系上的顾此失彼。盗伐林木、非法采伐、毁坏珍贵树木或者国家重点保护的其他植物,作为毁坏林木的具体形态,在认定犯罪时,首先认定的是"破坏环境资源保护罪",而不是"侵犯财产罪"。也就是说,保护林木资源属性是刑法优先考虑的价值取向,财产权退而次之。同样,在行政法中也是如此。以盗伐林木、故意毁坏林木为例,当此行为发生时,依照国家林业主管部门法制部门的意见,应该依照《森林法》《森林法实施条例》等法律法规给予林业行政处罚,而不能作为盗窃、损毁公私财物给予治安处罚,其价值取向同样是保护森林资源。特别是在涉林案件归属林业执法机关管辖的特定条件下,林木的资源属性相对于财产属性来说,无疑是优先受到保护的。但是,当毁坏被排除在森林资源之外的居民房前屋后零星林木时,则不会依照刑法"破坏环境资源保护罪"或是行政法"破坏森林资源"的有关规定进行处罚,而会依照保护财产关系的法律制度给予处理。因为森林资源属于公共产品,并不直接涉及非公有制主体利益。在非公有制主体看来,划归森林资源范畴的林木与农村居民房前屋后、自留地的零星林木,从财产属性来说并没有什么不同,它们同属于一种性质的财产,国家为了公共利益而对私权性质的财产采取不同的保护措施,从财产保护的角度来说,这有违法律规定的平等保护原则。

第三,影响涉案物品处理。国家将毁坏森林(林木)作为破坏森林资源或林木财产处理时,由于森林资源和林木财产所有权不统一,导致对涉案林木或是非法所得的处理也就不同。以盗伐林木为例,《森林法》第78条、《森林法实施条例》第38条,对盗伐"林木"的处理规定是没收林木或者变卖所得。在盗伐林木案件中,无论是林业行政案件还是刑事案件,办理机关均不负有向林木所有权人返还被盗伐林木的义务,因为从森林资源角度来说,其是属于国家和集体所有的。这一点明显有异于对盗窃财物的处理。但在滥伐林木的处理上，由于立法者对林木所有权的认识不一，导致行政案件与刑事案件对滥伐林木的处理不同。对于滥伐林木行政案件，《森林法》《森林法实施条例》没有规定没收滥伐的林木或者变卖所得。因为立法者认为，滥伐的林木的所有权归违法行为人所有，其滥伐林木的行为并没有侵犯所有权关系，所以不应没收滥伐的林木或者变卖所得。但刑事立法者对此持相反态度。《最高人民法院关于滥伐自己所有权的林木其林木应如何处理的问题的批复》（1993年7月24日法复［1993］5号）规定："属于个人所有的林木，也是国家森林资源的一部分。被告人滥伐属于自己所有权的林木，构成滥伐林木罪的，其行为已违反国家保护森林法规，破坏了国家的森林资源，所滥伐的林木即不再是个人的合法财产，而应当作为犯罪分子违法所得的财物，依照刑法第六十条的规定予以追缴。"对滥伐林木的这一处理规定，最高人民法院显然是根据滥伐林木罪的性质，优先采信了森林资源所有权制度。

林木具有生态和财产双重属性，以及生态、经济、社会三大效益，每一种表现形态都有不同的法律适用空间，会体现出不同的法益。更重要的是，这些法律、法益之间缺乏统一性、协调性，就像一面多棱镜，任何一面都有光亮，都可以照出不同的所谓"真实影像"。在此情况下，对于不同的执法者、司法者，可能会出现"各唱各调"的情况，从而产生执法、司法迷象和困局，而这也正是法律所要解决和完善的。因此，有必要按照物权排他性和责权相统一原则，进一步厘清立法的不周之处，将森林资源所有权与林木所有权（财产属性）统一起来，规定为一种所有权，即森林或林木所有权，而将国家和集体所有的森林资源限定为严格意义上的自然资源，使国家、集体和非公有制主体按照物权法各自享有互不交叉、重复的森林或者林木所有权。同时，在制定民法分则物权编时，应明确规定添附制度，以解实践之困。

二、代行林木所有权法律制度对办理涉林案件的影响

（一）代行国家和集体所有权的有关法律含义

1. 代行国家所有权规定

《物权法》第45条第2款规定："国有财产由国务院代表国家行使所有权；法律另有规定的，依照其规定。"但是，这只能是名义上的，国家如此之大，国有财产如此之多，国务院如何具体代表国家行使所有权？这部分所有权最终必然会通过某种形式由某些民事主体（主要是国有单位）行使。所以

说，这些民事主体才是国有财产的实质用益物权人。

2. 代行集体所有权规定

《物权法》第60条规定："对于集体所有的土地和森林、山岭、草原、荒地、滩涂等，依照下列规定行使所有权：（一）属于村农民集体所有的，由村集体经济组织或者村民委员会代表集体行使所有权；（二）分别属于村内两个以上农民集体所有的，由村内各该集体经济组织或者村民小组代表集体行使所有权；（三）属于乡镇农民集体所有的，由乡镇集体经济组织代表集体行使所有权。"

3. 代行所有权不等于所有权

代行所有权问题虽然是在《物权法》第二编"所有权"中规定的，但代行所有权与所有权是有本质区别的。代行所有权是物权行使问题，而不是归属问题。因此，代行所有权问题从本质上讲并不是所有权问题，而应是用益物权问题。

国有单位和村民委员会分别对自己所管理的国家、集体林木享有占有、使用、收益和一定条件下的处分权利，并不拥有国家、集体林木所有权。这一物权属性在法律规定和物权登记证书中有非常明确的表述。《物权法》第41条规定："法律规定专属于国家所有的不动产和动产，任何单位和个人不能取得所有权。"第45条第1款规定："法律规定属于国家所有的财产，属于国家所有即全民所有。"第59条第1款规定："农民集体所有的不动产和动产，属于本集体成员集体所有。"此外，《宪法》《民法通则》等有关法律也规定了相同的所有权制度。如此，国有单位（如国有林场等）并不拥有对其管理的森林或者其他林木的所有权；村民委员会也不拥有对村集体森林或者其他林木的所有权。

4. 国有单位和集体组织的占有问题

占有首先是一个民事法律概念，是指对物的实际控制，它不是一种权利，而是一种事实状态。物权法对其进行规定，并对该事实状态予以法律保护，从而使其具有了准物权的性质。占有虽非一种权利，但也属于法律所保护的一种财产利益。民法中的占有，按其取得方式不同可分为合法占有与非法占有。合法占有是指有法律依据的占有，亦即依照法律规定、所有人意志、行政命令、法院裁判或者其他合法原因而实行的对物的控制；反之则为非法占有。国有单位对国有财产虽然没有所有权，但在法律授权之下，享有占有权利,是一种合法占有。集体组织对集体财产亦是如此。

《物权法》第 53 条规定:"国家机关对其直接支配的不动产和动产,享有占有、使用以及依照法律和国务院的有关规定处分的权利。"

《物权法》第 54 条规定:"国家举办的事业单位对其直接支配的不动产和动产,享有占有、使用以及依照法律和国务院的有关规定收益、处分的权利。"

《物权法》第 60 条规定:"对于集体所有的土地和森林、山岭、草原、荒地、滩涂等,依照下列规定行使所有权:(一)属于村农民集体所有的,由村集体经济组织或者村民委员会代表集体行使所有权;(二)分别属于村内两个以上农民集体所有的,由村内各该集体经济组织或者村民小组代表集体行使所有权;(三)属于乡镇农民集体所有的,由乡镇集体经济组织代表集体行使所有权。"

《物权法》第 118 条规定:"国家所有或者国家所有由集体使用以及法律规定属于集体所有的自然资源,单位、个人依法可以占有、使用和收益。"

(二)公有制单位无证采伐林木的定性之争

1. 主张为盗伐林木观点

《最高人民法院关于审理破坏森林资源刑事案件具体应用法律若干问题的解释》第 3 条规定:"以非法占有为目的,具有下列情形之一,数量较大的,依照刑法第三百四十五条第一款的规定,以盗伐林木罪定罪处罚:(一)擅自砍伐国家、集体、他人所有或者他人承包经营管理的森林或者其他林木的;(二)擅自砍伐本单位或者本人承包经营管理的森林或者其他林木的;(三)在林木采伐许可证规定的地点以外采伐国家、集体、他人所有或者他人承包经营管理的森林或者其他林木的。"

国有单位和集体组织虽然可以合法占有林木,但这种占有是一种不完全占有,林木在被采伐前后,其占有形态发生了变化。在林木未被采伐前,它是作为森林资源形态存在的,这时林权人所占有的林木是森林资源形态的林木。但在林木被采伐后,它就由森林资源形态的林木变成木材形态。林权人对林木由森林资源形态的占有到木材形态的占有,是要经过采伐行政许可的,否则即为非法。如果林权人在未依法办理林木采伐许可证的情况下,意图占有林木,那么就是"以非法占有为目的"。

国家机关擅自采伐其管理的国有林木,国家举办的事业单位擅自采伐其经营管理的国有林木，村委会或集体经济组织擅自采伐其所在地的集体林木，实质上采伐的是国家、集体所有的林木，而非本单位所有的林木，符合以上解释规定的，应当定性为盗伐林木。

2. 主张为滥伐林木观点

首先，国家、集体所有权从一定意义上讲是一种"虚拟"权属，最终而且必然要通过国有单位、集体组织等具体的民事主体来行使。

其次，国有单位、集体组织在实际行使所有权时，往往得到了职工代表大会或村民代表大会的批准或认可，国有单位、集体组织对林木的处分为有权处分，不能视为侵犯了国家、集体所有权。

最后，国有单位从性质上来说本身就是国有，其采伐后占有国家所有的森林或者其他林木，该森林或者其他林木的所有权性质并没有发生改变，仍然为国家所有（占有），只不过是从国家到国家而已。集体组织也同此理。

国家机关擅自采伐其管理的国有林木，国家举办的事业单位擅自采伐其经营管理的国有林木，村委会或集体经济组织擅自采伐其所在地的集体林木，虽然采伐的是非本单位所有的林木，但并未侵犯国家、集体所有权制度，因而不构成盗伐林木而构成滥伐林木。

3. 主张既非盗伐、滥伐林木又非故意毁坏林木观点

首先，不构成盗伐林木是因为当事人不具有"以非法占有为目的"这一主观要件。刑法意义上的非法占有是通过刑法所禁止的手段将他人所有的财物实施控制，其侵犯的是刑法所保护的所有权和实际占有的状态。如前所述，国有单位或集体组织如果将非法采伐的林木或者变卖所得用于正当途径或开支（如用来建设合法工程、偿还合理欠款、发放正当工资等），那么，林木要么作为实物形态仍属国家或集体所有，要么成为变卖所得以国家或集体的名义支出。这样，林木在采伐前与采伐后，其所有权性质并没有发生改变，占有也为合法状态，应该不存在"盗伐"的问题。林权人在未依法办理林木采伐许可证的情况下，将林木由森林资源形态的占有变为木材形态的占有，不是对物权占有的侵犯，而是对森林资源管理制度的侵犯，更符合"滥伐"的含义。

其次，不构成滥伐林木是因为当事人的行为不符合最高人民法院司法解释关于滥伐林木的规定情形。《最高人民法院关于审理破坏森林资源刑事案件

具体应用法律若干问题的解释》第 5 条规定："违反森林法的规定，具有下列情形之一，数量较大的，依照刑法第三百四十五条第二款的规定，以滥伐林木罪定罪处罚：（一）未经林业行政主管部门及法律规定的其他主管部门批准并核发林木采伐许可证，或者虽持有林木采伐许可证，但违反林木采伐许可证规定的时间、数量、树种或者方式，任意采伐本单位所有或者本人所有的森林或者其他林木的；（二）超过林木采伐许可证规定的数量采伐他人所有的森林或者其他林木的。林木权属争议一方在林木权属确权之前，擅自砍伐森林或者其他林木，数量较大的，以滥伐林木罪论处。"

即使引申到《最高人民法院、最高人民检察院关于办理盗伐、滥伐林木案件应用法律的几个问题的解释》《最高人民法院、最高人民检察院关于盗伐、滥伐林木案件几个问题的解答》，国有单位和集体组织无证采伐非本单位所有但属本单位合法占有的林木，均不符合以上司法解释的情形。

不过，也有人提出，以上司法解释所列的盗伐林木、滥伐林木情形为不完全列举，只是说明以上已明确的情形分别属于盗伐林木、滥伐林木，但并没有规定不在这些情形之列的就不是盗伐林木、滥伐林木。这个观点当然正确。但是，对于没有纳入司法解释规范的情形，就可能存在"是"与"不是"这两种可能。盗伐林木、滥伐林木作为法律专有名词，自有其特定含义，必须有明确的法律定义或解释。遗憾的是，迄今为止，盗伐林木、滥伐林木并没有法定定义，解释又为不完全列举，所以，对于国有单位和集体组织无证采伐非本单位所有但属本单位合法占有的林木是否属于盗伐林木、滥伐林木情形，未为可知。

最后，不构成故意毁坏财物是没有毁坏财物故意和侵犯公私财物所有权。国有单位和集体组织无证采伐非本单位所有但属本单位合法占有的林木，并未侵犯物权意义上的林木所有权与占有权，而只是侵犯了国家对林木作为森林资源的管理制度。

应当说，按照现有法律规定，以上定性都存在问题，但这种问题是由立法和司法解释造成的，不是实务人员之过。实践中，各种观点的司法判例也都存在，但谁也说服不了谁。基于保稳的想法，以定滥伐林木的居多，但这并不能证明其观点的正确性，而只能说是不得已而为之。

（三）根据代行所有权制度特点完善破坏森林资源立法

1. 涉林司法解释以林木所有权为标准来区分盗伐林木与滥伐林木的局限性

无论是《最高人民法院、最高人民检察院关于办理盗伐、滥伐林木案件应用法律的几个问题的解释》《最高人民法院、最高人民检察院关于盗伐、滥伐林木案件几个问题的解答》，还是《最高人民法院关于审理破坏森林资源刑事案件具体应用法律若干问题的解释》，在区分盗伐林木、滥伐林木情形时，都以林木所有权作为标准，但是这种区分方法是存在漏洞的。

对"无证采伐林木"（假设为 A），首先可区分为"无证采伐林权人所有的林木"（假设为 A1）与"无证采伐非林权人所有的林木"（假设为 A2）。

对"A1"而言，按照有关司法解释，可以滥伐林木定性。

对"A2"而言，应当定性为盗伐林木吗？不一定。还得继续将其细化为"以非法占有为目的的 A2"（假设为 A2a）与"不以非法占有为目的的 A2"（假设为 A2b）。

对"A2a"而言，按照有关司法解释，可以盗伐林木定性。

对"A2b"呢？立法空白。

也就是说，以林木所有权为标准来区分盗伐林木与滥伐林木，并不能完全规范"无证采伐林木"（A）之具体情形，至少存在"不以非法占有为目的，无证采伐他人所有的林木"（A2b）这一条"漏网之鱼"。国家机关擅自采伐其管理的国有林木，国家举办的事业单位擅自采伐其经营管理的国有林木，村委会或集体经济组织擅自采伐其所在的集体林木，就有可能属于此类情形。

2. 涉林司法解释应当充分考虑林木所有权与占有权相分离时如何处理的情况

国家和集体所有的林木是一种公有制，公有财产是脱离单位和个人而存在的，即在法律上，任何单位和个人都不能成为公有财产的所有权主体，其单位和个人成员对公有财产共同使用、收益，公有财产的完整性不受单位和个人退出或加入该公有组织的影响。如果确定林木所有权为某一集体组织"现有成员"所有，则"现有成员"就成了该林木所有权的主体，这种所有权性质为共有，而非公有。亦即擅自砍伐国家、集体林木，不能被认定为滥伐林木情形中的"任意采伐本单位所有或者本人所有的林木"。

这就有些让人困惑了：非法采伐他人林木，并且占有了林木，但是既不能定性为盗伐林木，又不能定性为滥伐林木，这是为什么呢？问题出在所有权与其占有权能的分离上。在所有权与其占有权能、处分权能相统一的情况下，即占有权能、处分权能由所有权人行使，一旦占有权能或处分权能发生改变，所有权也会随之发生改变，或者是一旦所有权发生改变，其占有权能或处分权能也必然发生改变。在此情况下，以所有权为标准来区分盗伐林木与滥伐林木自然无话可说，现行司法解释也能轻松应对。但问题是，国家和集体所有林木的所有权，与其占有、使用、收益、处分权能是相分离的，国有单位、集体组织等主体，虽不拥有林木所有权，但可以合法占有与处分林木。在此情况下，侵犯所有权有时并不会侵害其占有、使用、收益、处分权能，同理，侵害占有、使用、收益、处分权能，也并不必然侵犯所有权。这说明，在同一种性质的公有制背景下，讨论侵犯所有权问题并试图以此作为区分盗伐林木与滥伐林木的标准，无异于缘木求鱼。

3. 涉林司法解释可以林木生态属性而非财产属性为主来区分定罪量刑情形

从犯罪构成四要件理论的视角而言，一般认为"盗伐林木罪"的客体为复杂客体，既侵犯了国家森林资源保护制度，又侵犯了他人财产权。"滥伐林木罪"的客体为单一客体，即侵犯了国家森林资源保护制度。

从行为无价值论、结果无价值论来看，一般认为"盗伐林木罪"侵害了两种法益：生态法益和财产法益。"滥伐林木罪"只侵害了一种法益：生态法益。

这说明，"盗伐林木罪"与"滥伐林木罪"无论是在侵犯的客体上，还是在侵害的法益上，都有共同之处。这个共同之处的存在决定了"盗伐林木罪"与"滥伐林木罪"的逻辑关系不是矛盾关系。

也就是说，"滥伐林木罪"与"盗伐林木罪"应当是包含与被包含的关系，或者说，是普通法条与特别法条的关系。这可以从三个方面得到验证：

第一个方面：从文义解释来验证。将所有未依法办理林木采伐许可证而任意采伐林木的行为认定为滥伐林木，符合"滥"的含义。对于盗伐林木而言，也是无林木采伐许可证采伐林木，自身存有"滥伐"之义，虽然盗伐林木并不存在合法获得许可证的可能。将盗伐林木归于滥伐林木之列，在文义和逻辑上不存在任何问题。

第二个方面：从区分标准来验证。就"滥伐林木罪"与"盗伐林木罪"第一层级区分标准（生态法益标准）来说，二者没有区别。也就是说，"滥伐林木罪"与"盗伐林木罪"可以在生态法益层面统一起来，归于一罪或一类罪。

就"滥伐林木罪"与"盗伐林木罪"第二层级区分标准（财产法益标准）来说，因"盗伐林木罪"侵害了他人财产权或是侵害了财产法益，所以除了生态法益之外，还有特别需要保护的法益；而"滥伐林木罪"除了侵害生态法益之外，并没有侵害财产法益，所以在财产法益层面，"滥伐林木罪"不存在与"盗伐林木罪"相对应的财产权。之前的司法解释硬性将"本单位或本人所有"和"有争议"的财产权搬出来与之相对应，实际上是画蛇添足。在"滥伐林木罪"侵犯的客体或侵害的法益中，根本就不存在一个"本单位或本人财产权"的问题，否则就会产生毁坏自己所有财物（财产法益而非生态法益视角）也被作为侵财犯罪评价的悖论。在第二区分层级里，由于只有"盗伐林木罪"的侵害"他人财产权"这一个因子需要进行犯罪评价，自然在此层面也就产生不了所谓的矛盾或反对关系。

第三个方面：从解决实际问题来验证。在森林法和刑法中，盗伐林木、滥伐林木属于破坏森林资源（生态）的行为，其着眼的是生态保护，偏重的是生态价值。因此，在区分盗伐林木、滥伐林木等破坏森林资源行为时，理所当然以林木生态属性而非财产属性作为主要判断标准。

如果将所有未依法办理林木采伐许可证而任意采伐林木解释为滥伐林木，并将"盗伐林木罪"作为"滥伐林木罪"的特别法条处理，则《最高人民法院关于审理破坏森林资源刑事案件具体应用法律若干问题的解释》存在的突出问题便可迎刃而解。譬如，经林权人同意，无林木采伐许可证采伐他人所有林木，就可认定为滥伐林木，而不至于无路可走。不以非法占有为目的，未经他人同意，无林木采伐许可证采伐他人所有的林木，也可认定为滥伐林木，而不至于舍本逐末，背离刑法精神将其定性为故意毁坏财物、破坏生产经营之类。

通过以上三个方面的验证，应该来说，将所有未依法办理林木采伐许可证而任意采伐林木解释为滥伐林木，并将"盗伐林木罪"作为"滥伐林木罪"的特别法条来处理，既符合法条文义和刑法精神，也可以很好地解决实际问题，具有科学性和可行性。

从长远来看，如果有条件修订刑法或司法解释，不妨删繁就简，突出林木的生态或资源属性，将未经行政许可或者是违反行政许可任意采伐林木的行为统一定性为滥伐林木；而将擅自采伐他人所有的林木作为从重情节处理，或是按照想象竞合犯的处理原则，以盗窃等侵财犯罪处理。

从现实来看，如果修订刑法暂不具备条件，那么在修订司法解释时，除以上"A2a"情形可规定为盗伐林木外，其他包括"A2b"与"A1"在内的情形均可以被规定为滥伐林木，即可以将盗伐林木之外的非法采伐林木行为统一定性为滥伐林木，以补法律之漏。

其实，也不单是代行国家和集体所有权时会出现以上情形，在其他涉林案件中，有时也会出现"不以非法占有为目的，无证采伐他人所有的林木"（A2b）的情形。譬如，林权所有人雇人采伐林木，林权人希望办理林木采伐许可证或正在办证过程中，而雇工因急于挣钱，明知无证而采伐林木，则该类情形也会造成如上所述无法定性处理的尴尬现象。虽然实践中很多地方将之作为滥伐林木处理，但这种"糊涂官打糊涂百姓"的现象是很危险的，已经有人在诉讼中较真了，这不得不引起我们的警醒。

三、相邻关系和地役权法律制度对办理涉林案件的影响

（一）有关法律规定

相邻关系在林业生产中是一项非常重要的民事关系，而且现阶段矛盾和问题还比较突出，常常引发毁林案件。主要表现为：一些种植权利人往往以相邻林木影响庄稼采光和地力为由，将林木拔除或砍毁；或是电力部门以林木影响供电线路安全为由，将林木伐除等。因植树与电力设施保护有比较明确的处理原则与方法，所以在此不论。本文所论的相邻关系主要是指林权与相邻土地使用权的关系，该关系在法律上是如何规定的呢？

《民法通则》第83条规定："不动产的相邻各方，应当按照有利生产、方便生活、团结互助、公平合理的精神，正确处理截水、排水、通行、通风、采光等方面的相邻关系，给相邻方造成妨碍或者损失的，应当停止侵害，排除妨碍，赔偿损失。"《物权法》第84条规定："不动产的相邻权利人应当按照有利生产、方便生活、团结互助、公平合理的原则，正确处理相邻关系。"

什么是"有利生产"呢？如果所植林木为防护林、特种用途林，按照我国传统的公共利益优先原则，这种行为无疑是"有利生产"的；如果所植林

木为一般用材林、经济林、薪炭林，则需要一分为二地分析。当植树利益大于其他生产利益时，可认为植树行为是"有利生产"的；但小于或等于后者时，从经济的角度来讲，当不认定为"有利生产"。但这其中也存在一个问题。在我国现行法律中，用材林、经济林、薪炭林一般也是作为森林资源管理的，除经济属性外，法律还确认了这些林种的生态属性。如此，栽植这些林木也就包含了公共利益的成分。既然是代表公共利益，那么如何认定"不利生产"呢？又如何与不同性质的经济利益比较大小呢？这个问题的存在给判定植树行为正当性与处理所植林木带来了困难。

什么是"公平合理"呢？植树人对耕种人的不利影响是客观存在的，即事实上存在着不公平合理。如何按照"公平合理"的精神处理相邻关系呢？法律对此只作了原则性规定。《物权法》第85条规定："法律、法规对处理相邻关系有规定的，依照其规定；法律、法规没有规定的，可以按照当地习惯。"

(二) 对办理案件影响

以上相邻关系对办理涉林案件会产生什么影响呢？从现实状况来看，主要涉及两个方面：

1. 影响对毁林行为的处理

首要问题是要对毁林行为进行定性，判定该行为是否为非法。从民法平等保护和公平合理原则来说，是不应该将毁林行为"一棍子打死"的，而应根据植树行为的正当性区分对待。如果植树行为符合法律规定的有利生产、公平合理等原则，那么将毁林行为定性为非法应该是不成问题的；可如果植树行为并不符合这些原则，那么将毁林行为定性为非法是否就值得商榷呢？

现实的情形是，很多执法机关（侦查机关）都是不加分别地将毁林行为认定为非法，以保护植树人的利益。在植树人与耕种人的利益博弈中，植树人往往会成为赢家。这主要是由以下原因造成的：

第一，行政与司法力量的加入，使植树人与耕种人成为实际上的不平等主体。植树造林在很多时候是由政府或集体组织的，这一方的力量除植树人之外，还有行政与司法力量隐含其中。植树不仅关系着林权人的个人经济利益，而且涉及国家利益（如公共的生态效益）与部门利益（如政绩），一旦林木受到侵害，即植树方利益受损，除林权人可向人民法院提起民事诉讼，请求司法力量给予保护外，行政与司法力量还会主动进行干预，对侵害行为进行惩处（林业行政处罚或刑事处罚）。由此可见，对植树方利益的保护不仅是全面的（民事、行政、刑事全方位），而且是有力的（利益方掌握有行政处罚权与刑事强制措施权，且是主动行使）。但是，对耕种人来说，由于植树行为对耕种的妨碍或侵权只限定在民法调整范围之内，并不违反行政或刑事法律，所以耕种人寻求法律保护的途径只有一个：以民事主体的身份请求停止侵害、排除妨碍与赔偿损失。不仅行政主管部门无排除侵权的法定义务，而且司法机关对其利益的保护也是被动的，即"民不告，官不理"。在这样一种力量对比之下进行博弈，其结果可想而知。

第二，现行法律对耕种人的保护不力，使得该方成为博弈中的弱者。有关法律没有在相邻关系中对植树行为作出明确的限制性规定，这使得植树对耕种的侵权十分随意，而且侵权一旦成为既定事实，停止侵害与排除妨碍又几乎成为一种不可能，请求赔偿损失不仅过程艰难，而且赔偿（补偿）机制也不完善，这种状况往往使得被侵权人成为法律保护上的弱者。

第三，耕种人法律意识与维权意识淡薄，使其在博弈中经常处于被动地位。在很多时候，植树人常常依托强大的后盾力量（行政与司法力量），不经耕种人允许或者同意，甚至不顾后者的极力反对，强行在与耕种人相邻的土地上植树造林，而且这种植树行为有时并不是为了公共利益，而是为了谋取"私有性质"的经济利益（如种植一般用材林、种植经济林等），但又没有按照民法规定的公平合理原则主动给被损害人赔偿（补偿）。在此情况下，耕种人要么忍气吞声，默认损害后果，要么意气用事，私自毁坏林木，结果反而被公权机关认定为"非法"，受到法律惩罚，很少人知道或选择用法律手段维护自己的合法权益。

2. 影响对植树行为的处理

从客观事实来说，植树对相邻地耕种的侵害与妨碍无疑是存在的，那么如何正确处理这种侵害与妨碍呢？《民法通则》对侵权行为规定了"停止侵害，排除妨碍，赔偿损失"的原则，可这些原则真的适合处理植树与耕种相邻关系吗？

如果造林地是县以上人民政府规划的林地，那么植树对耕种的侵害与妨碍就是合法与合理的。对植树行为的处理只能适用无过错归责原则，停止侵害与排除妨碍显然是不可能与不可行的。当然，从公平的原则出发，国家（如果植树是为了公共利益）或林权人是应该给予被损害人补偿的，但现行法律恰好缺乏这方面的明确规定。

如果造林地不是县以上人民政府规划的林地，但植树符合民法规定的"有利生产"原则，则停止侵害与排除妨碍是不科学、不合理的，可行的办法与途径是赔偿损失。如果植树不利于生产，这时是适用停止侵害与排除妨碍，还是赔偿损失，就要具体情况具体分析了。如果停止侵害、排除妨碍后可能获得的利益大于侵权持续状态，则应适用停止侵害与排除妨碍，否则，应适用赔偿损失。

这其中需要解决的一个问题是，如果适用停止侵害与排除妨碍，如何组织实施呢？被侵权人自行以毁林的方式处理侵害与妨碍，是否合法呢？在此问题上是存在争议的。持肯定观点的人认为，法律制度是为保护合法利益而建立的，如果植树行为非法，侵犯了他人的合法权益，那么就不应该受到法律保护。而且，对这类林木的采伐进行审批与发放许可证没有实质意义，因为其结果在审批之前就已经有了肯定答案。持否定观点的人认为，法律不仅保护实体正义，而且保护程序正义，虽然排除侵权行为（停止侵害与排除妨碍）的结果是肯定的，但必须履行合法的程序，需经公权机关批准或确认。而且，《森林法》关于办理林木采伐许可证的规定并没有将此种情况作为例外情形。

以上所争议的其实是一个权利救济问题。对非法所植林木的处理，法律没有作出明确的规定，那么究竟应该通过公权形式（如经有关部门批准采伐或经人民法院判决排除妨碍等），还是私权形式（如由受损害方排除妨碍或者损害方自行清除等）来处理呢？一般认为，当他人的行为非法妨碍物权人行使权利时，物权人可以行使物上请求权，请求妨碍人排除妨碍，或者是请求人民法院责令妨碍人排除妨碍，而不鼓励自力救济（与妨碍人和解除外），因为自力救济把握不当，容易激化冲突、妨害社会秩序、损害他人权益以及缺乏社会公正性。目前，法律有明确规定的自力救济只限于正当防卫、紧急避险、行使抗辩权、对某些质押物的扣留等少数几种。而且，有些植树行为虽然是民事侵权行为，但因为其所植林木从生态属性上讲是公共产品，包含着公共利益，其是否受法律保护，目前还没有一个明确说法。在此情况下，自力救济可能会造成非法。因此，被侵权的耕种人还是申请公力救济比较稳妥。

那么，如何申请公力救济呢？作为侵权的植树人来说，要其主动向有关主管部门申请采伐林木似乎不太现实，谁会心甘情愿地舍弃自己的利益呢？

作为被侵权人来讲，因为其不拥有林木所有权，所以无权向有关行政主管部门申请采伐林木。剩下的应该只有一条路可走，即被损害人请求人民法院责令侵权人停止侵害与排除妨碍，或申请人民法院强制执行。这个程序虽然比较繁琐而且不经济，但它是合法的选择而且是必需的。

因为责令停止侵害、排除妨碍与赔偿损失属于人民法院司法权的职责范畴，所以行政执法机关和刑事侦查机关在办理此类案件时，不宜作出以上决定。但从信访和民事调解的角度，行政主管部门可以做一些适当的协商调解工作。

(三) 有关制度完善

从根本上讲，当相邻关系无法解决或不适合解决林权与相邻土地使用权时，依照《物权法》第十四章的规定，建立地役权法律制度就成了可能与必需。一方面，植树人与耕种人可以按照公平合理和有偿的原则，签订合约，建立一种利益协调和平衡机制，防止和减少因植树侵权而引发的毁林案件。另一方面，行政执法机关或刑事侦查机关可以根据相邻权利人约定的地役权，判定植树行为或者毁林行为是否为非法，以正确作出处理决定，更好地保护相关权利人的合法权益。

如何界定林权与相邻土地使用权的相邻关系，或者如何建立地役权制度呢？总的指导思想是要建立与市场经济体制相适应的、分类与多手段相结合的利益调节机制。所要遵循的四个基本原则是：

第一，分类调整原则。不能笼统地将植树与耕种用一种关系或者一种利益模式来规范，而必须根据不同的实际情况定义为不同的关系或采取不同的调整方式。对在政府规划造林地上的植树行为，因其关系着社会公共利益，国家应直接通过法律规定其相邻关系，耕种人不得以自身利益受损害为由阻碍植树行为，但可以按规定得到相应的补偿。对在政府规划造林地之外的植树行为，植树人与耕种人可以民事关系为基础，按照意思自治原则，通过签订合同的形式，建立地役权。如未经协商一致，植树人不得擅自在可能影响耕种人合法权益的土地上植树造林，否则应承担相应的侵权责任。

第二，公平合理原则。无论植树造林是为了生态建设还是营利性生产或者二者兼而有之，都要按照"谁受益，谁补偿"的原则，给被损害人以公平合理的经济补偿，绝不能"损了白损，占了白占"。因为从经济利益的角度讲，无论植树人是什么身份（国家、集体或者个人），都应该与耕种人是平等的民事关系主体,其合法权益应该受到同样的尊重和保护。如果是国家为生态建设而进行的植树造林,可从国家生态公益林建设项目资金中给予补偿,也可以由林木受益人给予补偿;如果是植树人为营利性生产而进行的植树造林,则应该由植树人给予补偿。作为受损害的耕种人,既可以直接得到经济补偿,也可以与植树人协商,通过股份合作的方式,以受损利益作价入股,与"植树人"实行合作造林,变被损害人为权益人。

第三,因事制宜原则。要善于运用与市场经济体制相适应的方法和手段来调整植树与耕种之间的关系,尤其是法律和经济的,要防止用行政手段解决一切的倾向,尤其要防止用行政手段取代司法手段。在植树与耕种发生利益纠纷时,要注意引导双方通过民事途径解决问题,不能简单地用行政意志作出强制性决定,但是行政主管部门可以利用自身所掌握的丰富信息资源(形势、政策、法律等),发挥服务和调解作用。当然,在合法、合理的基础上,通过行政手段来组织发动植树造林则属于另外一回事情。

第四,有效救济原则。从现实情况来看,耕种人在预防、制止侵权和被侵权之后的救济上缺乏强有力的保障。在被侵权后,耕种人虽然可以通过民事诉讼的途径请求司法救济,但成本较高(相对于赔偿所花费的时间与财力),而且一般不能自行排除妨碍。因此,对保护耕种人合法权益而言,不仅需要完善事后(发生侵权)救济机制,如在请求司法救济之外可允许耕种人在一定条件下自行排除妨碍;更需要建立行之有效的事前(预防和制止侵权)救济机制,如耕种人无力制止侵权行为(因营利性生产而进行的植树造林)发生的,可向公安机关报案,由公安机关进行制止或给予治安处罚,如此等等。

四、土地承包经营权法律制度对办理涉林案件的影响

(一) 土地承包经营权性质

在有些地方,一些基层政府、有关主管部门或者农村集体组织往往以招商引资、土地使用权流转或建设绿色通道为名,不经土地承包经营权人同意,强行在农民承包经营的耕地上植树造林,或强行将承包土地收回,转包给他人植树造林,由此造成了土地承包经营权纠纷,引发了诸多毁林案件。在此情况下,如何处理这些案件呢?这首先要明确土地承包经营权的性质。

土地承包经营权是"一种长期而有保障的土地使用权",属于用益物权

范畴。

《物权法》第 125 条规定："土地承包经营权人依法对其承包经营的耕地、林地、草地等享有占有、使用和收益的权利，有权从事种植业、林业、畜牧业等农业生产。"

《土地管理法》第 12 条第 2 款规定："依法登记的土地的所有权和使用权受法律保护，任何单位和个人不得侵犯。"

《农村土地承包法》第 8 条规定："国家保护集体土地所有者的合法权益，保护承包方的土地承包经营权，任何组织和个人不得侵犯。"

《物权法》明确将农村土地承包经营权规定为用益物权，这是落实党的十五届三中全会提出的"要抓紧制定确保农村土地承包关系长期稳定的法律法规，赋予农民长期而有保障的土地使用权"要求的体现。

在《农村土地承包法》颁布之前，很多人对土地承包经营权是从债权亦即土地承包经营合同的角度来认识的。《农村土地承包法》的颁布，事实上将土地承包经营权规定为物权，但并没有使用物权概念。《物权法》直接将土地承包经营权明确为"用益物权"，这就更加凸现了其"绝对权""对世权"的性质，使其保护力度进一步加大。

土地承包经营权的用益物权性质，体现出了以下特点：

第一，土地承包经营权的占有、使用和收益的权利为法定权利，不得随意变更。相对方不得以土地承包经营合同为名，简单地以合同关系来处理土地承包经营问题，譬如撤销或解除承包合同、故意违约、以债权关系处理侵犯土地承包经营权等。

第二，土地承包经营权人作为物权人，可以对抗发包人的侵害。土地承包经营权既不能被任意剥夺，也不能被任意调整，如果发包人强行收回或调整土地使用权，则土地承包经营权人可以行使物上请求权，要求返还土地使用权，而不是以违约赔偿了事。

第三，土地承包经营权人作为物权人，可以对抗第三人的侵害。譬如，可以对抗政府、政府部门、集体经济组织等以招商引资之类名义实施的某某基地建设、某某产业化建设，以维护本人经营自主权。

第四，土地承包经营权人可以依法将用益物权流转，任何人都不得强迫或阻碍。既可以在本集体经济组织成员内转包、互换土地承包经营权，也可以按照中共中央办公厅、国务院办公厅印发的《关于完善农村土地所有权承包权经营权分置办法的意见》(中办发〔2016〕67号)中的"三权分置"要求,在保留承包权的情况下,向社会流转经营权。

第五,土地承包权作为物权,法定期限较长且较稳定,土地承包合同不得任意约定。耕地的承包期为30年,草地的承包期为30年~50年,林地的承包期为30年~70年,特殊林木的林地承包期,经国务院林业行政主管部门批准可以延长。承包期届满,由土地承包经营权人按照国家规定继续承包。如果要退出承包经营,按照《关于完善农村土地所有权承包权经营权分置办法的意见》的规定,可以试点土地承包权有偿退出。

第六,土地承包经营作为独立的财产权利,在征地补偿时,土地承包经营权人作为独立的权利主体,可以按照《物权法》第42条第2款的规定获得相应补偿。按照《关于完善农村土地所有权承包权经营权分置办法的意见》的规定,流转土地被征收的,地上附着物及青苗补偿费应按照流转合同约定确定其归属。

(二)违法植树行为性质

既然土地承包经营权是一种用益物权,那么不经土地承包经营人同意,强行在农民承包经营的耕地上植树造林,或强行将承包土地收回转包给他人植树造林,就不仅是一种违反土地承包经营合同的违约行为,而且还是侵犯他人财产权的侵权行为。在这两种关系中,侵权居主导地位,违约居从属地位。

问题是,林业既是一项基础产业,也是一项公益事业,具有公共利益属性。如果种植的是一般用材林、经济林、薪炭林,这种侵权性质比较容易确定,但如果种植的是防护林、特种用途林,是否认定为侵权就有不同的声音了。是公共利益为大还是私人利益为大?笼统提出这个命题确实无法作出非此即彼的回答。如果我们简单地认可公共利益为大,那么对私人利益的侵害就是合理合法的,这种行为就应该得到肯定与保护。但很显然,这一思维模式不符合法律精神。从《宪法》到《民法总则》《民法通则》《物权法》《土地管理法》《农村土地承包法》等,都明确规定保护私人的合法权益。所以,当公共利益与私人利益发生冲突时,如何处理,还得回到具体的法律规定上来。与其泛泛而谈公共利益,不如在法律框架内来分析其实现方式问题,譬如征收问题。在现代法治社会,绝不能以公共利益为名横行无忌。作为行政法的核心,就是控制行政权力,保障公民权利。所以,以公共利益优先为据来论证侵犯土地承包经营权的合理合法性，只能说是外强中干。

除保护公共利益的需要外，还有人认为，县级以上人民政府有权作出征收决定，在集体耕地上进行植树造林。《物权法》第 42 条第 1 款规定："为了公共利益的需要，依照法律规定的权限和程序可以征收集体所有的土地和单位、个人的房屋及其他不动产。"那么，政府或政府部门作出的在某耕地上植树的决定是否为合法的征收行为呢？对此，我们恐怕不能简单地作出认定。

其一，征收是一种行政决定，可以单方面改变物权归属。征收是国家以行政权取得集体、单位和个人的财产所有权的行为。征收行为属于行政关系，不属于民事关系，不以双方意思一致为必要条件。征收的主体是国家，通常是政府有关部门以政府的名义，用行政命令的方式取得集体所有的土地和单位、个人的房屋及其他不动产，集体、单位和个人必须服从。

其二，征收的财产所有权变更由法律直接规定，自人民政府的征收决定生效时发生效力。《物权法》第 28 条规定："因人民法院、仲裁委员会的法律文书或者人民政府的征收决定等，导致物权设立、变更、转让或者消灭的，自法律文书或者人民政府的征收决定等生效时发生效力。"征收不是基于原财产权利人的意思表示而发生的物权变更，而是在无原财产权利人甚至法律有意识排除原权利人意思表示的情况下发生的物权变动，其效力是由法律直接规定的。

其三，征收是国家取得财产的特殊方式，变更土地所有权不以登记为必要。《土地管理法》第 47 条第 1 款规定："国家征收土地的，依照法定程序批准后，由县级以上地方人民政府予以公告并组织实施。"这就起到了物权变动公示作用。而且，集体土地被征收后就成了国家所有的自然资源。《物权法》第 9 条第 2 款规定："依法属于国家所有的自然资源，所有权可以不登记。"因此，自人民政府的征收决定生效之时起，就产生土地所有权变更效力，不以登记为必要。

其四，征收虽然是被许可的行为，但应当依照法律规定的权限和程序实施。征收是原财产权利人所有权的丧失，会损害原财产权利人的利益，因此必须有严格的法定条件限制。核心问题三个：一是为了公共利益需要，二是依法批准，三是给予补偿。《民法总则》第 117 条规定："为了公共利益的需要，依照法律规定的权限和程序征收、征用不动产或者动产的，应当给予公平、合理的补偿。"征收是对有关财产权的合法损害，因而不能采用完全补偿原则。如果是完全补偿，实际上是将征收等同于普通的侵权行为，这不符合征收的性质。《物权法》第 42 条第 2 款规定："征收集体所有的土地，应当依法足额支付土地补偿费、安置补助费、地上附着物和青苗的补偿费等费用，安排被征地农民的社会保障费用，保障被征地农民的生活，维护被征地农民的合法权益。"土地补偿费是对土地所有人和用益物权人的投入及造成损失的补偿，应当归土地所有人和承包人所有。安置补助费用于被征地农户的生活安置，如果承包人自行安置的，安置补助费应当为承包人所有。地上附着物和青苗的补偿费等费用归其权利人所有。

从以上分析我们可以看出，征收是物的所有权变更，而不是物的用途改变。强行在农民承包经营的耕地上植树造林，绝大多数时候并不改变集体所有权的性质，甚至不变更土地承包经营权主体，而只是改变土地用途而已。土地仍然是集体所有，土地承包经营权仍然由原权利人行使，但是土地用途由农业生产变为林业生产。这种行为不属于征收，它不是对所有权的损害，而是对《农村土地承包法》第 17 条第 1 项规定的承包方"有权自主组织生产经营和处置产品"的权利损害。强行将承包土地收回转包给他人植树造林虽然侵犯了原承包人的承包经营权，并改变了土地用途，但土地集体所有的性质没有改变，这种行为也不是征收。而且，征收有比较严格的批准权限和程序，非经法定审批，集体土地不能被征收。所以，一般情况下，政府或政府部门作出的在某耕地上植树的决定，不能被视为征收行为，而应当被认定为是对承包经营权人土地承包经营权或生产经营自主权的侵犯。

但是，也有例外情形。譬如，建设自然保护区，建设城镇公园与绿地，建设铁路、公路、国家水利设施工程的护路林、护堤林，如此等等。为了公共利益的需要，县级以上人民政府有时会实施征收行为。因为补偿纠纷等问题，土地承包经营权人可能会拒绝征收，而政府会强制征收，并按照土地规划用途组织植树造林。在此情况下，就不能否定征收的效力。至于补偿纠纷等问题，那是另一种法律关系，可通过和解、调解和行政诉讼等方式进行解决。即使不能如原土地承包经营权人所愿，也不能因此而否定物权变更的法律效力。

（三）强行植树情况处理

对违背土地承包经营人意愿的植树行为如何处理，需要从合法与非法、公权评价与私权主张的角度分而论之。

如果政府依法实施了征收行为，那么集体所有的土地就会变更为国家所有，政府、政府部门或有关组织、个人当然有权按照土地利用规划进行植树造林，所造林木属于国有财产。按照《森林法》第 15 条第 2 款的规定，这种合法权益受法律保护，任何单位和个人不得侵犯。

如果原土地承包经营权人以未经本人同意、征收补偿不合理、不到位等为由毁坏该土地上林木，那么就要根据具体案件性质依法进行处理。

其一，如果是为了营利性生产而毁坏林木，且符合《最高人民检察院、公安部关于公安机关管辖的刑事案件立案追诉标准的规定（一）》（公通字 [2008] 36 号）第 33 条规定的情形之一，则应当以故意毁坏财物立案查处。

其二，如果是为了泄愤报复或者其他个人目的而毁坏林木，且符合《最高人民检察院、公安部关于公安机关管辖的刑事案件立案追诉标准的规定（一）》第 34 条规定的情形之一，则应当以破坏生产经营立案查处。

其三，如果毁坏林木情节达不到刑事案件立案追诉标准，则应当按照《森林法》的规定依法赔偿损失，由林业主管部门责令停止违法行为，补种毁坏株数 1 倍以上 3 倍以下的树木，可以处毁坏林木价值 1 倍以上 5 倍以下的罚款。需要指出的是，《森林法》的这一规定是针对毁坏森林资源而言的（保护的着力点是林木的资源属性，而不是财产属性），它与《治安管理处罚法》第 49 条对故意损毁公私财物的规定有着本质的区别（保护的着力点是公私财产的所有权）。

如果县级以上人民政府没有依法实施征收行为，那么政府、政府部门或有关组织、个人强行在他人承包经营的土地上进行植树造林，就是侵权行为。其所造林木不属于《森林法》第 15 条第 2 款规定的"合法权益"，要求公权机关给予保护，没有公法上的依据。

有人说，行为非法，不等于非法行为产生的后果不受法律保护。譬如，非婚生子女权益与婚生子女权益一样受法律同等保护。但是，这种类推，于法无据。非婚生子女是人，具有人格权，受法律保护；而且法律明确规定，法律面前人人平等。《民法总则》第 13 条规定："自然人从出生时起到死亡时止，具有民事权利能力，依法享有民事权利，承担民事义务。"第 4 条规定："民事主体在民事活动中的法律地位一律平等。"第 14 条规定："自然人的民事权利能力一律平等。"第 113 条规定："民事主体的财产权利受法律平等保护。"除私法领域外，在公法领域，法律面前人人平等也是一条基本原则。所以，任何人都不能因为出身而在法律上受到歧视。

但是，非法植树行为所栽植的林木是物，这种物并不具有天然的合法性，而且常常因为缺乏法律上的原因而不能生成物权。《物权法》第7条规定："物权的取得和行使，应当遵守法律，尊重社会公德，不得损害公共利益和他人合法权益。"对于侵犯他人土地承包经营权的植树行为，不但不应该受到法律保护，而且还应当按照《侵权责任法》第15条的规定，依法承担停止侵害、排除妨碍、恢复原状、赔偿损失等侵权责任。如果土地承包经营权人主张停止侵害、排除妨碍、恢复原状，那么所植林木就应当清除，自然没有保护其在原地继续生长的法律依据。将人和物等同起来进行法律适用上的类比推理，不但在法理上讲不通，而且在实践中也行不通。

违背土地承包经营权人意愿，强行在其承包经营土地上植树，之所以会产生林木受不受保护的争议问题，除了林业的公益性质之外，恐怕还涉及土地的法定用途问题。在公法层面，除基本农田外，法律并不禁止在耕地上植树造林。当然，也不会因为在基本农田之外的耕地上植树造林而进行公法上的违法评价。这与违法建筑、非法集资、印刷盗版图书等违反公法的行为性质是不同的。对违反公法的行为，人们很容易从法律上找到禁止与处罚的规定；而对于民事不法行为，其否定性评价相对较弱，有时甚至会产生合法与非法的激烈争议。对于以上植树造林行为的否定性评价，就不是从公法角度出发的，而是从私法角度来认定的，其侵犯的不是公法规定的社会管理秩序，而是私法规定的土地承包经营权和生产经营自主权。正因为该情形缺少公法上的不法评价，所以也就容易产生民事上的纠纷问题。在民法领域，的确存在某些非法状态也受法律保护的情形。譬如无权占有免受第三人侵害。对占有保护的理由在于，已经成立的事实状态，不应受私力而为的扰乱，而应当通过合法方式排除，这是一般公共利益的要求。这种对既有事实的民法保护，很容易让人引申为法律的全方位保护。

在当今社会，民事权利受到侵害后，受害人应当采取公力救济的方式，拿起法律武器，借助国家公权力来保护自己的合法权益。可如果在没有中立的第三者介入的情形下，依靠自己的力量强制他人捍卫自己权利，这种自力救济（私力救济）行为很容易演变为侵权行为。自力救济只有在来不及援用公力救济而权利有被侵犯的现实危险时，才允许例外使用，以弥补公力救济的不足。自力救济的合法措施主要包括正当防卫、紧急避险和自助行为三种。

很显然，排除对土地使用权的妨碍并不属于可以自力救济的范围，土地承包经营权人不能任意毁坏林木。

虽然非法植树行为在公法上没有保护的依据，但这不等于毁坏林木就不用承担任何法律责任。根据民法精神，土地承包经营权人在排除妨碍时，应当尽量避免和减少他人损失，如可以请求侵权人移植林木。当土地承包经营权人可以做到避免或减少他人损失而没有去做，并且是出于故意或重大过失时，就应当承担一定的民事责任。而对于以上毁坏林木的情形，根据"法无许可不可为"的原则，不宜由公权机关作为违法案件查处，而应当由当事人作为民事纠纷处理。

生态文明视野下草原权属和流转制度研究*

【摘　要】 党的十九大以来生态文明建设取得了突出成效，蓝天保卫战、碧水保卫战，一场场环保战役的胜利让我们看到了党领导生态文明建设的决心、毅力和效果。草原作为生态系统的重要组成部分，草原人赖以生存的家园，当下正面临着巨大的问题。造成这一局面的众多因素中就包含了草原立法的不健全。具体而言，草原法律概念不清晰，直接影响了《草原法》的功能定位；草原权属不清晰严重阻碍了有偿使用、草原登记等配套制度的衔接，长此以往草原将缺乏必要监管，生态安全也将难以为继。因此，草原立法过程中应当明确草原的法律概念，完善草原权属制度，进一步明确和规范登记制度，通过构建较为完善的权属管理制度规范相关主体的行为。

【关键词】 草原概念；草原权属；草原登记；草原流转；生态文明

引　言

我国是一个草原大国，有天然草原3.928亿公顷，约占全球草原面积的12%，居世界第二。其他草原面积较大的国家分别是澳大利亚、美国、巴西、俄罗斯等。从我国各类土地资源来看，草原资源面积也是最大，占国土面积的40.9%，是耕地面积的2.91倍、森林面积的1.89倍，是耕地与森林面积之和的1.15倍。我国80%的草原分布在北方，20%分布在南方，北方以传统的天然草原为主，南方则主要是草山、草坡。西藏、内蒙古、新疆、四川、青海、甘肃六省区是我国最重要的草原省份，草原面积达2.93亿公顷，占全

---

* 林禹秋，北京林业大学法学系环境法学硕士。

国草原面积的 73.35%。[1]尽管我国草原保护工作取得了一定的成绩,但与新时代生态文明建设的要求还有很大的差距,我国草原面临的主要挑战有以下四个方面:一是草原违法征占用,草原规模不断减少,面积萎缩。二是草原生态恶化,草原退化、沙化、石漠化等问题依然严峻。三是过度放牧,许多地区没有做到草蓄平衡。四是草原监督管理薄弱、法律体系不健全。解决这些问题的当务之急是修改《草原法》,让草原保护领域的基本法发挥其真正功效,而《草原法》修改的逻辑起点则在于"草原法律概念"的界定。

一、草原的法律概念

(一) 当前草原的法律概念

草原作为一种重要的资源类型和生态要素,具有显著的经济价值和生态价值。草原的概念源于自然科学,因此界定草原的法律概念需要回到概念的源头也就是自然科学中探求草原最本质的内涵。在植物学范畴中,草原是一种以多年生旱生草本植物为主组成的群落类型。在地理学范畴中,草原是温带和热带干旱区中的一种特定的自然地理景观类型。[2]联合国粮农组织将草原分为短期草地和长期草地两类,短期草地包括为了收获草料或放牧而短期种植草本饲料作物用地。时间在 5 年之内应视为短期,以避免在区分短期和永久性草地时出现困难。永久性草地和牧场是指通过耕种或自然生长方式长期用于生长木本饲料作物的土地。[3]从上述概念可以看出,草原是一种重要的可再生自然资源,是一个独立且完整的生态系统,也是一种重要的景观要素。

从法律概念入手,草原是土地资源性财产,属于"物"的范畴,这与农业部门主导草原立法有密切的关系,在以往的立法中草原更多地被视为畜牧业发展的屏障。我国《草原法》第 2 条第 2 款规定:"本法所称草原,是指天然草原和人工草地。"第 74 条规定:"本法第二条第二款中所称的天然草原包

---

[1] 中国农业大学草业科学与技术学院院长,教授,博士生导师,张英俊:"我国草原资源现状与面临挑战",载《山西科技报》2019 年 8 月 13 日。

[2] 参见朱进忠主编:《草地资源学》,中国农业出版社 2010 年版。

[3] 国家统计局:联合国粮农组织关于农业用地统计的项目、口径和定义,载 http://www.stats.gov.cn/ztjc/zdtjgz/zgnypc/ckzl/200510/t20051028_56248.htm,最后访问时间:2019 年 8 月 10 日。

括草地、草山和草坡，人工草地包括改良草地和退耕还草地，不包括城镇草地。"从现行法的概念来看，草原既是发展畜牧业的基本生产资料，又是维护生态环境的重要屏障，若将人工草地限定为用于畜牧业生产，范围显然过窄；考虑到城镇草地与《草原法》所称草原的功能有所不同，前者的功能主要是美化环境，而后者则具有生态功能。

除了国家层面的立法，地方立法也对草原概念的界定做出了有益的尝试。2004 年生效的《内蒙古自治区草原管理条例》第 2 条规定："本条例所称草原是指具有草原生态功能和适用于畜牧业生产的天然草原和人工草地。"2006 年生效的《黑龙江省草原条例》第 2 条第 2 款规定："本条例所称草原，是指具有草原生态功能或者适用于畜牧业生产的天然草原和人工草地。天然草原包括草地、草山和草坡，人工草地包括改良草地和退耕还草地。"2008 年生效的《青海省实施〈中华人民共和国草原法〉办法》对草原的定义更加具体。其第 2 条第 2 款规定："本办法所称草原是指天然草原和人工草地。天然草原包括草地、草山、草坡及疏林草地、灌丛草地；人工草地包括改良草地和退耕还草地，不包括城镇草地。"

（二）草原法律概念的应然选择

有学者建议《草原法》在修改过程中应该重构"草原"的法律概念，《草原法》总则中"草原"的定义需要进一步拓展，引进更加开阔与完整的"草地生态系统"。[1] 对于这一观点我们需要辩证地看待，《草原法》需要保护草地生态系统这是毋庸置疑的，但是保护生态系统是否一定要在"草原"的法律概念上大费周章，答案则是否定的。"生态系统管理立法模式"在美国乃至国际公约中都有所体现，但能否本土化尚需论证。

事实上，"生态系统管理立法模式"在我国已经做过相关的尝试，《循环经济促进法》就是这一领域的有益尝试。况且，我国生态法的立法模式并非像美国的《国家环境政策法》那样由一部基本法统摄全局而是每一类生态要素分别立法，在立法过程中重视法律衔接、统一立法理念，试图通过修改"草原"的法律概念或者"草原法"的基本概念对草原上的动植物、环境等各类要素统一进行规定，但这无异于"一口吃一个胖子"，缺乏可操作性。

在立法过程中，基层林草工作者反映了类似的问题，在湿地立法过程中，

---

[1] 赵安："我国《草原法》立法问题研究"，兰州大学 2017 年硕士学位论文。

湿地的法律概念难以界定是"湿地保护法"至今仍没有问世的重要原因之一，除了湿地的科学概念本身较大之外，湿地管理所涉部门利益和可能带来的行政问责都是影响法律通过的重要因素。诚如基层林草工作者所言，将湿地的科学概念照搬进法律条文是一项毁灭性的灾难，湿地、湿地管理、湿地行政管理是三个截然不同的问题，试图用统一的概念去解释三者的关系是不符合林草具体实践的。

因此，"草原"的法律概念需要调整，且是微调。结合立法的有益成果，建议将草原的概念定义为："本法所称草原，是指具有草原生态功能或者适用于畜牧业生产的天然草原、人工草地以及国家土地利用总体规划确定的宜牧地。天然草原包括草地、草山、草坡及疏林草地、灌丛草地；人工草地包括改良草地和退耕还草地，不包括城镇草地。"

二、建立健全国有草原所有权制度

（一）草原权属制度的宏观体系

权属即权利的归属，换言之即何种主体享有何种权利，法学研究中的"权属"一般约定俗成为物权的归属。广义的权属是指确定绝对物权和限定物权的权利主体，狭义的权属是指所有权主体的确定问题。具体应用到草原立法中，狭义上的草原权属是指草原的所有权。我国《宪法》第9条规定："矿藏、水流、森林、山岭、草原、荒地、滩涂等自然资源，都属于国家所有，即全民所有；由法律规定属于集体所有的森林和山岭、草原、荒地、滩涂除外。"我国《草原法》第9条规定："草原属于国家所有，由法律规定属于集体所有的除外。国家所有的草原，由国务院代表国家行使所有权。任何单位或者个人不得侵占、买卖或者以其他形式非法转让草原。"这表明国有草原的所有权主体是国务院，国务院行使国有草原资产经营管理的职能，各级地方人民政府无权擅自处置国有草原，只能依法根据国务院的授权行使国有草原相关权利。集体所有的草原的所有权主体则是农村集体经济组织，除国家为了公共利益的需要可以依法征用集体所有的草原以外。由此可见，我国草原所有权分为国家所有和集体所有两种，草原的所有权的主体是相对稳定的。

广义的草原权属是指草原用益物权及其相关的权利。我国《草原法》第10条规定："国家所有的草原，可以依法确定给全民所有制单位、集体经济组织等使用。使用草原的单位，应当履行保护、建设和合理利用草原的义务。"可见，集体草原使用权是基于法律规定产生的，是在符合法律规定的前提下对国有草原享有的占有、使用、收益的权利。申言之，集体草原使用权是从国有草原所有权中派生出来的权利类型，权利人依法使用草原，不受他人的非法干涉。我国《草原法》第 11 条规定："依法确定给全民所有制单位、集体经济组织等使用的国家所有的草原，由县级以上人民政府登记，核发使用权证，确认草原使用权。"该条规定所描述的草原权属登记制度从根本上保证了草原使用权的实现。根据我国《草原法》第 13 条的规定，与草原使用权相关的草原权属还应有草原承包经营权，这是从国有草原使用权和集体草原所有权、使用权中派生出来的权利，也是实现草原收益权的一种体现。

综上，我国现行法律确定的草原权属体系可分为所有权、使用权和承包经营权三类。草原所有权属于国家或者集体，草原使用权属于国家、集体，草原承包经营权属于农户。

（二）当前草原权属制度的隐患

首先，《草原法》没有对集体所有的草原作出明确的界定。具体而言，依据《草原法》第 9 条的规定，我国草原是国有和集体所有的二元结构，而依据《草原法》第 10 条的规定，国有草原可以确定给集体组织使用，因此实践中存在集体所有权和集体使用权并行的局面。集体草原使用权概念的出现具有一定的历史根源。为了避免集体所有权过度扩张，进而盲目开发忽略生态效益，需要将一部分草原所有权收归国有，而国家取得所有权之后，为了地尽其用再将草原的使用权分配给集体，由国家进行监督。草原的集体所有权和集体使用权二者的关系依然没有理清。同时，由于集体所有权不需要到不动产登记管理部门登记，集体土地缺少相应的公示手段和监管措施。

其次，实践中我国自然资源的"国家所有权"是由国务院授权各级地方人民政府分别行使的，但是现行《草原法》并没有对国务院和地方政府在草原所有权行使过程中的权利和义务作出明确界定，导致政府之间权力职责边界模糊，责任主体不明确，草原资源利用审批权限不明。

最后，我国现行法律规定未将草原资源权属制度同草原生态保护、草原环境治理相结合，没有体现生态文明法治建设的基本要求。我国草原资源、草原生态、草原环境保护所涉及的现行法律制度主要包括确定草原权属的法律规范、合理利用草原资源的法律规范和保障草原生态安全的法律规范，这些规范相对分散，且规范与规范之间缺乏协调机制，规范的数量和质量发展也不均衡。

(三) 草原所有权制度的理性选择

为了解决这一问题，在所有权这一层面应当强调立法的统一性和协调性，加强法律制度的顶层设计。学者的观点大抵分为以下三类：一是将草原权利全面收归国有，再统一通过使用权制度和承包经营权制度实现权利的再分配；[1]二是在维持现行国有土地和集体土地双轨制的前提下进行制度漏洞的填补；[2]三是通过赋予农民、牧民准所有权实现草原的准私有化。[3]

结合当前我国草原法治建设的具体实践，第二种所有权界定方式更加符合我国国情。具体而言，虽然草原的全面国有化可以在一定程度上克服集体所有制带来的（诸如土地零细化经营模式、第三方介入后交易成本增加、基层集体组织以所有权人身份向农民摊派和收费等）问题，但是草原全面国有化实施难度较大，法律制度变动的成本过高，甚至可能引发难以预料的不安定事件。此外，改革的本质是把已有的突破现有制度的做法制度化、法律化、明确化，法律制度的更新也要符合这一特点，在没有试点、没有政策支持的前提下贸然修改所有权制度风险过高。

而草原准私有化同样存在诸多问题。首先，草原私有化或准私有化制度在制度上过于相信人性，"自己的东西才会珍惜"这一再简单不过的道理在资源开发面前往往不适用。马克思认为，资本主义社会城镇化过程中造成农民人道灾难的根本原因在于噬血是资本的本性，资本噬血本性的突出表现为侵占农民的私有土地由此引发农民的人道灾难。[4]草原的私有化和准私有化会加剧农民的负担。

其次，草原私有化容易产生"私地悲剧"。在讨论公有制弊端时，人们往往会关注"公地悲剧"这一概念，殊不知"私地悲剧"同样存在。草原私有化缺乏相应的监管同样会造成草原退化等一系列生态问题，甚至更为严重。

---

[1] 宋丽弘："物权法视阈下的草原生态保护问题"，载《中国草地学报》2013年第2期，第3~7页。

[2] 周红格："论草原权属制度的保护性完善与创新"，载《内蒙古师范大学学报（哲学社会科学版）》2009年第6期，第101~104页。

[3] 张博、贺艳："完善我国草原产权制度的建议——基于法律角度"，载《黑龙江畜牧兽医》2015年第24期，第7~11期。

[4] 贺汉魂、许银英："城镇化背景下土地私有化的经济伦理批判——基于马克思的'私地悲剧'思想"，载《甘肃社会科学》2017年第5期，第106~111页。

最后，草原私有化忽视了草原的社会价值。草原和土地一样具有维护社会安定的重要价值。草原私有化之后，失地牧民何以为家？由此所引发的一系列社会问题是草原私有化不能承受之重。

为此，应当坚持现有的草原国有制和集体所有制并行的双轨制模式。在立法层面建议，集体所有权不通过登记的方式公示，关于草原的集体所有制可以通过制定《集体草原划定和管理办法》这一规范性文件明确集体草原划定的主体，同时将集体草原管理细则一并纳入文件。对于国有草原而言，需要修订的核心内容是明确责任主体，根据《国务院机构改革方案》的规定，由自然资源部履行全民所有土地、矿产、森林、草原、湿地、水、海洋等自然资源资产所有者职责和所有国土空间用途管制职责。因此，《草原法》中的"由国务院代表国家行使所有权"建议修改为"由自然资源部代表国家行使所有权"，权利行使方式和各级部门的分工另行规定。此外，林草部门作为行业部门，其职能定位应当是行业监督部门而非行业主管部门，从这一维度上来看，《草原法》在修订过程中应当强化自然资源管理部门的主体责任，明确林草部门只履行监管职责。

三、草原的"三权分置"及登记制度

（一）从土地"三权分置"到草原"三权分置"

"三农问题"与国计民生休戚相关，特别是其中的农村土地制度，一直都是国家改革的重点领域。实践表明，传统的农村土地所有权和承包经营权"两权分离"的制度设计已越来越无法适应新时代的需求。生态文明法治建设的新时代需要更加适应当前形势的土地制度即"三权分置"。2014年出台的中央一号文件《关于全面深化农村改革加快推进农业现代化的若干意见》再次重申了这一政策。[1]2014年底，中共中央办公厅、国务院办公厅印发的《关于引导农村土地经营权有序流转发展农业适度规模经营的意见》明确提出了"坚持农村土地集体所有权，稳定农户承包权，放活土地经营权"之"三权分置"的改革思路。2017年10月，党的十九大报告正式确认了农村集体土

---

[1]《关于全面深化农村改革加快推进农业现代化的若干意见》指出："在落实农村土地集体所有权的基础上，稳定农户承包权、放活土地经营权，允许承包土地的经营权向金融机构抵押融资。有关部门要抓紧研究提出规范的实施办法，建立配套的抵押资产处置机制，推动修订相关法律法规。"

地所有权、承包权和经营权"三权分置"的改革政策。2018年1月出台的《中共中央、国务院关于实施乡村振兴战略的意见》更是将该政策上升到了"战略"高度。[1]2019年中央一号文件明确指出,完善落实集体所有权,稳定农户承包权,通过放活土地经营权的相关法律法规,完善现有的政策系统,规范土地流转规范管理制度,发展多种不同形式的农业适度规模经营,可以在根本上推动农村土地"三权分置"工作的有序开展。

这一政策,不仅认可了我国农业传统中农民对土地的依赖关系,有利于发挥农地的"社会保障"功能,而且有利于通过经营权的独立和流转,推进农林产业的规模化经营,实现农地效益的最大化,被誉为我国农村土地制度改革的"第二次革命"。

承包经营作为草原经营活动的重要类型,对草原经营主体而言至关重要,农地"三权分置"的改革方式同样及于草地,因此各地区也在探索草地"三权分置"的具体方案。由于草原的自然属性、利用方式与农村土地不同,牧区与农区的社会经济发展状况也有差异,承包经营制度在农区与牧区所发挥的功能以及所要解决的社会问题大不相同。[2]农用地经济效益和社会效益更为突出,草地生态效益和经济效益更具优势地位。草原地区生态环境较为脆弱,植被破坏后恢复难度大,没有良好的生态作为依托,牧区的经济发展举步维艰。

(二)草原登记制度:草原"三权分置"的重要抓手

"三权分置"制度推行的重要抓手在于规定权利公示的方式及其效力,也就是登记制度。我国《物权法》第127条规定:"土地承包经营权自土地承包经营权合同生效时设立。县级以上地方人民政府应当向土地承包经营权人发放土地承包经营权证、林权证、草原使用权证,并登记造册,确认土地承包经营权。"第129条规定:"土地承包经营权人将土地承包经营权互换、转让,当事人要求登记的,应当向县级以上地方人民政府申请土地承包经营权变更登记;未经登记,不得对抗善意第三人。"上述规定确认了承包经营权登记的两种类型:设立登记和变更登记。根据《不动产登记暂行条例》第5条的规

---

[1] 《中共中央国务院关于实施乡村振兴战略的意见》指出,完善农村承包地"三权分置"制度,在依法保护集体土地所有权和农户承包权的前提下,平等地保护土地经营权。

[2] 代琴、杨红:"草原承包经营制度功能间的矛盾与草原'三权分置'的法权构造",载《中国农村观察》2019年第1期,第98~114页。

定，耕地、林地、草地等土地承包经营权依照本条例的规定办理登记。《草原法》第 11 条规定了登记草原使用权和草原所有权登记制度。《农村土地承包法》也作出了相应的调整。该法第 24 条规定："国家对耕地、林地和草地等实行统一登记，登记机构应当向承包方颁发土地承包经营权证或者林权证等证书，并登记造册，确认土地承包经营权。"

通过和其他法律条文的对比我们不难发现，《草原法》对于草原权属这部分涉及的登记制度仅仅局限于草原所有权和使用权登记，没有明确承包经营权登记的问题。鉴于前文所提及的草地和耕地的功能差异，应当强化对于草原利用的监管，将设立登记时的登记对抗要件变更为登记生效要件，使得主管部门对于草原权属心中有数。

此外，现有的设立登记制度存在两方面问题：一是现行草原承包经营权流转登记模式存在缺陷，登记对抗主义使得"一地多包"情况广泛存在，交易安全难以得到保证；二是登记审查难以落到实处，《物权法》和《不动产登记暂行条例》对于现场勘查的情形表述得模棱两可、自由裁量空间过大，致使权属纠纷在登记之前便已埋下祸根。因此，法律在修订过程中应当注意对上述问题的解决。

另外，在实地调研过程中，基层林草工作部门表示，林草确权登记的职能已经转移到不动产登记部门统一行使，因此由确权登记或流转登记所引发的纠纷调处职能也应当一并转移到不动产登记管理部门，上述建议具有一定的合理性，建议在法律修订时予以考虑。

（三）草原登记制度的新发展

关于草原登记的最近进展主要体现在自然资源部、财政部、生态环境部、水利部、国家林业和草原局五部门于 2019 年 7 月 11 日颁行的《自然资源统一确权登记暂行办法》。该办法第 3 条规定："对水流、森林、山岭、草原、荒地、滩涂、海域、无居民海岛以及探明储量的矿产资源等自然资源的所有权和所有自然生态空间统一进行确权登记，适用本办法。"第 6 条规定："自然资源主管部门作为承担自然资源统一确权登记工作的机构（以下简称登记机构），按照分级和属地相结合的方式进行登记管辖。"第 13 条规定："自然资源统一确权登记以自然资源登记单元为基本单位。"第 23 条规定："登记机构会同水利、林草、生态环境等部门，充分利用全国国土调查、自然资源专项调查等自然资源调查成果，获取自然资源登记单元内各类自然资源的坐落、空间范围、面积、类型、数量和质量等信息，划清自然资源类型边界。"

配套发布的《自然资源统一确权登记工作方案》指出，从2019年起，利用5年的时间基本完成全国重点区域自然资源统一确权登记，2023年以后，通过补充完善的方式逐步实现全国全覆盖的工作目标，制定总体工作方案和年度实施方案，分阶段推进自然资源确权登记工作。

从上述规定可以看出，自然资源主管部门是划界的牵头机关，多部门协同参与，最终由不动产登记管理部门进行登记。这样看来，林草部门不再是确权登记的主导机关，居于协同地位，再由其承担自然资源划界纠纷的调解职能显然不具备正当性。

综上，法律条文表述建议如下："承包经营草地须签订草地承包经营权合同，合同不登记不发生物权设立的效力，县级以上地方人民政府应当在确权登记后，向草地承包经营权人发放草原使用权证，并将相关信息纳入不动产登记信息管理基础平台，作为不动产登记部门日后处理草原使用权划界纠纷的依据。"

四、草原流转与经营权登记

（一）现行草原流转登记制度架构

草原承包经营权流转登记指的是由县级以上地方人民政府将承包人承包草原的面积、位置、形状、权属和空间分布等基本情况以及其变动情况，依照法律法规等规定，记载于登记簿，向承包人颁发草原承包经营权证书，进一步明确其对草原所享有的权利及应当负担的义务的确认行为。草原承包经营权流转登记有利于促进草原流转市场的健康、有序发展，也有利于凭借登记制度，实现保护草原承包经营权流转权利人的合法权益。草原承包经营权流转登记制度是草原承包经营权人维护合法权益的法定依据。

根据《农村土地承包法》第35、36条的规定，土地承包经营权可以通过互换、转让、出租（转包）、入股或者其他方式流转。其中，针对互换、转让两种流转方式增加了登记对抗的规定，出租等其他流转方式采用备案的方式进行事后审查。《农村土地承包法》第41条规定，土地经营权流转期限为5年以上的，当事人可以向登记机构申请土地经营权登记。未经登记，不得对抗善意第三人。第47条规定了经营权担保登记的对抗效力。也就是说，《农村土地承包法》确认了经营权登记的法律制度。

现行的流转登记制度存在以下三方面问题：一是流转登记错误救济制度不健全，法律中没有明确登记错误的归责原则以及赔偿范围；二是流转登记质量普遍偏低，牧民分布较为广泛、分散且部分牧民法律意识不强造成实践中登记信息缺漏严重；三是登记信息公开制度没有建立，虽然《不动产登记暂行条例》第27条规定了权利人、利害关系人可以依法查询、复制不动产登记资料，不动产登记机构应当提供。但利害关系人的范围不明确，《草原法》也未对登记信息公开的具体范围作出明确界定，这不符合行政公开和公众参与的具体要求。

(二) 草原经营权登记的理论基础

如前所述，草原的生态功能更为重要，因此草地所有权、承包权、经营权"三权分置"的核心在于规制草原流转问题，平衡放活经营权和严格保护草原生态的关系。草原承包经营权流转是指在草原承包经营权基本物权性质不变的前提条件下，草原承包经营权人在保持草原所有权权属和畜牧业用途的基础上，依法将草原承包经营权或者其中的部分权能转移给他人的行为。[1]同理，草原经营权流转可以定义承包权经营权中经营这部分权能的独立流转。草原承包经营权、经营权的流转必须坚持以下几项原则：首先，权利流转不影响所有权的归属，依据"三权分置"落实所有权，稳定承包权，放活经营权的基本理论，承包权、经营权的流转不影响所有权，权利人流转的是草原的用益物权而非所有权。其次，从物权法的角度来看，承包经营权流转和经营权流转的本质是物权变动，因此需要明确变更登记作为一项公示手段的法律地位。最后，草原流转需要坚持用途管制制度，作为重要的生态功能区，草原生态阈值相对较低，即便搞活经营权也不能因过度开发而对草原承载力造成不可逆的破坏，因此必须强化主管部门的监管力度，牢牢坚持用途管制制度。

在此次立法调研过程中，一线林草业工作者对于经营权问题同样存在困惑，根据中央"三权分置"的制度设计，此次改革的重点在于放活经营权。而让经营权"活"起来，需要资本，《农村土地承包法》只规定了5年以上经营期限的经营权可以登记。那么，经营期限5年以下的经营权如何操作？上

---

[1] 丁关良、童日晖：《农村土地承包经营权流转制度立法研究》，中国农业出版社2009年版，第271页。

位法能否规定"经营权证"制度，以便融资时作为抵押标的？这些问题不是一个个别问题，而是广泛存在于林草实务中的普遍性问题。虽然学界对于经营权的法律性质仍然存在争议，但现今主流观点认为经营权是用益物权。既然经营权是一项用益物权，那么登记并核发经营权证本就是顺理成章的事情。《草原法》在此次修改过程中就可以在《农村土地承包法》的基础上更进一步，明确草地经营权设立需要登记。并在原有草地权属这一章节的基础上将承包经营权、经营权、设立登记、流转登记等条款安排在一起，设立草地家庭承包这一独立章节，明确各类权利的性质和登记效力。

林地地役权制度研究*

【摘　要】 在我国，国家或集体拥有绝大多数林地的所有权，因此用益物权成了我国林业物权的主要内容。其中，林地地役权是处理生态公益与私人利益的重要一环。虽然我国法律没有对林地地役权作出明确规定，也尚未使用过林地地役权的概念，但是在国家林业政策中，尤其是在国家重点生态工程的实施过程中以及集体林权制度的改革实践中，林地地役权制度都发挥着不可小觑的作用。关于林地地役权的性质，目前学界存在着不同观点。对于其是否属于物权法中规定的地役权，笔者持否定观点。

【关键词】 林地地役权；用益物权；林业物权

国家为保育森林资源，维持生态平衡，对林地权利人作出规定，限制其砍伐林木，此即为林地地役权。由于我国法律目前没有关于林地地役权的规定，致使在实践中政府与公民的权利义务划分不清晰，容易引发争议。学界间亦存在着不同的理论观点。本文旨在初步探讨林地地役权的概念及性质，并对如何完善我国林地地役权制度提出一些建议。

一、地役权

（一）地役权概念

根据我国《物权法》第156条、第157条的规定，地役权人有权按照合同约定，利用他人的不动产，以提高自己的不动产的效益。他人的不动产为供役地，自己的不动产为需役地。设立地役权，当事人应当采取书面形式订立地役权合同。由此可知，地役权是一种独立的物权，是按照合同约定利用他人之不动产以提高自己不动产效益的权利。需要利用他人土地才能发挥效

---

* 富文迪，北京林业大学。

用的土地,被称为需役地;提供给他人使用的土地,被称为供役地。根据我国《物权法》的规定,地役权具有以下特征:

第一,地役权以存在两项不动产为前提,即供役地与需役地。地役权是为需役地的便利而设立的,因而地役权从属于需役地。而且,地役权涉及的土地与相邻关系中的土地不同,供役地与需役地可以不相邻。但是,这两个不动产一般具有地理位置上的某种关联,有为了其中一个不动产的便利而利用另一个不动产的必要和可能。

第二,地役权是为需役地的便利或价值的提高而设定的。地役权设立的目的就是使需役地获得便利,从而更好地发挥效用,提高需役地的价值。

第三,地役权具有从属性和不可分性。地役权不得与需役地分离而转让,不得与需役地分离而为其他权利的标的,且随需役地所有权或使用权的消灭而消灭。

第四,地役权属于用益物权,但其设定方式是意定的,按照合同约定产生,无需公示。地役权是否进行登记,完全基于当事人的自愿。未经登记,不得对抗善意第三人。

(二)地役权的适用范围

在我国,地役权制度作为一项新兴的法律制度,在地役权主体、客体范围的规定上较为模糊。因此,只有厘清地役权的主体与客体范围才能规范其在实践中的运用,定分止争。

1. 地役权主体范围界定

地役权主体范围的界定关系到具有何种身份的人方有资格设立地役权。我国《宪法》规定土地归国家和集体所有。《物权法》第 161 条规定:"地役权的期限由当事人约定,但不得超过土地承包经营权、建设用地使用权等用益物权的剩余期限。"由此可以推断出,我国地役权的主体不再局限于土地所有人,土地的使用人(如土地承包经营权人、建设用地使用权人、宅基地使用权人)均能成为地役权的主体。

2. 地役权客体范围界定

根据我国《物权法》第 156 条的规定,地役权的客体应当是不动产。《担保法》第 92 条规定:"本法所称不动产是指土地以及房屋、林木等地上定着物。"在我国,土地所有者为国家或集体,以土地为客体设定的地役权,其与架构在土地之上的土地承包经营权、建设用地使用权、宅基地使用权等权利密切相关。土地的存在形式多种多样，既包括建筑用地、荒地，也包括林地、滩涂、草地、水体等自然资源土地。在不同的利用形式背后，土地的效益或价值会产生很大差异，这也就决定了在设定地役权时要注意不同土地上地役权的独特性。以林地为例，虽然《森林法》等相关涉林法律法规中尚无关于林地地役权的规定，但林地作为土地的一种，理应成为地役权的客体，只是由于林地兼具经济价值与生态价值，在林地上设定地役权时，既要符合《物权法》的一般规定，又要符合森林资源的生态特征和国家生态建设的管理目标。

二、林业用益物权

在我国，在林地归国家或集体所有的前提下，林业用益物权成了林业物权的核心内容。在我国的用益物权类型中，与林业有关的用益物权为土地（林地）承包权和（林地）地役权。其中，林地承包经营权是指承包人因从事林业生产而承包使用、收益集体所有或国家所有的林地的权利。

林地地役权包括生态林建设地役权、防沙治沙地役权、退耕还林地役权、自然保护区建设地役权、封山育林地役权和陆生野生动物保护地役权等。地役权合同中约定的内容主要包括：供役地权利人对国家、集体或者个人所有的森林资源进行严格保护；不得砍伐森林和从事对生态环境造成不利影响的资源开发利用活动；在沙化土地、荒山上造林以后不得砍伐；对供役地上危害庄稼和对人身造成威胁的国家保护的野生动物不得猎杀；政府以生态效益补偿的方式向林地权利人支付一定的生态效益补偿金；等等。

根据周训芳教授所述，可以将林地地役权定义为：国家基于环境保护和生态公益的目的，通过法律的规定或者政府与林地权利人的约定，限制林地权利人的权利，使林地更好地发挥生态效益，从而改善国家的生态环境的一种特殊的地役权。

然而，笔者认为，根据这个定义，林地地役权并非从属于传统的地役权，二者在性质以及双方的权利义务等方面均存在着不容忽视的差异。

三、传统地役权与林地地役权特征之差异

如上所述，地役权具有以下特征：第一，地役权以存在两项不动产为前提，即供役地与需役地；第二，地役权的目的是自己不动产的增值，地役权

设立的前提之一就是增加需役地的利用价值和提高效能；第三，地役权具有从属性和不可分性；第四，地役权的设定方式是意定的，按照合同约定产生，无需公示。

周训芳教授在《论林地地役权》一文中提出，林地地役权与一般意义上的地役权的共同法律特征体现在以下几个方面：第一，林地地役权是需役地权利人和林地权利人通过合同的约定而设立的，设立林地地役权的目的，在于需役地权利人通过利用他人的林地来提高自己土地的利用价值。第二，林地地役权是利用他人的不动产。林地地役权是存在于他人林地上的不动产物权。第三，林地地役权是为了提高需役地的利用价值而利用作为供役地的林地。设立林地地役权的目的是获得需役地的利用方便或提高需役地的利用价值。此种利益主要是通过限制林地的利用而获得的生态利益，也包括通过发挥供役地的森林生态效益、改善需役地的生态环境而给需役地带来的经济利益。

但是，仔细对比后我们不难发现，林地地役权与传统地役权在特征上其实并无相似之处。首先，我国《物权法》规定地役权合同必须由当事人自愿协商而订立，任何机关和单位不得强迫设立地役权。根据周教授的总结，"林地地役权是需役地权利人和林地权利人通过合同的约定而设立的"，然而事实并非如此。在现实生活中，尽管的确存在政府与林地权利人协商订立合同的事例，但少之又少。由于林地地役权是为了保护森林资源而设立的，因此更多的是通过行政命令的形式通知林地权利人，强制其履行保育林木的义务。因此，双方的法律地位并非平等，或者说，林地权利人在政府的强制命令下没有选择的余地。这与传统地役权的形式及内容都不相同。

其次，将林地地役权设定为对林地权利人的限制，与地役权的传统概念有着较大的差异。我国《物权法》第160条规定："地役权人应当按照合同约定的利用目的和方法利用供役地，尽量减少对供役地权利人物权的限制。"而且地役权人使用供役地必须在地役权合同约定的范围内行使。关于地役权的规定并非是为了限制供役地权利人的权利行使。

最后，"设立林地地役权的目的，是获得需役地的利用方便或提高需役地的利用价值"的说法难以令人信服。传统意义上的地役权以存在两项不动产为前提，设立的目的的确是需役地的便利或价值的提高，但是，林地地役权并不符合此特征。很显然，在林地地役权制度中，不存在"双方"的两项不动产，仅有林地权利人名下的林地一项。既然需役地都不存在，又何来"目的是获得需役地的利用方便或提高价值"呢？

笔者认为，设立林地地役权的真正目的是生态系统的平衡和生物多样性的保护。国家为履行森林保育的责任，在林地使用权方面为林地权利人设立义务，同时给予其一定的补偿，旨在平衡生态资源保护和经营者利益二者的关系。鉴于目前学界经常使用的林地地役权的概念与传统地役权相差甚远，笔者建议将"政府以生态保护为由限制林地权利人砍伐林木的行为"冠以他名，摒弃"林地地役权"此名称为宜。

四、生态效益补偿协议及退耕还林协议是否属于林地地役权

周训芳教授在《论林地地役权》一文中认为，生态效益补偿协议以及退耕还林协议等均属于实质意义上的林地地役权合同。笔者对此持不同观点。

何谓生态补偿协议？根据《森林法》的规定，国家对森林资源实行以下保护性措施：建立林业基金制度。国家设立森林生态效益补偿基金，用于提供生态效益的防护林和特种用途林的森林资源、林木的营造、抚育、保护和管理。森林生态效益补偿基金必须专款专用，不得挪作他用。2017年2月7日，中共中央办公厅、国务院办公厅联合印发《关于划定并严守生态保护红线的若干意见》，再次提出"推动生态保护红线所在地区和受益地区探索建立横向生态保护补偿机制，共同分担生态保护任务"。

目前，我国生态公益林建设在国家生态文明建设中具有举足轻重的地位。然而，实践中，所谓的森林生态效益补偿，实际上主要是通过支付管护工资实施的，而且补偿标准远远低于林户的经济损失。在国家林业局和财政部的森林生态补偿政策实践中，所有的国家级公益林补偿标准均为5元/年·亩，而集体所有由集体统一经营和个人承包经营的国家级公益林补偿标准由5元/年·亩逐步提高到2010年的10元/年·亩和2013年的15元/年·亩。即便补偿款项有所提高，但仍可以看到各级生态公益林补偿标准与林地权利人的生态贡献极不相称，其补偿标准远远补偿不了林地权利人的经济损失，林地权利人的大部分林权损失都是由自己承担的，这极大地侵害了林地权利人的财产利益。

由此可见，生态效益补偿协议与林地地役权合同相差甚远。首先，在划定生态公益林时，是纯粹的单方行为，林地权利人不可能参与，只能被动接受；其次，生态公益林划定后，法律规定生态公益林不可以采伐，不是在对

林地进行利用，而是剥夺了林地权利人对林地的收益权和处分权；最后，对于生态效益补偿问题，林地权利人既不可以对补偿标准说三道四，也不可以对补偿的方式、时间有任何自主的权利。据调查，目前辽宁省的大部分地区截止到2010年为止，林农分到的生态公益林从未得到过补偿，2011年开始补偿，国家级公益林每亩5.5元，地方级公益林每亩1元，补偿标准很低，纯属于行政行为，自然与《物权法》中的地役权无关。

关于退耕还林协议，显然是一种对人的行为，要求农地的权利人放弃种植农业作物而改为种树，此国家给予补助的协议，显然也与地役权的概念相左。

综上所述，虽然林地兼有公益和私益双重法律属性，但在设定地役权时，应符合物权法的规定，不应超出私权范畴。在我国的物权法中，地役权是最能体现私权属性的，原因在于其设定必须要通过自愿协商，签订地役权合同的方式进行，而不可以由法律直接规定或采取行政方式进行。因此，林地地役权理应与其他不动产地役权并无差异。

结 论

笔者认为，真正意义上的林地地役权的形式与其他地役权并无本质差异，即为了实现自己不动产的便利或者价值的提高而使用他人林地的权利。主要方式包括在通行、取水、埋设管线以及采伐林木等方面，利用他人林地为自己之便利。按照《物权法》的规定，林地地役权的主体既可以为林地的所有权人——国家和集体，也可以为林地的承包经营权人。林地地役权的客体为林地，可以是国家和集体所有的林地，也可以是私人承包的林地。从另外的角度讲，既可以在林地所有权上设立地役权，也可以在林地承包经营权上设立地役权。林地地役权的设立与林地承包经营权的设立相同，即签订林地地役权合同，林地地役权即设立。林地地役权合同当事人可以申请登记，不登记不能对抗善意第三人。

目前，学界对林地地役权的理解存在较大差异，其原因在于我国法律对地役权的规定尚不明晰，甚至没有提及林地地役权。如今生态文明建设越来越重要，我国作为林业大国，森林资源理应更受重视。笔者建议立法部门早日完善林地地役权的概念以及性质等相关立法，赋予林地地役权真正的法律意义，以期达到定分止争的目的。

国有林权流转的法律障碍和解决对策*

【摘　要】 因为国有林权流转目前尚没有法律进行规定，导致存在基本定义不明确、流转主体不明确、流转程序不完善、市场秩序不规范、流转制度不健全等问题。本文通过了解日本、俄罗斯、新西兰对国有林权流转的态度和做法，针对上述问题进行了分析，并提出修改《森林法》、确立林权经营权登记制度、完善流转程序、规范市场、加强监督等建议。

【关键词】 国有林权流转；法律障碍；国外经验；解决对策

森林作为兼具经济和生态双重效益的重要资源，一直都是国家和社会发展的重要因素，也是国家重点把握和关注的对象。在新中国成立初期，以东北国有林区为代表的几大国有林区为国家供应了大量木材以支持经济建设，国有林区繁荣至极。改革开放后，特别是近几年国家越来越重视生态环境并开始进行生态建设以来，国有林区危机四伏：一方面，当初的过度砍伐使国有林区陷入了资源枯竭的困难境地，加之如今的限制采伐，国有林区保持固有的、单一的管理和经营体制，使得国有林区失去主要收入来源，开始负债累累；另一方面，国有林区经营不善，使得职工也因常年的工资拖欠、收入低下导致生活没有保障而日益贫困，加剧了当地的社会矛盾。林区职工也从当年一个炙手火热、人人称羡的工作变得无人问津，国有林区人员流失严重，国有林区的未来面临无人管理、无人承担的困局。

党的十六届三中全会提出林权改革，2003 年的《中共中央、国务院关于加快林业发展的决定》释放出了国家对于国有林权改革势在必行的信号，让国有林权迎来了发展的新契机。2004 年，国务院决定在黑龙江省伊春市开展国有林区林权制度改革试点工作，揭开了国有林权改革的序幕，而国有林权

---

* 刘芳琳，北京林业大学。

改革归根结底是通过对产权制度的变革，使林地承包人享有所承包林地的使用权以及其上生长林木的所有权，进而通过林权的交易和流转盘活国有林权，达到国有林区经济效益和生态效益的可持续发展。[1]

如今，距离改革开始已经过去15年，虽然在改善林区职工经济收入和调动林区职工积极性方面取得了一定的进展，但在没有完善法律进行规范的国有林权流转面临种种阻碍，难以深入，使得国有林权改革只能停留在试点阶段，无法达到国有林权改革试点之初建立权属清晰、权责明确、保护严格、流转规范的预期目标。

一、国有林权流转的主要法律障碍

（一）"国有林权流转"没有明确定义

林权不仅有林地的使用权，而且还涉及林地上生长物的所有权、林中野生动物的所有权、林地下埋藏物的所有权等权利，是由复杂客体构成的。国有林权关系到国有财产安全，其流转制度必须详尽、周密，否则会造成国有资产流失。

1. 林权与国有林权

作为国有林权的基础，林权的概念在我国现行的法律法规中并没有完整而明确的定义，学术界也尚未达成共识。学者们往往根据自己研究的需要从不同的角度和不同学科的视野对林权的概念做出界定。有的学者认为林权又称森林所有权，是森林法律关系的主体对森林、林木或者林地的占有、使用、收益和处分的权利。[2]另一种观点则如《中国可持续发展林业战略研究》的阐述，认为林权包括森林资源以及林木、林地和森林的所有权及使用权，采伐利用权，林下和林中的采集利用权、流转权、补偿权、担保抵押权、品种权、森林景观的开发利用权。[3]对于两种观点，究其根本，导致差异的主要原因是对"森林""森林资源"等概念的不同理解。2009年《森林法》第3条明确规定："森林资源属于国家所有，由法律规定属于集体所有的除外。国家所有的和集体所有的森林、林木和林地，个人所有的林木和使用的林地，

---

[1] 周孜予、王爱民、曹玉昆："伊春国有林区林权制度改革的法律政策分析"，载《东北林业大学学报》2008年第8期，第1页。

[2] 张伟："国有林地流转制度研究"，东北农业大学2012年硕士学位论文。

[3] 张伟："国有林地流转制度研究"，东北农业大学2012年硕士学位论文。

由县级以上地方人民政府登记造册，发放证书，确认所有权或者使用权。国务院可以授权国务院林业主管部门，对国务院确定的国家所有的重点林区的森林、林木和林地登记造册，发放证书，并通知有关地方人民政府。森林、林木、林地的所有者和使用者的合法权益，受法律保护，任何单位和个人不得侵犯。"《森林法实施条例》第2条规定："森林资源，包括森林、林木、林地以及依托森林、林木、林地生存的野生动物、植物和微生物。"从这两条规定可见森林资源与单纯意义上的森林有着含义的本质区别，森林只是森林资源复杂客体中的一种。

但是，无论做何种理解，从中都可以总结出一个共同点，即林权是由多项权能构成的权利集合，其各项权能应当具有可分性。笔者较赞同按其内容，将林权概括为森林、林木和林地的所有权、使用权、收益权和处置权等。从我国法律现行的规定和改革的实践来看，林权制度改革的核心主要集中在林业资源使用权下的各项权能的具体展开。

国有林权是林权分类的一种，是指国家对其所有的森林、林木或者林地的占有、使用、收益和处分的权利。根据《森林法实施条例》的规定，除林木所有权可以为个人所有外，森林的所有权和林地的所有权皆归国家或集体所有。

2. 国有林权流转

《民法通则》第81条第3、4款规定："公民、集体依法对集体所有的或者国家所有由集体使用的森林、山岭、草原、荒地、滩涂、水面的承包经营权，受法律保护。承包双方的权利和义务，依照法律由承包合同规定。国家所有的矿藏、水流，国家所有的和法律规定属于集体所有的林地、山岭、草原、荒地、滩涂不得买卖、出租、抵押或者以其他形式非法转让。"国家所有的森林、山岭、草原、荒地、滩涂、水面等自然资源，可以依法由全民所有制单位使用，也可以依法确定由集体所有制单位使用，国家保护它的使用、收益的权利；使用单位有管理、保护、合理利用的义务。国有林权流转实际上是承包人对林地享有使用权，对森林、林木享有所有权。有学者（张伟）对国有林地流转进行了界定：国有林地流转是以实现国有林地可持续发展为目的，在不改变林地所有权的前提下，对林地的使用权及其他依附权利按照法定的程序，向个人或其他单位主体进行转移的经济行为。[1]参考该概念，可以将国有林权流转界定为：国有林权流转是以实现国有林区生态、经济的可持续发展为目的，将国家所有的林地使用权、森林和林木所有权以法定形式承包给个人或者企业，承包人享有承包经营权的行为。

至于"流转"的内容，《森林法》第15条规定："下列森林、林木、林地使用权可以依法转让，也可以依法作价入股或者作为合资、合作造林、经营林木的出资、合作条件，但不得将林地改为非林地：（一）用材林、经济林、薪炭林；（二）用材林、经济林、薪炭林的林地使用权；（三）用材林、经济林、薪炭林的采伐迹地、火烧迹地的林地使用权；（四）国务院规定的其他森林、林木和其他林地使用权。依照前款规定转让、作价入股或者作为合资、合作造林、经营林木的出资、合作条件的，已经取得的林木采伐许可证可以同时转让，同时转让双方都必须遵守本法关于森林、林木采伐和更新造林的规定。除本条第一款规定的情形外，其他森林、林木和其他林地使用权不得转让。具体办法由国务院规定。"再类比于林权改革有异曲同工之妙的农村土地改革，参考农村土地的相关规定（如《农村土地承包法》第37条）的规定，国有林权流转应该包括转包、出租、互换、转让抵押等内容。

（二）林权流转的主体不明确

纵观几个改革试点，在国有林权改革过程中，流转主体主要是林区内部职工。在伊春市，《伊春林权制度改革试点单位林木所有权、使用权及林地承包经营权内部转让暂行办法》明确规定林权流转双方必须是伊春林区职工。林权改革的目的之一是改善国有林区职工的生活条件，但从目前的改革实践来看，国有林区的职工并没有全部参与到国有林权流转的过程中。一方面，由于始终没有关于国有林权流转方面的法律规定，承包人对于承包经营权的放开和稳定持怀疑态度；另一方面，林业经营有投入大、周期长、见效慢、风险大的特殊性，又存在采伐限制，承包人担心无法在短期回流资金，进而造成只见投入，不见回报的局面。

然而，国有林权改革要想深入，国有林权不可能只在内部职工之间的小范围内流转，其流转主体范围必须扩大，要允许林区之外的单位和个人成为

---

[1] 张伟、张晓梅："国有林地流转市场保障体系研究"，载《东北农业大学学报（社会科学版）》2008年第2期。

林地承包人。外部资金的注入能够缓解承包人的投资压力，也可以形成规模化的林业经营管理模式。但是，这种方式也同样存在问题：一方面，这种方式无疑又将没有参与承包的林区职工置于改革之前的境地，使其生活陷入困境；另一方面，外部资金注入必定以换取一定利益为目的，国有林场所能带来的利益除了林木、林内动植物等产出最重要的是承包权的再流转。但目前我国限制林木采伐，同时又不允许依托承包经营权对森林、林地、活立木进行抵押等，这同样会使承包人看不到利益，短期内无法实现资金回流从而丧失投资积极性。

（三）法律程序难以完善

法律程序方面，最主要的问题是关于国有林权经营权属凭证的颁发。

国有林权顾名思义为国家享有所有权，我国国有林区目前的做法是国家林业局将林权证通过各地省级林业主管部门发放给地方林业局。根据目前的规定，一个林场只有一个林权证。但《林地承包经营合同书》和《林木资产流转合同书》是一种合同行为，属于债权范围，只能约束合同签订各方的行为，不能成为确认国有林地承包经营权和林木资产所有权、排除其他权利要求的合法凭证，此时应该给承包经营人发放林权经营权属证书。

但林权经营权属证书发放也面临难题：首先，林权经营权属证书应该由谁发放？国有林权由国家所有，如果只能由国家发放，工作量太大，不现实；而如果由地方来发放，即使有国家授权，但因涉及地方机关处置国家财产，如果地方处置不当则需承担巨大责任，地方机关背负的风险太大。其次，一个林场只有一个林权证书，那一个林场可以有多少个经营权属证书呢？随着国有林权流转广泛而深入的进行，国有林权流转的方式也变得多样起来，转包、拍卖、继承、抵押等方式越来越普遍。在林权经营权二次流转之后，特别是承包权和经营权分离之后（类比农村土地承包经营权）林权经营权证书是否需要从上一承包人或经营人手中收回，还是仅就新经营权人进行重做？如果收回会造成原承包经营人无权益保护凭证，而不收回难免会出现一证多转、一证多抵的情况。

（四）经营市场不规范

国有林权流转目前尚未形成规范、有序的市场化运营。首先，活立木交易市场成立较晚。"活立木流转"改变了原有林木必须采伐后才能交易的模式，交易双方通过活立木交易市场提供的信息平台直接交易正在生长的树木和林地承包经营权,为林权的流转提供了更为便捷的途径。活立木交易市场被许多关注国有林权改革的学者形象地称为"绿色银行",它可以使林区职工通过林木和林地兑现,缓解长期大量资金投入的压力。在改革初期,国有林权主要在林区职工间流转,但随着改革的深入,国有林权流转走向市场化,此时活立木交易有类似期货的特点。但国有林权终究是国有的,没有明确的法律规定,进行此种市场化操作,一旦出现问题,便是大量国有资产的损失。

(五)基本法律制度不健全

1. 价格评估制度

对于流转过程中林地流转基价的确定,需要专门的评估机构进行评估,评估结果可作为发包人与承包人之间林地承包经营权价格的参考依据。但到目前为止,国有林权流转在实际操作中可以依据的改革性文件都是地方政府的指导性文件,国家层面并没有颁布相关的法律予以规范。流转价格并不是必须经过专门的评估机构来确定,而是选择性地由交易双方协商或者经过专门的评估机构进行评估,由于市场价格受多种因素(包括国家政策、交易量、交易方式)的影响,参考市场价格由交易双方协商确定的交易价格可能明显高于或者低于交易对象的实际价值,这不仅会对交纳的管理费、税费数额产生影响,而且也会成为一些人逃避债务的手段。

森林资源资产评估机构不规范。我国森林资源资产评估工作起步较晚,并不像房地产交易那样已经较早成立评估机构且形成了较为完善的评估制度和体系。我国的森林资源资产评估机构主要存在的问题:其一,数量较少。在评估工作中会造成如果承包人对评估机构的评估结果有异议,再次选择评估机构会非常困难,因为可供选择的评估机构都注册在其他省份。由于国家对在全国范围内进行森林资源资产评估工作的评估机构有着严格的准入门槛,实际上目前森林资源资产评估机构的数量还不能满足国有林权流转市场上对森林资源资产评估工作的需要。其二,评估人员缺位。由于森林资源内涵广泛,对其进行评估需要具备国家承认的资质、专业的林业方面知识,而且要熟练掌握森林资产评估所依据的技术规范、法律规定和了解当地政府政策,这对于从事森林资源资产评估的人员来说要求非常高。国有林权近几年才进行流转试点工作,评估机构也是随之兴起的,所以,评估人员存在无资质、业务不熟练等问题。这对于国有林权流转价格的评估影响重大。

2. 监管体制不健全

我国传统的国有林区经营模式是政企不分，而且除了改革试点范围内的一部分国有商品林流转以外，其他包括公益林、部分商品林并未在改革范围内，仍然属于国有，由林管局负责经营管理。如果不改变传统的经营模式，林管局既负责经营，又负责审批，无法保证公平、公正地维护国有林权流转市场秩序。此外，国有林权流转涉及的登记备案制度也需要完善，初始登记、变更登记、抵押登记和注销登记等这些不仅有利于国家对国有林权流转情况的统计也有利于流转双方权利义务的保护。有些地方政府没有设立专门的登记机构，对于林权档案的保管工作不重视，造成管理混乱，无法清晰、明确地掌握流转的具体情况。

二、国外经验借鉴

各国迄今大多已经制定有专门的综合性林业法典。世界林业发达国家的非公有林为大多数，林业管理向促进发挥森林多种效益和集约化经营的方向发展，一般允许林权的合理流转。

日本国有林管理机构代表国家行使国有森林资源资产所有者的权能，并且按照事先制定好的计划开展各项流转活动，其中以市场为中心进行的价值评估活动最为严格，确定价格后通过公开招投标的方式进行国有森林资源的流转，以保证国有资产价值不流失以及流转过程的公平公正。1988年，日本颁布实施了《国有林事业改革的特别措施法》，同时也不同程度地制定和修改了《关于国有林经营管理的法律》《关于国有林适用的法律》，为国有林经营与监管改革提供了坚实的法律依据。可见，日本国有林的流转是由林权的所有者——国家——来进行总体掌控，国有林管理机构只具有行政管理的职能而不参与经营。[1]

《俄罗斯联邦森林法典》规定了森林资源方面的流转内容，即森林资源段和未列入森林资源范围的森林林段，可以租赁、租让等方式提供给公民或法人短期使用。俄罗斯在国有林权流转方面体现了以法律规定为准的原则，流转程度以法律规定为限度，并且在法典中对流转客体及流转期限方面也作了

---

[1] 张周忙、蒋亚芳、管长岭："日本国有林管理对我国的启示"，载《林业资源管理》2010年第6期，第129~136期。

详细规定。[1]

新西兰在20世纪中后期对国有林经营管理体制进行了持续、深入的改革，改革的中心是将国有商品人工林拍卖，由私营部门经营。到2000年，全国商品林地中的国有商品人工林已经全部出售。新西兰国有林流转的只是林地使用权，林地所有权不变，以此拍卖的使用期限一般为2个~3个轮伐期（60年~90年），购买者购得使用权后可以自由转让，但不能改变林地用途。

国外从事林权研究的学者认为，公有制山区生产的产品可以为国家所有，也可以为个人所有，人们只有将公有产权逐渐转变为多种产权形式，才能摆脱对单一体制的依赖。部分学者反对将国有森林资源作为单纯的国家经济资源来约束、保护、监督和进行行政管理，提倡国有森林资源多目标经营，尽最大限度让最大范围的国民广泛参与，并对各利益主体的行为进行规范和管理。[2]也有学者认为，虽然目前在林业管理中，分权和改革是一项重要的内容，然而我们不应该被限制在两种极端公有和私有或集体所有中。制度变迁不是没有成本或瞬间的，制度对于林业发展是重要的，但应该仔细考虑潜在的成本和制度变迁的时间。可以德国国有森林资源经营的目标模式为标准模式，将目标定位为生态、经济、社会效益三位一体，强调森林效益永续经营。[3]还有学者提倡国有森林经营的多效益综合配置，即在发挥森林多种效益的原则下，实行综合经营，既可以获取经营上的利润，同时又可以兼顾国家的整体利益。[4]

三、对策与建议

（一）尽快修改《森林法》提供流转依据

《森林法》应当明确规定国有林权流转。《森林法》只有第15条对森林进行了分类并且明确哪些种类的林木可以进行转让、作价入股等流转，但是没有详细和系统的规定。因此，应当对《森林法》进行修改，补充对国有林权和集体林权流转的专门规定，明确国有林权流转是在不改变国有森林、林木、

---

[1] 王树义："俄罗斯森林法若干基本理论问题研究"，载《现代法学》2004年第6期，第186~191页。
[2] 管影："国有林权流转法律问题研究"，东北林业大学2014年硕士学位论文。
[3] 管影："国有林权流转法律问题研究"，东北林业大学2014年硕士学位论文。
[4] 管影："国有林权流转法律问题研究"，东北林业大学2014年硕士学位论文。

林地所有权性质的前提下，对国有森林、林木所有权和林地使用权进行流转的一种经营形式，明确国有林权流转的主体、内容、方式。此外，国有林权流转主要为"二级市场"的流转即再承包经营，必须明确流转的主体、客体、方式，为规范流转市场的健康、有序发展提供法律制度保障。

（二）确立林权登记制度

确立林权登记制度能调动广大林区职工的生产积极性。林权登记制度是物权公示的一种方式，我国物权法将物权分为所有权、用益物权和担保物权，国有林权改革是将林地使用权、林木和森林所有权承包给个人。林地承包经营权登记后承包人在法律上享有对承包林地的使用、收益权利并得到国家认可。从个体角度看，承包人更愿意向自己承包的林地进行资金投入，短期的经营回报可以极大地缓解因长期的林木培育给承包人家庭带来的巨大压力。林木和森林的所有权登记后，承包人可以在国家允许的采伐限额内进行采伐，经营活动方式更加灵活。

确立林权登记制度也是林权流转顺利进行的保障。林权登记制度是承包者享有用益物权和所有权的一项权利公示制度，对于承包者与其他有意参与流转的人来说都是权利的保障，也都可以成为权利公示的对象。确立林权登记制度后，承包人被登记为林地承包人或者森林、林木的所有权人，再进行林权流转就有据可查。

（三）完善流转法律程序

关于国有林权承包经营证书的发放问题，国家林业主管部门应当根据各地国有林权改革和集体林权改革的实际情况，及时出台应对现实中存在问题的方法。可以考虑由地方林业主管部门根据本地情况将数据统计汇总后向国家林业主管部门汇报，后者经过实地考察后研究决定是否为其颁发国有林权承包经营权证书。

流转行为必须依托流转市场来进行，建立健康、有序的流转市场运营制度对于国有林权流转至关重要。过去的流转市场主要进行的是采伐后的木材交易，而现在只要有林地承包合同，木材不采伐也可以进行交易。可以建立活立木交易市场，由市场为当事人提供政策咨询、供需信息等，可以让交易双方在公平、公正、自愿的前提下进行林权流转。

（四）健全国有林权流转评估制度

国有林权流转必须经过专门国有林权流转评估机构进行评估后才能有效。

国有林权流转评估制度的建立可以从以下几个方面进行：首先，确立统一的国有林权流转评估标准。我国国有林权流转目前还没有关于全国性统一的国有林权流转评估标准，给评估工作带来了很大不便，因评估人员主观认识不同，同一流转林地评估价格可能相差很多，应当尽快建立国有林权流转评估标准，让评估人员在工作中有据可查。其次，建立国有林权流转评估事务所。目前专门从事评估国有林权工作的机构稀缺，许多地方林权流转评估工作专业化水平低，所以有必要在短期内建立国有林权流转评估事务所。国有林权流转评估事务所应当由具有林权评估资格的专业人员三人以上并经省级以上林业主管部门审批，有固定的营业场所、注册资本、专业人员以及章程。评估机构对省级以上林业主管部门负责，并受其监督。再次，设立国家林权流转评估资格考试。由国家林业局负责在全国范围内每年组织一次林权评估资格考试，通过指定科目考试并达到合格分数的人员将获得由国家林业和草原局颁发的林权评估资格证书，持此资格证书才能在全国范围内从事林权评估工作，以此逐渐改变国有林权流转过程中没有专门评估机构及评估人员短缺的局面。最后，加强从业人员职业道德素质教育。由县级以上各级林业主管部门定期对从业人员开展业务能力和职业道德的培训并建立奖惩及考评制度。

目前，我国国有林权改革已进入瓶颈期，应在法律上明确国有林权流转，在此基础上借鉴国外和试点地方经验，确立起完整的制度体系，推动改革的再深入。然而，改革并非一蹴而就，此过程一定是漫长而艰难的。在此过程中，研究和实践都不能停，只有不断探索、不断尝试才会取得创新性成果，也坚信未来关于国有林权流转的难题会得到解决。

林地承包经营权抵押探究*

【摘　要】 关于林地承包经营权抵押，现行立法规定并不统一，尤其是承包方式取得的林地承包经营权，我国现行立法规定并不明确。因此，学界就承包方式取得的林地承包经营权抵押产生了激烈的争议。本文以现行有关立法为基础，在明晰林地使用权与承包经营权关系的前提下，结合集体林权改革和土地"三权分置"背景，探讨林地承包经营权抵押。

【关键词】 承包经营权；使用权；抵押；放开；完善举措

集体林地是国家重要的土地资源，是林业重要的生产要素，是农民重要的生活保障。关乎林农生计，也关乎国家现代林业发展。一方面，为了防止林农失去生活保障，国家在立法层面对集体林权流转进行了严格限制；另一方面，为了解放和发展生产力，促进现代林业经济发展，国家又鼓励集体林权活起来。近年来，随着集体林权改革在全国的推行，集体林权流转问题成了学界激烈讨论的话题，尤其是作为林权流转方式之一的林权抵押问题，由于现行立法以及有关规范性文件不统一，学界就林地承包经营权抵押引发了激烈的争议。有学者认为，林地承包经营权抵押不应放开，否则，农民有"失地"风险，进而失去基本生活保障；也有学者认为，林地承包经营权抵押应该放开，因为农民对林地的依赖程度远不及耕地、农田等，而且，放开限制并不必然导致林农失去生活保障，反而可以放活林地使用权，形成规模经营，刺激林业经济发展。笔者认为，对林地承包经营权抵押的限制应该适度放开，即保留林地承包权，允许抵押林地经营权。本文将以现行有关立法为基础，结合集体林权改革和农地"三权分置"背景，试论林地承包经营权抵押的适度放开。

---

* 谭蕾，北京林业大学。

一、林地承包经营权抵押的立法现状

林权抵押，顾名思义，客体应当是林权，但是，何为林权？在我国，林权并不是一个明确、规范的法律概念，而是一个权利束，是一个用以指代与森林、林地、林木相关的"涉林物权"的概括性统称。又因为"现行立法中有关森林、林木、林地或森林资源权属的规范散见于不同法律部门、不同效力层次的规范性文件中"，规定并不统一，故可抵押林权到底包含哪些权利，是否包含林地承包经营权，仍需要进行一番梳理。

（一）我国现行法律的规定

1995年《担保法》第34条明确规定了荒山等荒地的使用权可以作为抵押的客体。2007年《物权法》第180条明确规定以招标、拍卖、公开协商等方式取得的荒地等土地承包经营权可以抵押。此外，《物权法》第184条还指出自留地、自留山等集体所有的土地使用权，仅在法律有规定的情况下才可以抵押。故《物权法》肯定了荒地的承包经营权可以作为抵押的客体。2004年《土地管理法》就林地承包经营权之抵押问题未作明确规定。2009年《森林法》仅规定了用材林等商品林的森林、林木所有权，使用权以及其林地使用权可以通过转让、入股等方式流转，并未提到商品林及其林地的抵押问题。[1]2018年新修订的《农村土地承包法》第36条规定家庭承包方式取得的土地承包经营权之承包方可以通过出租、入股或其他方式流转土地经营权，并在第53条指出通过招标、拍卖、公开协商等方式承包农村土地，可以依法采取出租、入股、抵押或者其他方式流转土地经营权。因为，《农村土地承包法》之"农村土地"，既包括耕地，也包括林地、草地以及其他依法用于农业的土地，[2]故《农村土地承包法》同样肯定了荒山的承包经营权可以作为抵押的标的，但对以家庭承包方式取得的土地承包经营权是否可以抵押却未予以释明。综上，就现行法律而言，林地承包经营权是否可抵押要分情况

---

[1] 2009年《森林法》第15条："下列森林、林木、林地使用权可以依法转让，也可以依法作价入股或者作为合资、合作造林、经营林木的出资、合作条件，但不得将林地改为非林地：（一）用材林、经济林、薪炭林；（二）用材林、经济林、薪炭林的林地使用权；（三）用材林、经济林、薪炭林的采伐迹地、火烧迹地的林地使用权；（四）国务院规定的其他森林、林木和其他林地使用权。"

[2] 《农村土地承包法》第2条："本法所称农村土地，是指农民集体所有和国家所有依法由农民集体使用的耕地、林地、草地，以及其他依法用于农业的土地。"

而言，即荒山的承包经营权可以成为集体林权抵押之客体，而家庭承包方式取得的林地承包经营权是否可以抵押，出路不明。

(二) 部门规章的规定

《农村土地承包经营权流转管理办法》（2005 年）对于林地承包经营权，也仅仅规定了荒山等农村土地在取得农村土地承包经营权证的情况下可以进行抵押；[1]对于家庭承包方式取得的林地是否可以抵押未作规定。

(三) 有关地方性立法的规定

为了解决林农在生产经营过程中的资金需求，四川、江西、浙江、福建等推行林改的省市都结合农村金融市场的改革，出台了一系列有关林权或林权证抵押贷款的具体规则。例如，《四川省林权抵押贷款管理办法（试行）》（2009 年）第 2 条明确规定，林权即森林、林木的使用权和所有权以及林地的使用权。此外，在林权的可抵押性方面，对林权抵押的客体范围作出了较严格限制。第 5 条明确指出可抵押的范围限于商品林的使用权、所有权及其林地的使用权，商品林的采伐迹地、火烧迹地的林地使用权，县级以上人民政府规划确定的宜林地的林地使用权，国务院规定的其他林权，并明确规定生态公益林不得抵押。虽然限制较多，似乎仅仅在林地的类型上作出了区分，但并未区分承包方式取得家庭林地承包经营权和招标、拍卖等方式取得的荒山的承包经营权，仅用"林地使用权"一言以蔽之。

(四) 其他规范性文件的规定

《中共中央、国务院关于全面推进集体林权制度改革的意见》（2008 年）提出，我国要落实林地承包经营权人的处置权以及推进林业投融资改革的任务，明确规定林地承包经营权人可依法对拥有的林地承包经营权和林木所有权进行抵押。《中国银行业监督管理委员会、国家林业局关于林权抵押贷款的实施意见》（2013 年）指出，可抵押林权具体包括用材林、经济林、薪炭林的林木所有权和使用权及相应林地使用权；用材林、经济林、薪炭林的采伐迹地、火烧迹地的林地使用权；国家规定可以抵押的其他森林、林木所有权、使用权和林地使用权。对比可知，其与《四川省林权抵押贷款管理办法（试

---

[1] 《农村土地承包经营权流转管理办法》第 34 条："通过招标、拍卖和公开协商等方式承包荒山、荒沟、荒丘、荒滩等农村土地，经依法登记取得农村土地承包经营权证的，可以采取转让、出租、入股、抵押或者其他方式流转，其流转管理参照本办法执行。"

行）》（2009年）在林权抵押客体方面似乎具有一致性，即商品林的使用权、所有权及林地使用权均可作为抵押客体，生态公益林则不得抵押。2016年，国务院办公厅在完善集体林权改革制度的意见中虽未明确林权抵押的客体范围，但对于林权抵押的指向性则非常明显，即加大金融对林权抵押的支持力度。建立健全林权抵质押贷款制度，鼓励银行业金融机构积极推进林权抵押贷款业务，适度提高林权抵押率。综上，在非立法性的规范文件中，限制主要在于林地类型，对于以承包方式取得的家庭林地承包经营权和以招标、拍卖等方式取得的荒山的承包经营权则未作说明，同地方性立法一样，多用"林地使用权"进行概括。

从以上不同阶段、不同效力层级的立法以及其他规范性文件的内容我们可以看出，我国目前对以林权抵押的客体范围规定得并不十分统一，各规范性文件在林权抵押的衔接上也不完全协调，甚至出现了林地使用权与承包经营权的不衔接。为此，在分析林地承包经营权是否可作为抵押客体前，我们有必要厘清林地使用权与林地承包经营权的关系。

本文认为，林地使用权与林地承包经营权的关系同土地使用权和土地承包经营权的关系无异，而土地使用权和土地承包经营权的关系可以用以下两点描述：首先，土地承包经营权属土地使用权的范畴，发包人对发包土地享有合法的土地使用权是向承包人发包土地的前提；其次，土地承包经营权的核心内涵是承包人享有合法的土地使用权。具体表现在两个方面：第一，发包方是发包土地的所有权人或者在发包前对发包土地享有合法的使用权，具备发包人的资格；第二，承包方的承包经营权是依法取得，合法取得了承包经营权，即对承包土地享有合法的土地使用权。在此基础上理解地方性立法以及有关政策性文件中的林地使用权抵押，本文认为，其大致包含两层含义：第一，所有权人有权对其未经发包的林地使用权进行抵押；第二，林地承包经营权人有权对其依法取得的林地使用权进行抵押，未区分取得方式。

根据有关现行立法和政策性文件的规定，并结合对林地使用权和林地承包经营权二者关系的分析，本文对我国对林地承包经营权是否可作为抵押的客体总结如下：第一，通过招标、拍卖、公开协商等方式取得的荒山的承包经营权在满足林权证等法定条件下可以抵押；第二，以家庭承包方式取得的林地使用权，现行有效的层级较高的立法（如《物权法》《农村土地承包法》）多采取回避，地方性立法以及有关非立法性的政策性文件虽然未就林地承包经营权作出规定,但根据意见的内容,并结合集体林权改革大背景来看,似有放开林地承包经营权抵押之意,即也允许以承包方式取得的林地承包经营权进行抵押。总之,现行立法等规范性文件对于家庭承包方式取得的林地承包经营权是否可以抵押规定不明。也正因为此,引发了关于"林地承包经营权抵押的限制与放开"的学术争议。

二、"林地承包经营权抵押的限制与放开"的学术之争

(一) 林地承包经营权抵押的限制

部分学者认为,林地承包经营权可以作为抵押的客体,但仅限于通过招标、拍卖、公开协商等方式取得的林地承包经营权;通过承包方式取得的林地承包经营权不得抵押。理由如下:第一,通过承包方式取得的林地承包经营权的抵押欠缺制度基础。如《物权法》《担保法》明确规定了可以抵押的标的仅有荒地;《农村土地承包法》也只是在招标、拍卖等方式取得的农村土地中提到,[1]可以通过抵押的形式流转土地经营权,而在家庭承包方式取得的承包经营权中,则未提及抵押的流转形式。[2]第二,林地是农民的重要生活保障,放开条件尚不成熟。首先,我国的农村社会保障体系尚未全面建立,土地承包经营权是农民的安身立命之本,现在放开,一旦林农到期无法偿还债务,则会面临失地风险,林农一旦失去林地,将会丧失基本生存条件,影响社会稳定;其次,我国的林业管理体制尚未有实质性改变,社会资本进入林业行业进行投资的越来越多,甚至出现了"炒卖林地"的投机行为,加之林业监管的工作人员为了自身利益极易与社会资本结合共同侵害林农利益,故仍需要对林农的土地权利实行严格保护。第三,抵押的实现存在困难。即便放开,周期长带来的潜在风险、评估机构的稀缺以及市场的不成熟等也都不利于抵押的实现。基于上述种种原因,部分学者认为,以承包方式取得的林地承包经营权不能成为抵押的客体。

(二) 林地承包经营权抵押的放开

部分学者认为,通过承包方式取得的林地承包经营权可以进行抵押。理

---

[1]《农村土地承包法》第53条:"通过招标、拍卖、公开协商等方式承包农村土地,经依法登记取得权属证书的,可以依法采取出租、入股、抵押或者其他方式流转土地经营权。"

[2]《农村土地承包法》第36条:"承包方可以自主决定依法采取出租(转包)、入股或者其他方式向他人流转土地经营权,并向发包方备案。"

由如下：第一，对于非以招标、拍卖、公开协商方式取得的林地承包经营权，《物权法》第 184 条所列的不得抵押的财产中，并没有明确包括这种林权，故也可以设立抵押；《农村土地承包法》虽然在家庭承包方式取得的土地经营权流转中未明确规定抵押方式，但结合集体林权改革以及土地"三权分置"的背景，可以推断该处也包含了抵押的流转形式。第二，集体林权改革的目的是明晰产权、稳定承包权、放活处置权。2008 年集体林权改革以来，《中共中央国务院关于全面推进集体林权制度改革的意见》，甚至之后更多围绕集体林权制度改革出台的有关意见均体现了放开林权抵押之意。目前，林权抵押已是大势所趋，且在实务中已有大量持证抵押的事例。第三，虽然农地是农民的安身立命之本，但随着城乡一体化的推进，以及现代因素的不断增加，很大一部分农民都在城镇从事非农工作，在城镇有了相应的社保，林地并不再是林农的唯一依靠，林农对林地的依赖程度明显减弱。第四，限制林权抵押会削弱林地承包经营权作为用益物权的价值功能，从而给农民合理的经营林地制造困难。此外，当债务人履行不能时，债权人对抵押权实现产生的法律效果与转让产生的法律效果并无实质区别，而现行法律（如《农村土地承包法》）则并未完全禁止以家庭承包方式取得的林地承包经营权的转让，仅是进行了严格的条件限制，[1]既然允许转让，就没有理由禁止该方式取得的林地承包经营权的抵押。故通过承包方式取得的林地承包经营权抵押时机已经成熟。

三、本文观点：适度放开林地承包经营权抵押——保留承包权，抵押经营权

对于林地承包经营权抵押是否应该放开，本文既不赞同学界"反对放开"的观点，也不支持"全面放开"的观点。

（一）针对"反对放开"的观点

首先，集体林权改革已有十余年，土地"三权分置"的思想已经落实到法律层面，社会保障体系也日益健全，放开条件尚不成熟的提法已经落后于时代的发展，不利于林业经济的放活。

---

[1]《农村土地承包法》第 34 条："经发包方同意，承包方可以将全部或者部分的土地承包经营权转让给本集体经济组织的其他农户，由该农户同发包方确立新的承包关系，原承包方与发包方在该土地上的承包关系即行终止。"

其次，禁止承包方式取得的林地经营权抵押，虽旨在防止弱势林农失地，避免其"转型"失败而致生活陷入窘境，但不利于想要发展林下经济的林农获取贷款，在很大程度上反倒阻碍了林下经济的发展。禁止承包经营权抵押带有浓厚的法律家长主义色彩。

最后，抵押的实现存在困难，即便放开，银行等抵押权人也不一定会接受林地承包经营权作为抵押标的。这样的问题确实存在，但可以通过健全保险机制，落实评估标准等措施进行救济。而且，早在2008年集体林权改革制度刚刚在全国推开之时，国家就已经意识到了这个问题，并明确提出要落实管理平台，完善森林保险，实现保险与金融衔接等。反对放开不仅不利于保护林农，反而会抑制林农发展林业经济。

(二) 针对"全面放开"的观点

虽然顺应了集体林权改革和土地"三权分置"之放活经营权政策，但本文认为，全面放开略有不妥：第一，若全面放开，那么取得林地承包经营权的集体经济组织成员作为债务人，在其债务履行不能时，抵押权人就有权将其承包经营权通过拍卖等方式优先受偿，此时的受让人并非一定就是集体经济组织成员。可见，全面放开背离了现行有关立法规定，也不利于集体经济组织对内部成员利益的维护。第二，并非不禁止转让就应该允许抵押。2018《农村土地承包法》第34条明确规定土地承包经营权的受让对象是本集体经济组织的农户，故转让实际上是集体经济组织成员的内部转让，若全面放开抵押，则受让人仍然可能突破集体经济组织成员身份。

综上，本文认为，以承包方式取得的林地承包经营权应当适当放开，即保留承包权、放开经营权。理由如下：首先，集体林权改革与土地"三权分置"的背景决定应该稳定林地承包权，实现林地经营权抵押。集体林权制度改革的核心内容主要包括：明晰产权、放活经营权、落实处置权以及保障收益权等。农民在改革中取得的林地经营权具有资本功能，可以进行抵押。[1] 此外，2018年新修订的《农村土地承包法》是土地"三权分置"的产物，旨在落实所有权、稳定承包权、放活经营权。一来考虑到保障集体经济组织的合法权益，提倡承包权作为成员权，在集体经济组织内封闭运行。如《农村土地承包法》第5条第1款明确规定"农村集体经济组织成员有权依法承包

---

[1]《国务院关于集体林权制度改革工作情况的报告》。

由本集体经济组织发包的农村土地",第 16 条第 1 款规定"家庭承包的承包方是本集体经济组织的农户"。故农村集体经济组织若将耕地、林地、草地发包给其他主体经营，违反了《农村土地承包法》第 5 条第 1 款、第 16 条第 1 款的效力性强制性规定，无论是否经过民主议定程序，均属无效。司法实践中也有相应的案例，如［2017］渝民再 156 号判决。[1] 二来考虑到整合林地资源，实现林地资源在更大范围内的优化配置，需要放活经营权，包括允许林地经营权抵押。其次，依赖程度减弱。农民对林地的依赖程度远不及耕地、农田等，而且，随着城乡一体化的推进以及现代因素的不断增加，农民增收的方式越来越多，并不仅仅依靠土地来实现。越来越多的农民开始从事非农工作，对林地进行闲置，导致森林资源的浪费。这既不利于林业经济的发展，也不利于林业资源的保护。为此，应该引入外来资本，实现规模经营，促进林业经济的发展，实现林业资源的保护。故允许林地承包经营权抵押的适度放开，即仅允许承包方式取得的林地经营权进行抵押。

四、放开林地经营权抵押的完善举措

(一) 健全有关法律法规

第一，完善林权评估相关的法律制度。我国目前没有一个统一的评判标准，使得评估结果差异大，参考性不强。因此，我国应尽快完善林权评估的法律制度，规范林权评估的程序、方法及费用，使其能真正客观评估出林权的价值，费用的规范化也能减轻林农的负担。第二，健全关于林权抵押登记的规范。针对现在林权抵押登记存在操作不统一、手续不规范、收费较高的问题，制定林权抵押登记规范，规范登记的操作过程和手续，简化林农的办理手续和登记手续，使登记更加便捷，缩短登记的时间并且减免登记的费用。

(二) 完善林权抵押有关配套机构的建设

林业评估机构现在存在的数量稀缺、评估人员素质不达标、评估态度不谨慎等问题，一部分能通过健全法制解决，还有一部分必须通过加强评估机构的建设才能解决。为此，需要加强对林业评估人才的培养，设置相关考试，以提高评估人员的评估能力和素质。

---

[1]［2017］渝民再 156 号霍永坤农村土地承包经营户与重庆市綦江区南桐镇沙坝村村民委员会确认合同无效纠纷再审民事判决书。

（三）健全森林保险机制

针对目前森林保险投保人积极性不高、专门从事森林保险的机构数量过少、森林保险专业人才不足等问题，我国应该丰富森林保险险种，并加大宣传，提高林农的保险意识。此外，通过财政税收等支持专门的森林保险机构的设立。在高校保险专业开设与森林保险相关的专业课，加大森林保险人才的培养与输送。总之，健全森林保险机制，鼓励投保人积极投保，以减轻银行等抵押权人实现抵押的后顾之忧，最终实现林权的放活。

小 结

随着集体林权改革在全国的推行与深化，林地承包经营权抵押的限制与放开持续成为人们争议的热点。荒山的承包经营权抵押无可非议，关键在于承包方式取得的林地承包经营权抵押问题，无论是全面放开还是全面禁止抵押，都存在很大问题。保留林地承包权，放开林地经营权抵押之举虽说也有不当之处，但可以通过有关举措进行完善。并且，适当放开兼顾了公平与效率，平衡了林农的合法权益保障与林业经济发展之间的关系，值得提倡。

试论林木采伐监管问题及对策*

【摘　要】 在林木采伐中要兼顾生态效益和经济效益，保证森林资源的永续利用，可从管理者和经营者两类主体入手。提升基层技术人员和执法队伍的专业能力和职业素养，改善林木采伐限额和许可制度，避免权力寻租现象，保障经营者公平享有采伐权。同时，林业管理部门也应继续加大林木采伐注意事项、禁止事项的宣传力度，提高经营者的法律意识和生态保护意识，提升自身威信。

【关键词】 林木采伐限额；林木采伐许可；问题与建议

自2003年我国启动集体林权改革，林木采伐监管制度也随之建立。对森林资源的开采管理主要从采伐限额以及采伐许可两个方面进行。我国2009年《森林法》第8条和第29条确立了森林资源限额采伐制度，第32条确立了林木采伐许可制度。随着《森林法》《森林法实施条例》及《森林采伐更新管理办法》等法律法规的出台、修改，林木采伐监管制度体系也逐步完善，形成了"以采伐限额制度为核心，森林采伐计划为指导，凭证采伐，凭证运输，伐区作业和木材加工监管相结合"的采伐管理体系。[1]但在实践中，现行监管制度也面临着诸多问题。

一、林木采伐监管现状

我国针对林木采伐采取多项制度综合监管，包括森林采伐限额与木材生产计划制度、林木采伐许可证制度、伐区作业监管制度以及木材运输证制度等，不仅将监管贯穿于采伐作业的全过程，还拓展到了运输环节，对盗伐、

---

* 柳利霞，北京林业大学。

[1] 刘明："我国森林资源采伐限额管理制度改革研究"，河北农业大学2012年硕士学位论文。

滥伐林木行为的制止具有重要作用。同时，注重对森林资源开采的持续性保护，规定了在采伐林木的同时须完成更新造林任务。

从"七五"至"十三五"，国务院对于森林采伐的限额总体呈递增趋势。"我国制定森林采伐限额制度的基本要求是坚持木材消耗量不能高于生长量的前提，依据森林经营方案确定合理的年采伐量，实行蓄积量和出材量双项控制。"[1]从1987年的12 633.8万立方米到2016年的25 403.6万立方米，[2]可见有关部门既旨在严格控制森林采伐量、保障永续利用，同时又注重提高经营者的积极性，提高林业生产力。

近年来，国家对林木采伐类刑事犯罪愈益重视，打击力度逐步增强。自2013年始，林木采伐类案件呈倍数增长，其间尤以滥伐林木案件居多。从司法实践反映的情况来看，"滥伐林木罪"的犯罪主体主要为农民，"根本原因在于广大农村地区居民缺乏对滥伐林木的违法性认识，简单地以为是行使林木处分权的体现"。[3]但是，在林木采伐类犯罪中也不乏明知故犯者，究其原因，在于其追求经济效益，而非将生态效益置于首位。其间，也不乏谎报采伐限额、违法发放许可证的公权力行为助力。

二、林木采伐监管面临的突出问题

（一）过度采伐现象广泛存在

在2017年国家林业和草原局的森林资源管理情况检查结果中，全国150个县违法采伐林木蓄积共10.9万立方米，国家抽查发现违法采伐林木蓄积4.49万立方米。[4]不可谓不多。事实上，其间虽有偏远地区农民生态保护和法律意识淡薄的缘由，但一味追求经济利益甚而枉顾生态效益的因素不容忽视。学者通过调研发现，自《森林法》修改后，各地的宣传均有大幅提高，受访林业执法人员均表示知晓林木采伐许可制度兼具生态和经济效益的双重

---

[1] 罗关洪："我国林木采伐监管的制度变革与实践困局——以林权制度改革为背景"，西南财经大学2013年硕士学位论文。

[2] 数据来源于《国务院批转林业部关于各省、自治区、直辖市年森林采伐限额审核意见报告的通知》《国务院关于全国"十三五"期间年森林采伐限额的批复》。

[3] 胡胜："滥伐林木罪司法误区及其匡正——以重庆法院近年来相关判决为视角的考察"，载《四川警察学院学报》2017年第1期，第35~41页。

[4] 参见中国林业网《国家林业和草原局通报2017年度森林资源管理情况检查问题整改结果》。

目的，林农也清楚采伐林木须凭证进行。[1]可见，明知存在过度倾向但依旧持续砍伐的情况不在少数。论其深层次原因，《民法总则》在基本规定中确立的绿色原则等事项均表明，当下生态环境已超越经济效益成为社会对林业的第一需求。与此林业发展宏观方向相冲突的是，林农等经营主体对生态保护的认识不足，或清楚国家动态却依旧无法抵抗金钱的诱惑。对经济利益的过分追求导致乱砍滥伐行为广泛存在，难以得到有效遏制。

（二）林木采伐管理工作难度大

首先，林木调查设计是森林资源采伐管理工作最首要的环节，对林木采伐管理工作的有序进行具有基础性作用。林木调查设计工作对相关工作人员的专业能力有着较高要求。调查设计精度越高，采伐管理工作越到位，管理成果就越有效。而遗憾的是，目前我国一些地方的林木采伐调查和设计人员存在业务能力相对较差、设计水平不达标等问题。由于伐区面积过大，质量检查任务繁重，工作量大，因此需要大量的监管人员。"但现阶段，我国具有专业伐区调查设计资质的调查设计队伍主要集中在国有森工企业局，而多数地区尤其是偏远贫困山区具备专业伐区调查设计资质的调查队伍明显偏少或无。"[2]

其次，国家采伐限额编制难保证准确性。由于基础数据采集耗费时间、人力较多，不能及时更新，且各地自然条件、各树种生长率等相异，林业发展状况自不相同，进而导致森林采伐限额编制中出现了资源数据重复使用、参数偏差过大等问题。且采伐限额编制所采用的方法包括森林经营方案法、模拟测算法以及连清验证法等，对文化水平相对较低的林农来说，晦涩难懂。[3]因而林农并未能真正理解采伐限额的实质内涵，导致实际操作难臻预期效果。此外，因树种分类较多，对于林农来说也难以分辨。在采伐限额编制中难以兼顾科学性及简明性。可见，由于基层技术力量薄弱、采伐限额编制基础数据不准确等原因，森林资源采伐监管工作实际上面临不容小觑的挑战。

---

[1] 李媛辉主编：《面向生态文明的林业法治》，中国政法大学出版社2013年版，第82页。

[2] 刘桂安："伐区调查设计工作存在问题与对策探讨"，载《工程技术（引文版）》2016年第12期，第196~198页。

[3] 崔素萍："编制森林采伐限额有关技术问题的探讨"，载《山西林业科技》2018年第4期，第63~64、70页。

(三) 现行管理制度不合理

1. 采伐限额编制及分配中的问题

采伐限额以县为单位制定，由省级林业主管部门汇总，经本级人民政府审核后，报国务院批准。[1]在采伐限额编制过程中，各经营主体以及地方政府为谋求自身经济发展是否会多报采伐量不得而知。由于森林采伐限额的分配依据是行政指标，因此易致各经营主体为利益而以各种手段争取多获采伐限额，铤而走险，扰乱林木采伐行政管理秩序。除此之外，有些地方政府为了吸引更多的资本，会将采伐限额挪至本地着力推动的招商引资项目，使得限额分配公平性丧失。也有些地方政府的相关工作人员会将采伐限额不当分配给与自己关系紧密的经营者，如在"杨某违法发放林木采伐许可案"中，杨某多次为不完成前次采伐更新任务的林权人再次开具林木采伐许可，致使采伐的森林没有得到及时的恢复，再生能力下降，不仅破坏了生态平衡，也使可得经济利益减损。[2]

2. 采伐许可制度中存在的问题

采伐许可制度是引导经营者合理采伐林木，保障森林资源永续利用的重要手段。但在实践中，林木采伐许可存在着审批流程繁琐、时间过长等问题，严重影响了林业经营者的生产积极性。林农要想取得采伐许可证通常需要经过村委会出具证明→镇政府批准→林业站工作人员核实→主管领导签字等程序，[3]过程冗杂，若有一个环节出现问题则需从头再来，且各部门驻地不同，往往需要林农多次奔劳。此外，林农采伐申请的审核掺杂其他技术、政策等规定，审理过程不得而知。因此，林木采伐许可申请过程极易催生权力寻租现象。另外，许可程序中不合理的自由裁量不仅带来了恣意性，危害了林业稳定发展，也限制了权利主体自主的经营活动。"如治沙英雄石光银自己举债植树造

---

[1] 2009年《森林法》第29条规定："国家根据用材林的消耗量低于生长量的原则，严格控制森林年采伐量。国家所有的森林和林木以国有林业企业事业单位、农场、厂矿为单位，集体所有的森林和林木、个人所有的林木以县为单位，制定年采伐限额，由省、自治区、直辖市林业主管部门汇总，经同级人民政府审核后，报国务院批准。"

[2] 张启彬、裴丽萍："完善我国林木采伐许可制度的思考与建议"，载中国环境资源法学研究会、武汉大学：《新形势下环境法的发展与完善——2016年全国环境资源法学研讨会（年会）论文集》2016年7月15日。

[3] 红玉等："集体林区森林采伐限额执行中存在的问题与对策"，载《内蒙古林业调查设计》2012年第6期，第47~49、120页。

林，但他享有所有权的林木成材后，因不能获得采伐许可而被处分，导致其无法通过林木抵押获得贷款还债。"[1]

在林木采伐管理中，核发林木采伐许可证是至关重要的环节，但在实践中有些地区发证人员并未经过培训，不具备合格的上岗资质，且某些地方未严格执行持证上岗制度，进而导致发证质量低下，极大地破坏了林木采伐管理秩序。值得一提的是，林木运输也须凭证进行，存在与林木采伐许可证相似的问题。林木采伐许可证管理系统也存在漏洞，由于管理系统内容繁琐，职能设置有所重叠，[2]常引起有关使用人员的混乱，导致信息传递不及时，甚或错误，进而降低工作效率。

三、林木采伐监管工作的建议

（一）完善相关工作队伍建设

首先，要提高林业采伐调查设计的整体质量。不仅要对设计人员加强素质管理，同时要注重执行人员的监督措施。对设计人员和执行人员均要定期培训，培训内容不应只是专业知识，也应涵盖职业素养和操守。对相关法律法规可以设计考试等项目，帮助熟记。另外，应注重工作总结和汇报，经验总结不仅有益于工作水平的提高也具有监督管控效果。同时，完善奖惩机制、提高工作人员的积极性，以此提高设计人员和执行人员的综合素质，确保他们以正确的生态价值观对待工作，保证林业采伐调查设计的质量。

其次，要加强执法队伍建设。林政执法队伍建设是保障林木采伐有序进行、林业经济永续发展的基石。要想保证林政工作队伍执法能力强、综合素质高，就必须注重对管理队伍和执法人员的培训。尤其是对于基层执法人员，应确保其管理资质，落实持证上岗制度，提升法治意识和工作素养。对于管理队伍，应加强廉洁教育，完善监督管理措施。

最后，要加大对调查设计人员和执法人员的资金投入，以保证相关队伍的人员建设和经济建设。通过利用财政优势，改善薪酬、基础设施等工作条件

---

[1] 张启彬、裴丽萍："完善我国林木采伐许可制度的思考与建议"，载中国环境资源法学研究会、武汉大学：《新形势下环境法的发展与完善——2016年全国环境资源法学研讨会（年会）论文集》2016年7月15日。

[2] 胡永东："办理林木采伐许可证的现状分析及解决对策"，载《现代农业》2019年第4期，第67~68页。

和福利待遇，吸引更多的人才加入。

（二）改进和完善现有制度

第一，改进采伐限额管理制度，落实处分权。自上而下的行政指标分配容易致使采伐限额在下发过程中被截留抑或占用，导致林木经营者实际采伐量难以满足，林业经济市场供求关系错位，打击经营主体的积极性。在此背景下，可以采用自下而上的申报制度。对于经营主体自己栽种管理的商品林，承认其对林木的决定权。在采伐前，由经营主体向林业主管部门报告采伐地点、面积等，经主管部门审查批准。[1]通过申报制度，扩大林木经营者自主经营权，放活林木经营市场，也有益于规范林业经济市场。

第二，完善许可制度。在林木经营者自主经营，林业行政部门指导和监督的管理模式下，也应简化林木采伐申请审批程序。林业行政部门应当尽量提供林权审核、伐区设计、审批发证的"一站式"服务。[2]对于林农自有林木，可以下放林木采伐许可审批权于乡镇林业管理部门。这不仅是简政放权的内在需求，也能有效地减少权力寻租行为。此外，为保护林木经营者的知情权、参与权，提高信息透明度是必要的，但批准采伐的公示期可以适当缩减。

（三）加大生态保护宣传力度

加强对林木采伐的宣传，例如在村里设置林木保护、林木采伐有关法律和政策制度的宣传栏。同时，在植树节等环保节日开展林木保护的宣传活动，为农民讲解林木采伐许可的内容、相关注意事项、禁止事项等，对林木采伐过程中的有关问题进行解读，使农民参与到林木采伐许可制度的建立过程之中，自觉成为各种林木的保护者。宣传的目的不仅在于提高林农等林业经营者的生态保护意识以及违法性认识，也具有对于乱砍滥伐行为的震慑作用。尤其是针对明知故犯的林木经营者，提高威慑力能更有力地阻止其违法开采森林资源。

（四）完善生态效益补偿机制

森林资源具有涵养水源、保持水土等巨大生态效益。"与农地、矿藏等自然资源法相比，森林资源的保护更强调在充裕良好森林状态之保持上所体现的公共利益，相关的森林资源物权也因此受到法律及公权力的强有力制约，特

---

[1] 周伯煌："论我国林业物权制度的完善"，载《河北法学》2010年第5期，第141~147页。

[2] 邓华锋、陈仪全："集体林区商品林采伐管理制度改革的系统分析及策略"，载《中南林业科技大学学报》2014年第7期，第5~8页。

别是在权利行使及流转时所受到的限制。"[1]因此,有必要建立生态效益补偿制度弥补相关权利人基于公共利益的经济损失。在制定补偿标准时,可以相关经营主体财产损失为参考,以森林资源资产评估结果为补偿依据。以当地林木的市场价为依托,以提高林木经营者的接受度。对于生态公益林,还应考虑林木抚育、维护所需资金等因素,对林木种类、品质分类进行评价。

此外,应加强补偿金的管理。《森林法》规定,森林生态效益补偿金是"用于提供生态效益的防护林和特种用途林的森林资源、林木的营造、抚育、保护和管理。森林生态效益补偿基金必须专款专用,不得挪作他用"。因此,有关林业行政部门必须严格监管补偿金的使用,避免截留、挪用等情况出现。可以通过信息公开,接受社会监督的方式加强管控,确保森林生态效益补偿金充分发挥其价值。除依靠国家补助外,各地也可依靠自己谋取生态经济利益,例如发展乡村旅游业、建立生态体验园等。

结　语

完善林木采伐监管可从两方面进行。对于林业管理者,应加强基层技术队伍及执法人员的力量,提高职业素养和综合素质。加强监督管理,避免权力寻租。而对于经营者,应在加强林木采伐相关问题及森林保护的宣传上,提高经营主体的法律意识和生态保护意识,竭力遏制乱砍滥伐行为。从根本上,应加大林业资金投入,提高相关工作人员待遇以及林农生态效益补偿金,转变林业发展方式,由单纯的林木采伐发展到生态旅游等多元化经营,满足经营者的经济需求。

适值林业发展和变革期,我国林木采伐相关政策更新和完善相对频繁。从《森林法》修改草案来看,我国林木采伐制度有较大程度的转变。采伐限额和许可制度均有完善,包括适当下放审批权,将现行的"采伐限额由省级政府审核后,报国务院批准",修改为"采伐限额由省级政府批准,报国务院备案后实施",以及缩小许可范围、删除木材生产计划、木材运输证等。[2]可见,我国林木采伐制度已渐趋完善。

---

[1] 张冬梅、林旭霞:"民法视野下林权的保护与限制",载《福建行政学院学报》2013年第4期,第64~70页。

[2] 参照"林木采伐是放活还是管死?森林法修改定新规",载《新京报》2019年6月25日。

基于DPSIR-TOPSIS模型的安徽省耕地生态安全阻力研究*

【摘 要】 安徽省作为粮食主产区，其耕地生态安全至关重要。为探索安徽省耕地生态安全阻力因素，实现有效保护耕地数量、提高耕地质量和藏粮于地的目标，研究通过构建DPSIR评价指标体系，运用改进TOPSIS的模型对安徽省2008年至2017年的耕地生态安全的多跨度指标进行测度，选用障碍度模型对指标进行剖析，分析安徽省耕地生态安全的主要限制因素。结合模型运算结果和现状分析我们可以发现，安徽省耕地生态安全状态总体呈现上升趋势，由2013年之前的不健康状态上升到了2013年之后的亚健康状态。但具体而言，耕地生态安全仍受到工业污水排水量、耕地垦殖率、造林面积、单位耕地农药使用量和工业污水处理率等因子的阻碍。因而，本文针对安徽省耕地生态安全发展现状提出如下建议：加大财力支撑，支持全面污染排查和污染治理的科学技术研发；推行"轮作休耕"等方式，缓解耕地地力；科学规划整治，推进规模种植；借鉴"河长制"，实行耕地保护责任制；加强耕地生态安全保护法规建设，加大惩治力度等。

【关键词】 耕地；生态安全；障碍因子；安徽省

土地资源是人类生存的基础，耕地更是土地资源的精华所在。近年来，由于人类对耕地资源利用程度的不断加深和诸多不合理利用问题的叠加，耕地生态系统不断受到破坏，直接威胁到了粮食安全。作为我国粮食主产区的安徽省，伴随经济的快速上升，出现了城市快速扩张、工业污水排放过量、耕地垦殖过度等问题，导致土地承载压力增大，耕地生态破坏严重，粮食产

---

* 本文系"互联网+"驱动"绿色金融"发展的路径选择与机制创新，2017年度安徽高校人文社会科学研究重点项目（项目编号：SK2017A0139 主持人：王伟）。第一作者：葛艳艳，女（汉族），安徽亳州，安徽农业大学经济管理学院硕士研究生。通讯作者：王伟，女（汉族），安徽农业大学经济管理学院教授。

量和质量引人担忧。本文选用系统性和综合性更强的 DPSIR 模型构建评价指标体系，利用加权 TOPSIS 模型和障碍度模型计算指标体系健康值及障碍度，对安徽省耕地生态安全变化进行梳理研究，了解影响安徽省耕地生态安全的障碍因子，剖析产生的原因，并提出建议和意见。

一、研究区域和指标体系构建

（一）研究区域概况

安徽省地处长江三角洲腹地，土地总面积为 14.01 万平方千米，耕地面积达 580 多万公顷，主要农作物是水稻、小麦、油菜、玉米等，是我国粮食主产区之一。安徽省粮食种植历史久远，在改革之初是典型的落后农业大省，经济欠发达，长期以资源消耗、环境损害为代价的粗放式经济增长对安徽省耕地生态造成了破坏。近年经济快速增长，城市边界不断外扩，耕地面积持续减少，部分工业、建筑业的扩张造成耕地压力过大和污染严重。虽然不断推进环境污染的整治力度，但耕地生态保护的形势依然较为严峻。

（二）数据来源

数据来源于《安徽省统计年鉴》（2008 年至 2018 年）以及《安徽省国民经济和社会发展统计公报》（2007 年至 2018 年），部分数据是在此基础上计算得到的。原始数据采用极值法进行标准化处理，利用 Microsoft Excel 软件进行数据处理和绘图。

（三）指标体系的构建

构建科学合理的评价指标体系对于耕地生态评价具有重要意义。论文依据科学性、可操作性、系统性、实用性原则以及研究区域的实际情况，采用 DPSIR 模型。利用 DPSIR 模型分析，一方面能够反映耕地资源生态安全各准则层之间的相互影响与协调，另一方面也能够剖析耕地资源生态安全的最终结果。本文从驱动力、压力、状态、影响和响应五个方面的准则层构建安徽省耕地资源评价指标体系。[1]（见表 1）

---

[1] 王欢、郑华伟、刘友兆："基于 DPSIR-TOPSIS 模型的安徽省耕地资源利用系统健康诊断"，载《水土保持通报》2019 年第 1 期，第 147~153 页。

表1 基于DPSIR模型的耕地资源生态安全评价指标体系

目标层	准则层	指标层	正负趋向	权重
耕地资源生态安全评价	驱动力	人均GDP（X1，元/人）	+	0.0269
		城镇化率（X2,%）	+	0.0262
		人口自然增长率（X3,%）	−	0.0126
		第一产业占GDP比重（X4,%）	+	0.0250
	压力	单位耕地化肥使用量（X5，吨/公顷）	−	0.0472
		单位耕地农药使用量（X6，吨/公顷）	−	0.0705
		单位耕地地膜使用强度（X7）	−	0.0240
		工业污水排放量（X8，万吨）	−	0.0636
		人口密度（X9，人/公顷）	−	0.0225
		城市建设用地增长率（X10,%）	−	0.0138
		农业碳排放（X11，万吨）	−	0.0444
	状态	耕地垦殖率（X12,%）	−	0.0826
		森林覆盖率（X13,%）	+	0.0274
		复种指数（X14）	−	0.0413
		有效灌溉率（X15,%）	+	0.0554
		人均耕地面积（X16，公顷）	+	0.0652
	影响	土地经济密度（X17，元/公顷）	+	0.0281
		单位耕地面积粮食产量（X18，吨/公顷）	+	0.0435
		农电集约度（X19，千瓦/公顷）	+	0.0261
		单位耕地农业机械化水平（X20，千瓦/公顷）	+	0.0406
	响应	农村居民人均可支配收入（X21，元）	+	0.0396
		第三产业占GDP比重（X22,%）	+	0.0409
		工业污水处理率（X23,%）	+	0.0506
		环保投资占GDP比重（X24,%）	+	0.0352
		造林面积（X25，公顷）	+	0.0466

注："+""−"表示指标对耕地生态安全的正负影响

二、研究方法

为统一指标的单位和量纲，论文采取极值法对指标进行标准化处理，利用标准化矩阵计算指标熵权，修正指标权重。

（一）加权 TOPSIS 综合评价法

加权 TOPSIS 的核心内容是计算加权后的评价指标与正负理想解之间的欧式距离，比较指标层与理想解之间的贴近程度，计算出健康值，依据健康值分析生态安全的时序变化，[1]通过健康值排序，可以对生态安全的优劣进行比较。步骤如下：

①构建加权决策矩阵；

②确定正负理想解及其距离；

$$d^+ = \sqrt{\sum_{j=1}^{m}(Z_{ij} - Z_j^+)^2} \ (j = 1, 2\cdots, m) \tag{1}$$

$$d^- = \sqrt{\sum_{j=1}^{m}(Z_{ij} - Z_j^-)^2} \ (j = 1, 2\cdots, m) \tag{2}$$

公式中：d^+ 指每年份指标到最优状态的差距，d^- 指每年份指标到最劣状态的差距，Z^+ 指各指标的最优状态，Z^- 指各指标的最劣状态。

③测算健康值。

$$C_j = \frac{d_j^-}{d_j^+ + d_j^-} (j = 1, 2\cdots, m) \tag{3}$$

公式中：C_j 表示每年份的耕地资源生态安全健康值。

（二）障碍度模型

采用障碍度模型对耕地资源生态安全进行诊断，引入因子贡献度、指标偏离度和障碍度三个指标，[2]通过障碍度的大小排序来确定影响安徽省耕地资源生态安全的主要障碍因子。因子贡献度（Y_n）表示因子对总目标的贡献

---

[1] 罗文斌："中国土地整理项目绩效评价、影响因素及其改善策略研究"，浙江大学 2011 年博士学位论文。洪惠坤等："基于改进 TOPSIS 方法的三峡库区生态敏感区土地利用系统健康评价"，载《生态学报》2015 年第 24 期，第 8016~8027 页。

[2] 雷勋平、Robin Qiu、刘勇："基于熵权 TOPSIS 模型的区域土地利用绩效评价及障碍因子诊断"，载《农业工程学报》2016 年第 13 期，第 243~253 页；赵健、蔡洁、夏显力："陕西省耕地集约利用预警评价及障碍因子诊断"，载《湖北农业科学》2016 年第 13 期，第 3316~3321、3330 页。

度，即因子的权重；指标偏离度（P_n）表示单项指标与最大目标之间的差距，设为标准化值与1之间的差距；障碍度（a_n）表示单个指标对耕地生态安全的影响。公式如下：

$$P_n = 1 - X_n \tag{4}$$

$$a_n = \frac{P_n * Y_n}{\sum_{j=1}^{m}(P_i * Y_i)} \tag{5}$$

公式中：X_n 表示指标标准化后的值。

三、结果与问题分析

（一）耕地生态健康等级划分

目前，对于耕地生态安全的相关研究还没有统一的标准来衡量生态安全状况，本文为了更直观地观察安徽省耕地生态安全的健康值变化，在遵循半数原则、均数原则和众数原则的前提下对耕地生态安全健康值等间距划分安全等级，[1]耕地生态健康值与安全等级成正比关系。五个等级分别是病态、不健康、临界健康、亚健康、健康。（如表2所示）

表2　耕地资源生态安全评价等级

安全指数	安全等级	安全状态
$0 \leq C_j < 0.2$	Ⅰ	病态
$0.2 \leq C_j < 0.4$	Ⅱ	不健康
$0.4 \leq C_j < 0.6$	Ⅲ	临界健康
$0.6 \leq C_j < 0.8$	Ⅳ	亚健康
$0.8 \leq C_j < 1.0$	Ⅴ	健康

（二）耕地生态安全健康值总得分分析

本文对安徽省2008年至2017年10年间的数据进行收集，进行标准化处

---

[1] 徐辉等："耕地生态安全评价研究——以黑龙江省宁安市为例"，载《水土保持研究》2011年第6期，第180~184、189页；李秀霞、张希："基于熵权法的城市化进程中土地生态安全研究"，载《干旱区资源与环境》2011年第9期，第13~17页；肖风劲等："森林生态系统健康评价指标与方法"，载《林业资源管理》2004年第1期，第27~30页。

理，利用熵值法计算耕地生态安全各项指标的权重和加权 TOPSIS 模型计算耕地生态安全健康值，通过健康值分析安徽省耕地生态安全现状。（见表3）

安徽省耕地生态健康值在 10 年间总体是上升趋势，依据结果，可以将安徽省耕地生态安全总得分分为两阶段来分析。

第一阶段即 2008 年至 2010 年，耕地生态安全健康值处于下降状态，健康值处于 0.2947~0.3034，健康值年均下降 1.44%，耕地生态安全一直处于不健康状态。原因是安徽省在 2008 年至 2010 年间为应对国际金融危机，加强经济回升，加快了安庆石化、马钢、铜陵铜冶等工业的发展，推进重大项目建设。工业和建筑占 GDP 的比率持续增加，对耕地生态造成了较大压力和破坏。

第二阶段是 2011 年至 2017 年，安徽省耕地生态安全健康值稳定增长，健康值处于 0.2999~0.6718，即耕地生态安全由不健康状态转为亚健康状态。2011 年至 2013 年耕地生态安全为不健康状态，2014 年至 2017 年耕地生态安全由临界健康提升为亚健康状态。

原因是 2011 年至 2013 年，金融危机造成的影响几近消失，经济出现回升趋势，在巩固经济发展的基础上，安徽省积极推进了重点节能工程、减排重点项目以及加强了对淮河、巢湖等重点流域主要污染的治理。2014 年经济稳定发展，在结构上实现工业化、高污染到科技化、低污染的产业调整，着重发展绿色产业，水污染和土壤污染得到缓解。

表3 安徽省 2008 年至 2017 年耕地资源生态安全健康值评价

年份	驱动力	排名	压力	排名	状态	排名	影响	排名	响应	排名	总得分	排名
2008 年	0.4237	8	0.3443	5	0.2520	10	0.3894	6	0.2348	6	0.3034	7
2009 年	0.4110	9	0.3043	6	0.2541	9	0.4543	5	0.2196	7	0.2962	9
2010 年	0.4109	10	0.2720	7	0.2802	7	0.5347	4	0.1264	10	0.2947	10
2011 年	0.4678	7	0.2294	8	0.2802	6	0.6446	3	0.1335	9	0.2999	8
2012 年	0.4967	6	0.2090	9	0.2799	8	0.7008	2	0.2178	8	0.3229	6
2013 年	0.5273	5	0.1587	10	0.3721	5	0.8479	1	0.4385	4	0.3930	5
2014 年	0.5604	4	0.5039	3	0.7444	4	0.2594	10	0.3957	5	0.5483	4
2015 年	0.5857	2	0.5005	4	0.7511	1	0.3155	9	0.4570	3	0.5644	3

续表

年份	驱动力	排名	压力	排名	状态	排名	影响	排名	响应	排名	总得分	排名
2016年	0.6053	1	0.7116	2	0.7507	2	0.3792	8	0.5675	2	0.6480	2
2017年	0.5728	3	0.7764	1	0.7501	3	0.3892	7	0.6556	1	0.6718	1

* 数据来源于《安徽省统计年鉴》。

（三）准则层健康值变化和问题分析

1. 准则层健康值的变化

驱动力层健康值在2008年至2010年较缓慢下降，2011年至2016年健康值处于稳定增长阶段，健康状态从临界健康状态增长为亚健康状态，2017年下降，跌回临界健康状态。

压力层健康值自2008年至2013年一直处于下降状态，由0.3443下降至0.1587，年均下降0.03712，健康状态由不健康跌至病态。2014年健康值提升，健康状态提升为亚健康，总体来看压力层健康值呈现斜W形态。

状态层健康值在2008年至2013年处于不健康等级，2013年至2014年由0.3721增加至0.7444，增加了0.3721，由不健康状态增长至亚健康状态。

影响层健康值在2008年至2013年稳定增加，由不健康增长至健康，2014年下降，耕地生态安全也下降至不健康状态。

响应层健康值2008年至2010年下降至低谷，处于病态阶段，2010年至2017年总体处于增长阶段，至2017年已达到亚健康状态。

2. 工业污水和农药化肥对耕地生态造成严重污染

工业污水排放量和单位耕地农药化肥使用量是负向指标，变化趋势与压力层健康值变化趋势相反，工业污水排放量和农药化肥的使用增加是压力层健康值下降至病态的主要原因。工业污水排放量在2008年至2015年持续每年排放7000万吨，同时大量工业废水处理不达标、工业废水排放标准不统一、治理模式较为简单等原因导致工业污水对耕地生态造成了严重破坏；安徽省单位耕地农药、化肥使用量自2008年持续增加，并于2013年达到峰值，分别为0.0281和0.8080，2014年出现下降，但由于单位耕地农药化肥使用量逐年累加导致耕地农药残留给耕地生态造成了严重污染，农药使用得多不规范，对农药污染的治理缺乏有效的治理手段，治理模式也更为单一等原因，农药污染成了耕地生态的主要污染源。

3. 农业机械化水平受限制

影响层健康值在 2014 年由健康状态下降至不健康状态，下降坡度大，主要是因为指标层中单位耕地农业机械化水平在该年间出现断面式下降。单位耕地农业机械化水平总体呈现⌒形变化，农业机械化水平被限制，这种受限是由耕地细碎化引起的。耕地细碎化会使农业生产效率受到制约，无法充分地发挥农业生产的规模效应，使得耕地难以适应农业机械化的生产要求。

（四）障碍度和问题分析

为了更有效地剖析安徽省耕地资源生态安全存在的问题，建立障碍模型对其障碍因子进行诊断，本文确定了一些影响安徽省耕地生态安全的阻力因素。（见表 4）

表 4　安徽省耕地资源生态安全指标层障碍度

类别	指标层				
	1	2	3	4	5
障碍因子	工业污水排放量	耕地垦殖率	造林面积	单位耕地农药使用量	工业污水处理率
障碍度	1.5748	1.3997	1.2945	1.3285	1.2401

1. 障碍度分析

准则层中障碍度最高的是压力层，2015 年之前基本在 0.3 上下波动，2015 年后开始下降。其次是影响层，影响层的障碍度在 2013 年发生增长，影响层障碍度一直在上升。

指标层主要的障碍因子是工业污水排放量、耕地垦殖率、造林面积、单位耕地农药使用量和工业污水处理率。造林面积和工业污水处理率对耕地生态的影响是正向提升的，造林面积的增加和工业污水处理率的提高能有效保护耕地生态安全。工业污水排放率、耕地垦殖率和单位耕地农药使用量对耕地生态安全是负向影响。

2. 存在问题和原因分析

（1）耕地垦殖过度。耕地开发过度和持续复种造成耕地垦殖率增加，对耕地生态安全的障碍度增加。耕地垦殖率过高的原因是安徽省建设用地的快速增加，城市边界不断扩张，耕地总面积逐年减少，为确保粮食产量的达标，对耕地加大复种次数，加大垦殖率。过度的耕种土地导致耕地被过度消费，开垦种植和农药化肥的不断追加,耕地土壤硬化,土壤的微生物环境紊乱,耕地地力供不应求,地力退化,粮食产量下降,如此进入恶性循环。

(2)缺乏对耕地污染源的有效监督和有力的惩治手段。工业污染和农药污染是耕地生态破坏的顽固污染源,治理难度大,对耕地生态安全造成的障碍度高,问题在于法律对污染源的惩治力度多为监督改进和罚款,威慑性较低。原因是对耕地生态保护意识的薄弱,法律缺少强力惩治手段。

建 议

针对安徽省耕地生态安全分析结果和存在的问题,提出建设性意见,为安徽省耕地生态安全保护政策的制定提供参考。

(一)加大财力支撑,支持全面污染排查和污染治理的科学技术研发

针对安徽省耕地农药污染严重和污染治理单一的问题,可以采取为耕地生态安全提供更多的金融服务和财政支出,召集专业人员对安徽省的耕地污染进行全面排查,确定污染状况,并引入遥感技术等高科技进行实时监督和监管等措施。同时,加强针对农药污染的科学技术研发,如研制高效低污染农药和化肥等农用品,研发耕地塑料薄膜的降解技术和土地重金属污染的稀释方法等。对耕地生态安全进行多模式、多方面的治理。

(二)推行"土地托管"和"土地入股"等方式提高规模经营

利用提高规模经营的方式来解决农地机械化水平受限的问题。通过鼓励农户积极参与土地流转,探索土地入股,土地集体入股专业合作社或者农户与农村合作社签订协议,实行"土地托管"等新型经营模式,实现耕地的规模化种植,解放人力,有效提高农业机械化作业效率,实现粮食增产和农户增收。

(三)推行"轮作休耕"等方式,缓解耕地地力

安徽省过度垦殖、复种强度大等问题已经严重影响到了其耕地生态安全,对此可采用"轮作休耕"将用地与养地相结合,以在保持耕地利用的基础上有效缓解耕地地力退化问题。对此,可参考已经开展试点的东北冷凉区和北方农牧交错区等区域,[1]推行不同农作物轮作,重点污染、退化等耕地进行

---

[1]宋小青、欧阳竹:"1999-2007年中国粮食安全的关键影响因素",载《地理学报》2012年第6期,第793~803页。

"一季休耕,一季雨养"[1]等治理路径。同时对采取"轮作休耕"耕地的农户进行补助,保证农户种植收益不受损。[2]

(四) 加强耕地生态安全保护法规建设,加大惩治力度

治理工业污染源可以根据经济运行和生态保护规则,加强耕地生态安全可持续发展立法,严格依法执政,并对基层工作人员进行专业培训,加强执法监督,加强对生态保护的宣传教育。为监督污染源改进和加大对顽固污染源的惩治力度,对于造成严重耕地污染等行为有必要介入刑法,从根源上确保耕地生态安全可持续发展。

---

〔1〕 李争等:"基于PSR模型的江西省生态文明建设评价",载《贵州农业科学》2014年第12期,第249、252~258页。

〔2〕 左丽君等:"耕地复种指数研究的国内外进展",载《自然资源学报》2009年第3期,第553~560页。

从祁连山全面关停采砂采矿看神农架的生态保护*

【摘　要】 神农架作为国家重点生态功能区，加强生态保护是第一职责和立区之本。本文通过介绍神农架独特的地理位置和重要的生态要塞作用以及神农架开发前后发展战略和思路的变化导致的神农架的生态环境变化，特别是当前存在着令人担忧的采矿、采石、采砂以及小水电开发等严重影响和破坏神农架生态环境的现状，分析当前在全面加强生态文明建设的大环境下，旅游经济带给环境的影响等。

笔者结合在甘肃祁连山考察，特别是肃南县在不到二年时间内关停103处探矿采石和地质灾害防治项目的成功经验，提出了自己对神农架生态保护的几点思考：一是要学习秦岭市和祁连山的经验和做法，以壮志断腕的决心和勇气全面关停矿山和小水电；二是要通过立法进行保障，不仅采用颁布法律法规的方式有序关停矿山和小水电，还要通过立法的方式对神农架的生态进行长远保护；三是要加大环境公益诉讼力度；四是要加大宣传力度，使生态环境保护的理念深入人心。

【关键词】 生态文明建设；生态保护；立法保障

一、独特的地理位置和重要的生态要塞

神农架地处东经110.649°、北纬31.75°的秦巴山脉东端，与武陵山脉咫尺共扼长江三峡，是记录地球地质事件和环境变迁的地质史书，是集亚热带和寒温带多种气候形态的天然体验区域，是长江和汉水的分水岭，是中华农耕文明的发祥地，拥有北半球中纬度保存完好的北亚热带森林生态系统和丰富的生物多样性，拥有神农架穹隆"华中屋脊"纷繁多样的地质地貌、气象

---

* 卫林，神农架林区人民法院党组副书记、副院长。

水文景观。同时，神农架还拥有让世人魂牵梦绕的"野人"、白化动物等自然之谜，与百慕大三角、埃及金字塔、撒哈拉大沙漠、珠穆朗玛峰共同演绎了北纬31°带上的神奇神秘，同时也形成了独有的生态文化湿地。

从中国地形上看，神农架位于华中山地丘陵逐步向中国西部高山的过渡地带，是我国东西南北生物物种的交汇之地，是世界上唯一的北亚热带森林植被区，是世界上少有的几个生物多样性热点地区，有高等植物3239种，地区特有植物116种，古老、孑遗植物243种，是川金丝猴地理分布的最东端。因此，神农架的生态要塞作用非常明显。

神农架林区总面积为3253平方公里，森林覆盖率为91%，年蓄水量达30亿立方米，因此谓之"华中水塔"毫不为过。

神农架域内有四大水系分别流入长江和汉江，其中，南河、堵河水系流入汉江，香溪河、沿渡河水系流入长江，河流地表水总径流量为38.7亿立方米/年。神农架哺育的水系水质优良，泥沙含量极低，每年可少向长江三峡库区排放泥沙700多万吨，对调蓄三峡库区泥沙具有重要作用，因而被誉为"长江三峡水利枢纽工程的绿色屏障"。

神农架森林面积为2862平方公里，据估算，每年可吸收固定大气中120万吨以上的二氧化碳，可释放170万吨以上的氧气。神农架空气负氧离子含量瞬间峰值为每立方厘米27.21万个，是世界卫生组织公布的清新空气负氧离子标准浓度的272.1倍（世界卫生组织公布的标准为每立方厘米100个~1500个）。

二、神农架当前的生态状况

在神农架3253平方公里的土地上，森林面积有2862平方公里。森林覆盖率达91%，位居湖北省第一，而且至今已连续39年没有发生森林火灾。由于具有大面积的森林功能，神农架的空气质量也长期高居湖北第一。

但是，在全国加强生态保护的今天，神农架的生态环境还存在着一些不容忽视的问题。

第一，20世纪60年代以后，基于国家的经济建设需要，当时的神农架大开发、开山修路、规模化采伐，神农架作为国家的一个商品木材供应基地，每年的采伐任务高达几十万立方米，连续有计划采伐近四十年，神农架原始森林原貌已不复存在，强大而完整的生态系统遭受到了难以恢复的破坏，在神农架国家公园核心保护区域内，以及其他很多区域，过去生态系统的断裂带，被采伐以后剩下的腐朽树桩随处可见，现在的面貌虽然是绿色的，但大多都是荒草和灌木，其生态功能难以和过去的原始森林相比。

第二，自20世纪末21世纪初，国家开始实施天然林保护工程以后，神农架虽然全面停止了采伐，但是也导致了神农架一度没有支柱产业，围绕采伐的木材加工和销售的木材经济即刻归零，一定时期内神农架没有了经济来源。为了开辟财源，实现经济转型，林区党委政府进行了不懈的持续探索，在探索发展旅游经济的同时，也确定并实施了较为长期的"矿电化"的发展思路，全区自2000年至2015年先后开发矿山34家，有的探矿采矿权持续累计批复长达30年之久，共批复兴建小水电站97座，一般经营时间都在50年以上。为了开矿，就修了许多公路。据不完全统计，各种矿山公路累计总长达100余公里，有很多公路都从农田经过。为了开发水电，开发商极尽其用，一条河流流域内多是梯级开发，有的多达四级，致使正常的河流长年累月只见河床不见水。更有甚者，有的电站甚至改变了河流流向，将本来北流的河流筑坝截断，建成高山水库，在南面打开山洞，让河流流向其南面梯级开发的各级电站。

第三，旅游污染。随着全球气温变暖日趋严重，以及神农架不断加大的旅游宣传，到神农架旅游、避暑和滑雪的人逐年上升，笔者通过在权威部门的调研得到统计数据：2016年到神农架旅游的人数为1098万人次、2017年为1322万人次、2018年为1587万人次。在神农架平均停留时间为3.5天~4天。这组数据在中国这样的人口大国根本算不了什么，但是相对于神农架这样一个常住人口不足8万人面积3200多平方公里和一个小县面积差不多但却覆盖91%的森林的小地方而言，这么多人在这里停留，吃住行、游购娱，特别是大量的一次性生活垃圾、不可降解的白色塑料制品，大量的汽车尾气……给环境带来的压力可想而知。神农架高居华中屋脊，如果这些污染处理不好，不仅会给神农架本地的生态环境造成伤害，也会殃及周边乃至长江中游流域。

人类的活动、污染的排放是导致地球大气层产生温室效应即全球气温变暖的主要原因，其对人类的影响可能是灾难性的。事实上，全球气温变暖，神农架也不能独善其身。笔者在神农架生活多年，有着切身感受。20年前，神农架5月还在穿棉袄，10月已经漫天飞雪，夏天夜晚盖被子、最热的几天吹电扇，空调极为少见。而现今，32度以上气温很常见，家家户户都装有空调，只有海拔较高的地段才能感受到凉爽，海拔低的地方，与外面相差不大。

而今，在陕西秦岭北麓和甘肃祁连山生态问题出现以后，神农架的生态保护问题也引起了湖北省委、省政府的高度重视，根据省委环保督察组的意见，神农架林区要关停30座小水电站，全面关停非煤矿山，同时严格限制生产生活采砂采石。

三、神农架生态保护的思考

神农架目前已经启动了小水电站和矿山的退出工作，但是，以目前退出工作开展的情况来看，推进得十分不顺利。从2015年启动小水电站关停以来，完全退出关停的只有5家，其余的都在拉锯式谈判，有的还进入了诉讼，打完一审打二审。采砂场也是一样，推进缓慢、举步维艰。矿山和采石场的退出于2019年刚刚启动，目前根据借鉴的祁连山的矿业权退出的经验做法，正在推进之中，但是由于种种原因，困难也不少。

笔者认为，神农架丰富而独特的生态资源，在区域水源涵养、防灾抗旱、污染降解、生物多样性维持、气候调节等方面发挥着巨大的生态功能，保护好神农架的生态环境，对长江中游流域的可持续性发展有着重要意义，因此必须采取最严格有效的措施，以保护神农架的生态环境。

第一，要学习借鉴陕西秦岭、甘肃祁连山以及其他地方彻底整治破坏生态现象的做法，以壮士断腕的决心和勇气进行坚决的整治。要全面关停小水电站和河道采砂；要全面关停探矿采矿和开山炸石；要尽快修复被长年开采所破坏的生态。

第二，要通过立法进行保障。祁连山和秦岭的生态整治之所以最终能够比较果断、彻底，除了国家环保部约谈和督察组进驻督察以外，很重要的一个因素就是省级人民政府统一下发了矿业权分类处置和退出的文件，这些文件具有法律效力，全省统一实施，矿业主无路可退，只有在有限的时间内退出。

神农架的矿山和小水电站政策之所以举步维艰，就是因为没有可依据的法律和法规性文件。相反，业主手中却握有探矿采矿的有效许可证件、水电站经营的许可文件和工商登记证件，也有的握有租赁和承包合同，从而导致相关部门在关停的过程中只能想方设法地去谈、去满足业主提出的各种赔偿条件。可以说，目前关停的几家小水电战和矿山，几乎都是以政府赔偿的方式完成的，关停的水电站、矿山业主获得的赔偿，相当于他们继续经营若干年的收益。甘肃祁连山的矿山退出采取的是省政府文件规定的分类退出，在2017年到2019年不到2年的时间内，利用有限补偿的方式，仅肃南县内就有67宗全部退出并复绿，没有一宗通过诉讼解决。

除了关停采矿采石、小水电站等应当通过法律手段解决以外，神农架生态环境的长远保护也应当通过立法进行保护。值得庆幸的是，神农架自探索实施国家公园体制以来，即进行了立法的探索和创新，《神农架国家公园保护条例》已于2017年11月29日由湖北省十二届人大常委会三十一次会议通过，并于2018年5月1日起施行。笔者相信，随着国家公园体制的不断实践和推进，对整个神农架林区全范围的立法保护为时不远。

第三，要加大环境公益诉讼力度。环境公益诉讼是保护生态环境的重要武器，环境公益诉讼具有高度公共利益价值追求，具有诉讼主体的特殊性、宽泛性。全社会成员包括公民、事业单位和社会团体，任何组织或个人为了维护国家、社会利益都可以把侵害公共环境利益之人推向被告席，而且，其诉讼对象既包括一般民事主体，也包括国家行政机关，所以环境公益诉讼可以唤起全社会保护生态环境、维护国家环境利益、公共利益的意识和行动。

环境公益诉讼具有显著的预防性，同时兼具补救功能。环境公益诉讼的提起及最终裁决并不要求一定有损害事实的发生，只要能根据有关情况合理判断出可能使社会利益受到侵害，即可提起诉讼，由违法行为人承担相应的法律责任。这样可以有效地保护国家环境利益和社会秩序不受违法侵害行为的侵害，把违法行为消灭在萌芽状态。在环境公益诉讼中，这种预防功能尤为明显且显得更为主要，因为环境一旦遭受破坏就难以恢复原状，所以法律有必要在环境侵害尚未发生或尚未完全发生时就容许公民运用司法手段加以排除，从而阻止环境公益遭受无法弥补的损失或危害。环境公益诉讼的补救功能还表现在通过诉讼可以判令实施危害行为者对破坏的生态进行赔偿和修复。

第四，要让环保理念深入人心。笔者在祁连山考察时深切地感受到，生态保护的战役实际上也是保护生态环境的宣传战役。祁连山在所有关停的探采矿和地质灾害防治项目点上（103处），都建有整治复绿前后的环境面貌对照图片专栏，包括环境监测卫星监测到的卫星照片。重点城市（例如张掖市）

城郊整治出来的一片湿地公园,将以前的荒滩变为了环境非常优美的生态公园,公园门口的广场周围全都是整治前后的对比图片以及整治和加强生态文明建设的文字资料,广场中心还设有大屏幕,不停播报着生态文明建设的相关内容。笔者也了解到,在祁连山环境整治的过程中,新闻媒体同步跟进,有关部门也制作有多部专题宣传片。不难想象,身处河西走廊的人们,在享受着生态文明建设带来的幸福的同时,也不会忘记过去生态被破坏造成的恶果,进而更加知道珍惜和保护环境的重要性。

相比之下,神农架有着西北地区所不可比拟的生态优势,但生活在这里的人们和前来旅游的人们,在享受着大自然的馈赠、呼吸着清新的空气、欣赏着自然美景的同时,却似乎有着"这里生态富裕、珍惜大可不必"的念头,总是随手丢垃圾、扔烟头。

因此,笔者认为,神农架加大环保宣传,采取切实可行的生态环境保护措施,刻不容缓!

环境共同侵权的承担*

【摘　要】 环境共同侵权是共同侵权在环境领域中的特殊类型，是共同侵权与环境侵权的叠加，属于共同侵权中的特殊侵权。而正因其具有特殊性，传统共同侵权行为理论不能适应其需要。为了保护受害人的合法权益，有必要在传统共同侵权的理论基础上对环境共同侵权的行为作出理论分析与实践探讨。关于环境共同侵权承担问题的研究有助于保证人们在环境共同侵权中遭受人身权、财产权或在环境权方面遭受损害时能够保障自身权益，让人们拥有一个安定、温馨、祥和的环境。

【关键词】 环境共同侵权；责任划分；承担方式

一、环境共同侵权的界定

学界关于环境共同侵权行为的性质有如下几种理论观点："共同危险责任论""客观共同行为论""直接结合论"以及"结合整体论"。

（一）"共同危险责任论"

"共同危险责任论"是指如果损害已发生，但不知某几人中谁为加害人，则有关人员负连带责任。此种观点是根据一般共同侵权的共同危险行为构成要件来判断环境共同侵权的。它既不要求行为人之间具有主观意思联络也不要求各行为人的行为具有共同关系，只要求各个行为人的行为都有使这种损害发生的危险，而且，这种损害已经发生却又无法确定由何人所为。例如，几个工厂同时向河里排放热废水，导致河域热污染，河里人工饲养的鱼全部死亡，在这种情况下，每一个排污者的排污行为都是合法的，他们也没有意思联络造成这种热污染且无法查明到底哪一个工厂排放的废水导致此损害的

---

* 胡新月，北京林业大学。

发生，那么这些排污者要负连带责任。

该观点肯定了每个侵权行为加害人的行为有产生同一结果的可能性，也突破了侵权行为"主观说"必须要求有共同的过错或意思联络的局限。但是，其也存在着不足，以行为的危险性作为环境共同侵权的判断标准，在实践中无疑充满了操作上的不确定性，从而可能无法给司法裁判提供确切和合理的技术指引。

（二）"客观共同行为论"

该观点认为，环境共同侵权行为是由两个或两个以上的行为人共同污染或破坏环境，而致他人损害的（行为）。环境共同侵权行为的各行为人并无故意或过失的心态，也并不认为其单一的合法排污行为或环境开发行为足以造成环境侵害，各个行为人之间甚至也不存在意思联络，即彼此之间并无主观上的致害联络。该观点明确宣称环境共同侵权不仅包括以共同过错和意思联络等因素为基础的环境共同侵权，而且还包括没有意思联络或共同过错的环境共同侵权，这与我国现行法律中所定义的环境共同侵权不谋而合。

"客观共同行为论"的观点体现了环境共同侵权从主观共同性到客观共同性的发展，也与共同侵权本质的发展规律是一致的。在此之后的有关环境共同侵权的研究中，客观共同行为论得到了很多人的认可。但是，对于如何判断客观行为的共同性，该观点也没有明确说明，而且，共同行为的要求与普通共同侵权行为关联的要求相比，明显要严格得多，所以，客观共同行为论下的环境共同侵权的适用范围仍然比较有限。

（三）"直接结合论"

复数污染源共同致害的情况应当被理解为无论复数污染源主观上是否存在共同故意或者共同过失，只要各污染源的环境侵害行为直接结合发生同一损害后果，各环境侵权人之间就构成共同侵权，应对因此而产生的全部损害，承担连带责任，这就是"直接结合论"的观点。

这一定义有四个特点：一是不要求行为人的主观因素作为环境共同侵权的必备构成要件；二是强调构成环境共同侵权的各个侵权行为都必须直接结合；三是突出损害后果的同一性；四是表明各行为直接结合与同一损害后果之间的因果关系。

"直接结合论"在坚持共同危险责任论和客观共同行为论的客观性基础上，将行为共同性的研究又往前推进了一大步，其对数个行为之间的关系给出了更加宽松的要求，并提出了更具体的判断标准，从而有利于司法实践的操作和执行。不过，由于它是直接移植于普通共同侵权本质理论中的直接结合论，所以不可避免地带着固有的缺陷，特别是它与间接结合在理论和实践方面均很难被明确区分开。站在法官的角度上来讲，进行直接结合与间接结合的区分判断是一个非常困难的心证过程，因为要判断数个加害行为是直接结合还是间接结合，不仅要对行为结合的紧密程度进行量的判断，还要准确分析其原因对损害后果的作用，同时还要对加害行为是否是一个不可分割的整体进行判断。这些心证过程对法官来讲要求过于苛刻，难免会出现偏差；在具体的案件审判过程中，也将给扩大或者缩小共同侵权行为的适用创造更多的空间。

（四）"结合整体论"

"结合整体论"认为数个行为之间如果存在某种关联共同性，并且造成了同一的损害结果，则构成共同环境侵权，对损害结果应该承担连带责任。共同环境侵权的本质就在于数个环境污染致人损害的行为之间具有客观的关联共同性，也就是说数个行为之间的客观关联共同性是判断是否构成共同环境侵权最主要的标准。这个观点还以行为的结合性或整体性作为关联共同性的具体认定标准，相较"直接结合论"，该观点认为只要数个侵权行为具有结合性或整体性，即可构成环境共同侵权。与"直接结合论"相比，"结合整体论"对环境共同侵权的认定条件更为宽泛，将结合性和整体性作为两个并行的认定标准加以考虑，承认间接结合的环境共同侵权，从而扩大了环境共同侵权的适用范围。

但是，整体性作为独立的判断标准，具有模糊性和主观性。例如，分布在河道各个位置的数个工厂排放的污水流入同一条河流的同一个区域，法官在审理案件时对究竟哪个工厂更为接近污染水域、多大距离算作接近、排放的必要性如何把握、排放的时间是否有影响等问题很难有一个客观的判断标准，从而加大了法官审理案件的难度。

这几种观点虽然对环境共同侵权的看法与理解各不相同，但是都赞同"同一损害结果"是环境共同侵权的构成要件，即环境共同侵权的本质就是要有"共同结果"。"共同结果论"既符合共同侵权本质的发展规律，又能契合环境共同侵权的特点，平衡各方利益，在司法裁判上更加方便。数个环境侵权行为加害人实施的行为导致了同一的环境损害事实结果即可构成环境共同侵权，不要求每个环境侵权行为加害人都有主观的过错或意思联络，也不要求每个环境侵权加害人的侵权行为都具有违法性，只要产生的同一损害结果具有违法性即可。

二、环境共同侵权的构成要件

（一）环境侵权行为的加害人是具有民事行为能力的数个加害人

环境共同侵权是环境侵权和共同侵权的结合体，而共同侵权作为一项特殊的侵权行为与一般侵权行为的最本质性区别就是侵权行为加害人必须是两个或者两个以上行为人。实际生产生活中常见的企业环境污染是环境共同侵权的一种主要类型。企业作为法人在充当环境侵权行为的加害人时应当具有独立承担侵权责任的民事责任能力。而自然人作为环境侵权行为的加害人时，当然也要有承担侵权责任所相应具备的民事行为能力。

（二）数个环境侵权行为加害人实施具有共同性的侵权行为

环境共同侵权行为在特征上要求污染行为的复合性，前提是各环境侵权行为人都实施了环境加害行为，但不是每个环境加害行为都会导致严重的环境侵权损害结果。也就是说，并不是每个环境加害行为都具有违法性。就侵权加害人之间的行为关系的"共同性"而言，在实际司法审判的案例中要结合地理位置、生产类型、污染物质等因素进行。

（三）数个环境侵权行为加害人的侵权行为导致同一损害事实结果

各环境侵权行为人实施的环境加害行为导致的环境实施损害结果同一且无法分割。我国《侵权责任法》第11条、第12条规定的"结果不可分型环境共同侵权"中的重叠型、加算型、累积型的环境共同侵权就能体现环境共同侵权的这一特征。

（四）环境侵权加害行为与损害结果之间具有因果关系

对环境共同侵权案件中责任承担判断的关键是环境侵权行为加害人的行为与其导致的损害结果之间是否有因果关系。只要各环境侵权加害人的行为在客观上产生了同一且无法分割的损害结果，就可判定两者之间有因果关系。大多数国家在立法上都采取举证责任倒置及因果关系推定的制度来保障受害人的救济权利。

三、国外环境共同侵权责任承担方式考察

对于环境共同侵权责任承担的问题，多个国家均规定了连带责任，如日本、德国、意大利、瑞典、意大利等，且多为大陆法系国家。少数国家实行按份责任，如美国、英国等，多为判例法系国家。

（一）日本

关于环境侵权的规定，《日本大气污染防治法》第 25 条第 1 款、第 2 款，《水污染防治法》第 19 条、第 20 条第 1 款，《日本民法典》第 719 条第 1 款都有提及。其中，《大气污染防治法》第 25 条第 2 款是关于数人（大气污染）侵权行为的规定，从文字表述来看，该条首先要求对该损害赔偿责任适用《日本民法典》（1897 年第 89 号法律）第 719 条第 1 款的规定："因数人共同实施侵权行为加害于他人者，各加害人负连带赔偿责任；不知共同行为人中何人为加害人时，亦同。"大气污染侵权是典型的环境侵权，可见日本对于环境共同侵权责任的规定是要承担连带赔偿责任。当然也有例外情形，即如果排放有害物质的行为人的加害行为最终导致的环境侵权损害起到的作用显著轻微的话，在责任承担上可以适当减少或免除相应的赔偿责任。

日本处理共同侵权问题的判断标准的演化过程跟我国相似，都是由"共同过错论""意思联络论"向"共同结果论"发展。使其对环境共同侵权认定标准逐步往产生同一客观的损害实施结果发展，即对主观共同故意或有意思联络这一必要构成要件逐步淡化，更关注其行为是否产生了同一损害结果。产生这种同一结果的侵权行为要有关联性，日本学者普遍认为，此种"关联性"是客观上侵权行为的共同关系，不要求一定要有主观上侵权行为的共同关系。

（二）德国

德国将"不许行为"规定为侵权行为，将"干扰侵害"或"外物侵入"称为环境法上的侵权行为。德国是世界上第一个将共同侵权责任纳入正规法律规定的国家。1990 年的《德国民法典》第 830 条规定，多人在发生侵权行为有共同故意产生损害事实结果时，各侵权行为人都要承担赔偿责任。在此之前没有对共同侵权进行相关的法律规定而是在《合同法》有类似相关规定。

对于环境共同侵权，1976 年的《联邦德国水法》第 22 条第 1 款和第 2 款早已作了相关规定："任何人凡将各某种物质引入或排入水源或采取某种行

动，其结果将导致水的物理、化学或生物成分发生变化时，应对他的行动所造成的损害负赔偿责任。假如应对此行动负责任的为若干人，那么则他们应共同和分别对于造成的损害承担责任。"这规定了数个环境侵权行为人实施加害行为时，对产生的侵权损害结果负赔偿责任可以是分别的也可以是共同的。水污染侵权案件是典型的环境共同侵权，德国在赔偿责任中专门运用了"若干人"来强调是共同侵权的事实。在德国统一后，《德国水利法》第 2 条第 1 款、《德国水管理法》第 22 条第 1 款都继承了 1976 年《联邦德国水法》的相关规定，但是却把"若干人"表达成"作为整体负债人"。也就是说，把侵权人作为一个整体，来对被侵权人负有环境侵权赔偿责任，如果适用按份责任来承担侵权损害事实结果，就无需用"若干人""整体负债人"这样的词汇来强调加害人做出的是共同侵权行为，各侵权行为加害人作为赔偿共同体来分担侵权损害结果。由此可以看出，德国对环境共同侵权责任的承担实行的是连带责任而不是按份责任。

近几十年，德国民法学者为了使相对弱势被侵权者得到有效的弥补提出，两个及两个以上侵权者虽然事先无意思联络的过失（或故意）行为，但如果不能举证自己作为侵权者产生了哪部分损害，即无法明确具体地知道自己侵权行为导致损害结果应承担的赔偿份额，则仍需负有环境共同侵权的连带责任。这与我国学者提出的"共同结果论"非常相似，符合环境共同侵权认定标准往"客观化"发展的趋势，使连带责任适用范围得到扩大，使处于相对弱势的侵权受害人的损害可以得到及时、公平、有效的救济，使司法判例可以得到公正操作。

（三）美国

在英美判例法国家，连带责任被称为连带与分别责任。在美国现代环境侵权法产生之前，环境侵权行为判定的法律依据为普通法所规定的侵权行为，环境侵权行为受害人寻求损害赔偿诉讼的依据主要是过往的判例。

美国在环境侵权领域用得最多的名词是"妨害行为"。妨害行为的一种解释是他人或公众的合法权益受到某人的侵害，产生了确实的妨害或损害的结果，即使是合法行为，只要他人或公众的方便、舒适受到了侵害，其就可被归为妨害行为。由于环境侵权行为具有特殊性，因此美国在实际的司法判例中认为环境侵权属于一种复合性的妨害。复合性妨害原则上是由行为加害人承担分别责任，在无法分割各行为加害人的共同侵害责任时才可用连带责任。[1]

美国加利福尼亚州在审判"辛德尔案"[2]关于产品责任的纠纷时创设了"市场份额责任"理论。自"市场份额责任"理论出现以后，美国开始逐渐从限制或废除连带向分别责任的方向发展。"市场份额责任"理论类似于环境共同侵权中的各环境侵权加害人的行为导致了环境侵权损害结果的发生，如果可以按照每个侵权行为人对损害结果的原因大小、作用程度多少进行分割，各侵权加害人就承担分别责任，如果不能确定对损害结果的原因大小、作用程度多少就需承担连带责任。美国许多州的立法都借鉴了此种理论，在实际的司法案例判决中也有适用此种理论的趋势，在其立法上也有限制连带责任的规定。而阿拉斯加、肯塔基等州则取消了连带责任的适用。

（四）英国

英国在工业革命以后才确立起现代意义上的环境法，但由于英国经济发展较早，早在中世纪的普通法中就有关于运用"公害的法律原则"对环境进行管理的相关规定。

英国对环境共同污染行为适用连带责任还是按份责任的态度也发生了较大的变化。英国早期适用连带责任的规定，但是由于在司法判例的适用中矛盾逐渐尖锐，英国逐渐淡化了对连带责任的适用，而是明确规定了按份责任原则，从而逐渐废除了连带责任。早期关于特定污染物的规定体系较分散，但随着环境环境问题的日益严重及理论与实践的不断进步、发展，英国总结经验吸取实践教训，制定了体系较为完整的环境法规定，如《油污染法》《污染控制法》《野生生物及乡村法》《环境保护法》等。

如同美国一样，英国也是以判例法为主的国家。由于判例法系国家没有统一的法律文本，在司法审判中没有标准的原则或规则，所以对于环境共同侵权的司法案例中责任的承担是连带责任还是按份责任没有统一的判决依据。但从以往的司法判例中我们可以看出，英国对连带责任的适用越来越少，按份责任在判决中被适用得越来越广泛。

---

[1] 王明远：《环境侵权救济法律制度》，中国法制出版社2001年版，第256页。
[2] 辛德尔是一名乳腺癌患者，其患病原因为：她的母亲在怀着她时，为了防止流产，服用了当时被广泛使用的药物"乙烯雌粉"。后来的研究表明，该药可导致胎儿将来患乳腺癌。辛德尔在母腹中时即受到损害，病症潜伏至其成年时发作。辛德尔起诉11家生产厂商要求赔偿，初审法院不予受理，加利福尼亚州上诉法院受理该案，并判决生产该药的11个厂家按照市场份额予以赔偿。

四、我国环境共同侵权责任承担方式及案例分析

根据我国《最高人民法院关于审理环境侵权责任纠纷案件适用法律若干问题的解释》（简称《环境侵权司法解释》）第2条、第3条[1]的规定可以判断：在我国，环境共同侵权承担连带责任。

（一）连带责任的正当性

持有连带责任说观点的学者认为，由于环境共同侵权的损害结果是由各环境侵权行为加害人共同的过错造成的，因此，为了保护相对处于弱势的受害人，使司法判决相对公正、使弱者得到救济，环境共同侵权加害人在承担侵权责任时只要产生了同一损害事实结果就应承担连带责任。

在一般的法律关系中，法律关系双方主体应是平等的地位。由于环境共同侵权加入了环境这个特殊的媒介，使得环境侵权行为加害人与受害人的实力相差悬殊，法律的最终价值追求是将违法行为尽可能地拉回合法行为的轨道，最终实现绝大多数人的公平正义。连带责任正是弥补环境共同侵权行为加害人与受害人实力相差悬殊这一不足，使双方尽可能地处于相对平等的状态。这种差别待遇的实质是社会正义的体现，从而使相对处于弱势的受害人在不能确认环境共同侵权加害人到底是谁或某个环境侵权加害人赔偿损失的能力相对较弱而无法使受害人得到足够赔偿时，连带责任有助于保护受害人，这似乎对环境侵权行为加害人的经济自由进行了相对限制。

但是，从社会公平正义的角度讲，由于环境的特殊性导致其一旦遭到破坏就很难恢复，只有像连带责任这样看似不平等的规定，才能对环境污染、破坏进行有效的预防。连带责任像一条绳子，把数个环境侵权行为加害人紧紧地绑在一起，当风险事由发生时，环境侵权行为加害人都会受到牵连，从

---

[1]《环境侵权司法解释》第2条规定："两个以上污染者共同实施污染行为造成损害，被侵权人根据侵权责任法第八条规定请求污染者承担连带责任的，人民法院应予支持。"第3条规定："两个以上污染者分别实施污染行为造成同一损害，每一个污染者的污染行为都足以造成全部损害，被侵权人根据侵权责任法第十一条规定请求污染者承担连带责任的，人民法院应予支持。两个以上污染者分别实施污染行为造成同一损害，每一个污染者的污染行为都不足以造成全部损害，被侵权人根据侵权责任法第十二条规定请求污染者承担责任的，人民法院应予支持。两个以上污染者分别实施污染行为造成同一损害，部分污染者的污染行为足以造成全部损害，部分污染者的污染行为只造成部分损害，被侵权人根据侵权责任法第十一条规定请求足以造成全部损害的污染者与其他污染者就共同造成的损害部分承担连带责任，并对全部损害承担责任的，人民法院应予支持。"

而潜在地起到事前预防的作用。从风险分配的角度来讲，环境侵权行为加害人在承担风险的过程中处于相对强势的地位；从社会正义的角度讲，环境侵权行为加害人要分配更多的风险；从风险管理的角度而言，连带责任实际上是将追偿不能的风险从受害人转移到数个环境侵权行为加害人内部，因此，连带责任不失为一种更为公平的风险分配机制。

（二）按份责任的正当性

持按份责任说观点的学者认为，各环境共同侵权行为加害人应该根据自身造成损害结果程度的不同，对自身具有过错的损害部分承担相应的责任。主要根据各环境共同侵权行为加害人对造成损害结果的因果关系来判断责任的大小。许多学者主张摒弃连带责任承担方式，主要理由在于这种连带责任方式对企业有着较为严重的影响和打击。

有学者认为，侵权责任法中的加害人与受害人的利益平衡，除了要顾及双方当事人地位的平等性与可互换性之外，更重要的是要正视受害人绝对权益的保障与加害人行为自由两者的均等重要性，二者不可偏废。因此，持按份责任说观点的学者认为，法律保护的民事法律关系的主体应处于平等的地位，使环境共同侵权主体和被侵权者受到同等的权益保护。这也体现了侵权责任法的基本价值追求，每个环境侵权加害人对自己造成的损害负责，从追求利益平衡的角度来说，环境共同侵权行为加害人和受害人的绝对权益应该是相同的。从利益平衡的角度来讨论，按份责任说似乎也讲得通。

（三）连带责任与按份责任的正当性比较

1. 作为环境侵权法律关系的主体，受害人与侵害人双方地位相差悬殊

环境共同侵权行为加害人有自主经营自己企业的权利，而受害人有自身健康权和财产权不受不法侵害的权利，在利益平衡下，双方的权益能否画等号、能否达到法价值上追求的大多数人的公平，实在值得商榷。

2. 按份责任无益于环境质量的改善

虽然近几年国家也开始关注环境问题，但由发展经济带来的环境弊端远远超出了环境自身的承载调节能力。从最近相关地区的环境污染报告我们可以看出，追求经济的高速发展导致环境质量超出了人们对身体健康和环境新鲜空气指数的基本要求。例如，近些年"雾霾""沙尘暴"频发。在如此严峻的环境背景下，如果对环境侵权行为加害人适用按份责任就相当于给环境侵权行为加害人穿上了一件"保护衣"，加害人会找各种理由为自己开脱，这

与我国现行环境污染治理政策是不相符的，如果逃避责任者恰好是有损害赔偿能力而没有赔偿或故意规避按份责任相关赔偿责任的规定，环境侵权行为加害人只会为自己的行为负责而无法保障其他环境侵权行为加害人承担赔偿责任，从而会使相对处于弱势的环境侵权受害人的损失无法得到及时、有效、充分的补偿。

3. 连带责任更有利于简化诉讼程序并提高司法效率

在环境共同侵权案件中，加害人有时无法确定，各加害人与损害结果之间的因果关系有时难以判定，各加害人对损害结果的原因力大小有时无法辨别，损害结果有时不具有可分割性。在这些因素存在的情况下，如果适用按份责任，无疑会加大受害人寻求救济的难度，使诉讼程序变得复杂而漫长，甚至使受害人举步维艰。如果适用连带责任，则在诉讼程序中不需要受害人找到所有的加害人，也不需要受害人证明各加害人与损害结果之间的原因力大小，从而可以降低受害人的诉讼成本，简化诉讼程序，提高司法效率。

(四)《环境侵权司法解释》实行之前对于《侵权责任法》第67条在环境共同侵权中适用的分析

《侵权责任法》第67条规定："两个以上污染者污染环境，污染者承担责任的大小，根据污染物的种类、排放量等因素确定。"有学者认为，从体系解释的角度来说，第11条和第12条属于《侵权责任法》中的总则性规定。如果第67条是例外性规定的话，那么立法者应当在第67条的条文中明确表述出该意思。例如，将第67条表述为"两个以上污染者污染环境，污染者各自承担相应的责任。责任的大小根据污染物的种类、排放量等因素确定"。因此，我们可以认为，既然第67条并未采取类似的表述，便应将第67条理解为对污染者责任的内部规定，是《侵权责任法》第14条第1款的具体规定，而并不排斥第11条、第12条的适用。

但是，也有学者持不同观点。如王利明教授认为，第67条是外部责任的标准，而不是内部责任的分担规则。这种责任是侵权行为人直接对受害人承担的责任。因为从整个《侵权责任法》的规定来看，它所规定的都是外部责任，除非法律有特别规定，否则不宜解释为是对内部责任的规定。此外，凡是针对内部责任的分担问题都采用了"追偿"的表述，而第67条并没有相类似的表述。同时，根据全国人大常委会法制工作委员会民法室的解释，第67

条规定的是各污染者对外承担的按份责任。学术界和实践领域对《侵权责任法》第 67 条的理解存在差异，也由此给各地法院在处理数人环境污染侵权案中各侵权行为人的责任承担问题带来了困难。为此，最高人民法院给出了这样的解答："当损害结果发生时，若存在多个加害人时，首先要判断数个加害人是否构成共同侵权。由于环境污染积累型、复合型等特点，污染损害一般是由两个以上企业的行为共同作用的结果，符合无意思联络共同侵权理论，在实践中多认定为构成共同侵权。而对于责任的承担问题，一般划分为两种情况，即对于达标排放的企业承担按份责任，而未达标排放的企业则承担连带责任。这一做法主要是吸收了德国的相关理论观点和法律规定，体现了更加公平的理念，也有助于鼓励企业采取更加积极的环境保护措施。"环境共同侵权污染行为作为共同侵权行为的一种，其呈现出了多种多样的方式。针对环境共同侵权的对外责任承担方式的合理性问题、对内责任分配公平性问题、受害者赔偿救济及时性问题等，应当提出具体可行的立法建议和司法建议，不断完善环境共同侵权责任承担的方式及救济途径，包括但不限于通过完善立法，规制责任承担的标准；建立健全环境损害评估体系、设立环境污染损害赔偿基金、设立环境责任保险制度、设立环境侵权惩罚性赔偿制度、完善环境侵权纠纷解决机制等。希望在环境共同侵权行为人之间公正地划分责任，对于相对处于弱势地位的环境侵权受害人，使其合法权益及时、有效地得到维护。

浅谈室内环境污染问题的环境侵权责任[*]

【摘　要】随着人们生活水平的改善，房屋装修所使用的材料也变得越来越昂贵，而且装修过程中的材料和家具也不可避免地会释放有毒有害气体。传统的环境法学界对于室内污染的关注和研讨远远不及一般室外环境问题，为此，本文将从以下四个方面进行讨论：首先探讨室内环境污染的理论基础，确定室内环境污染是否属于侵权责任法和环境保护法所保护的环境，接着介绍污染和室内污染自身的性质和特点。其次探讨室内环境污染侵权适用的责任即无过错原则，本问题的难点是室内污染所涉及的民事责任的竞合。接下来对无过错责任的构成要件即污染行为、损害结果和两者之间的因果关系进行分析。最后讨论侵权责任的承担方式。

【关键词】室内污染；环境；侵权；无过错责任

一、室内环境污染的理论基础

(一) 环境的概念

环境概念的选择关系到环境法的价值取向与环境立法的前景。《环境保护法》第2条规定："本法所称环境，是指影响人类生存和发展的各种天然的和经过人工改造的自然因素的总体，包括大气、水、海洋、土地、矿藏、森林、草原、湿地、野生生物、自然遗迹、人文遗迹、自然保护区、风景名胜区，城市和乡村等。"该条款对环境科学以人为中心事物的环境概念的采纳成了我们构建中国环境法体系的基础。

周训芳教授认为，环境是相对于某种中心事物而言的，如生物的环境、人的环境分别以生物或者人作为中心事物。由此可以看出，室内环境仍然以

---

[*] 黄华强，北京林业大学法学系理论法学硕士。

人为中心，人们正是出于生产生活需要而需要与室内环境相适应。[1]

依据环境科学家们的划分，按照环境要素的差异，环境可被分为自然环境、工程环境和社会环境，其中工程环境包括城市环境、村落环境、生产环境、交通环境等。因此，环境法所指的环境不仅仅是公共环境中的生态环境，还应当包括公民居所中由空气、光线、声音等要素构成的室内生活环境。在造成室内空气污染并进而导致他人人身权损害时，应当承担无过错责任。

（二）污染的概念

《环境保护法》第42条第1款规定："排放污染物的企业事业单位和其他生产经营者，应当采取措施，防治在生产建设或者其他活动中产生的废气、废水、废渣、医疗废物、粉尘、恶臭气体、放射性物质以及噪声、振动、光辐射、电磁辐射等对环境的污染和危害。"学者周珂认为，污染是指人类在生产和生活活动中，向环境中排入了超过环境自净能力的物质或能量，使得环境化学、物理、生物等性质发生变异，从而导致环境质量下降，破坏了生态平衡或者危害了人类正常生存和发展的条件。学者许祥民认为，污染是指人类在生产、生活活动过程中，向自然环境排放大量废弃物质，其种类、数量、浓度、速度超过环境自净能力，使得环境的化学、物理或生物特征发生了变化，导致对自然产生有害影响，以至于危及人类健康、危害生命资源和生态系统，以及损害或者妨害舒适性和环境的其他用途的现象。这两种对污染的定义没有本质上的区别，都认为污染是人的行为活动。污染标准是废弃物质超过了环境自净能力。污染的结果是使环境发生了化学、物理、生物性质的变化，造成了损害。不同的是第一种定义没有对污染进行定位，污染到底是行为还是结果没有确定。第二种定义将污染定位为一种"现象"。

从本质上说，刑法规制的污染与行政法、民事法中的并无不同。但刑法作为最严厉的制裁法，其所控制的"污染"不仅有质的要求，还有量的要求。根据《刑法》第338条对"污染环境罪"的规定，结合《环境保护法》第42条第1款对污染的描述，我国刑法中的污染应当是指人类在生产、生活过程中将废物、有毒物质以及其他有害物质排放、倾倒或者处置至水体、大气、土地等环境媒介中，致使这些媒介发生物理、化学以及生物学等严重不利改变的行为或结果。由此可见，刑法污染被涵盖在环境法污染范围内，但其内

---

[1] 周训芳主编：《环境法学》，中国林业出版社2000年版，第6~9页。

涵和外延要远远小于环境法中的污染。

(三) 室内环境污染的概念

随着人们生活水平的提高，对于室内环境装潢的设计感要求也随着可支配收入的提高而越发严格。但是，实际情况是价格不菲的装修材料容易引发污染，这主要也是由材料本身的缺陷导致的。比如胶合板、纤维板等人工材料和常见的装修材料黏合剂也容易释放出一些有毒有害化学物质，比如甲醛、苯和氨气等。[1]

室内环境污染的成因复杂，且遵循量变引起质变，长期往复会给居住者带来危害。其主要来源是：

第一，室内建筑材料。质量不合格的建筑材料所含有毒有害物质超标导致危害到人体。常见的建筑材料产生的污染主要以氡气为主。[2]比如，中国人喜欢用的大理石和花岗岩，就容易释放氡气。[3]另外，房地产开发商如果使用含有尿素的防冻剂混凝土，则会在复杂的空气中发生物理、化学变化，向室内环境中释放氨气。

第二，室内装修材料和装修工艺。常见的胶合板、油漆涂料、不合格的材料黏合剂以及装修工人操作失误都容易造成室内环境污染。

第三，室内用品。家具的主要用料如尼龙制品，甚至人们印象较良好的原木制品也容易造成污染，这主要是因为木材制品需要化学黏合剂的助力，其更是甲醛的重灾区。

(四) 室内环境污染的特点

室内环境污染具有以下特点：

第一，污染物来源多、种类多。室内污染物可能是室内建筑材料、家具、添附物，也可能是工艺施工不当，具体污染物也可能是氨气、苯、氡等化学物质。

第二，污染危害具有长期性和潜伏性。消费者购买相关的装修产品进行室内装修时并不会直接导致伤害，而大部分污染物都是通过时间的累积，在 3 年~5 年甚至更长的时间持续性地释放出有毒有害物质，这与造成一般的环境

---

[1] 白志鹏、韩旸、袭著革编：《室内空气污染与防治》，化学工业出版社2006年版，第60~79页。

[2] 田连锋：“63万买套房莫名患病，氨气超标济南开发商赔30万”，载《生活日报》2005年第4期。

[3] 我国发生的室内环境污染十大典型案例，载http://ww.cn-Eo.cOme.

污染侵权的损害结果类似。

第三，室内环境污染危害结果出现的时间不可预见，对于侵权行为导致损害后果的因果关系难以确定，同时还得考虑被害人的体质，这些均涉及较高的专业知识，增加了被害人的举证难度。

第四，室内环境污染作用范围具有空间狭小、封闭的特点。比如居室内、车内，污染物容易累积，受害者较少而且相对固定，致使维权的影响力远没有环境公益诉讼广。

第五，室内环境污染的救济方式较多，可能涉及合同违约责任、产品质量责任、侵害消费者权益责任和环境污染侵权责任。室外污染损害比较单一，在室内污染损害中，受害方和致害方有明确的合同关系，而不存在相邻关系。与室外污染损害恰好相反，室内污染的责任主体、污染物的来源及污染损害的范围和室外污染也有很大差别。

首先，室内污染损害赔偿属于环境污染损害的一种，是由于污染物导致环境质量下降所造成的后果，因而室内污染损害赔偿属于环境污染侵权责任。

其次，室内污染损害涉及合同违约责任。在室内污染损害中，受害方和致害方存在合同关系，如建筑装饰房屋、购买房屋、建材、家具、家用电器等，由于交付的标的物不符合质量要求，因此在使用中释放有害物质涉及合同违约责任问题。

再次，室内污染损害中的产品质量责任。我国《产品质量法》第2条第2、3款规定："本法所称产品是指经过加工、制作，用于销售的产品。建设工程不适用本法规定；但是，建设工程使用的建筑材料、建筑构配件和设备，属于前款规定的产品范围的，适用本法规定。"从此可以看出，除建设工程不属于《产品质量法》的调整范围外，建筑材料、建筑构配件等产品都受《产品质量法》的调整。

最后，室内污染损害中的侵害消费者权益责任。为了改善生活居住条件，建设、装修房屋，或购买房屋、家电、家具等，是人们一生中极为重要的生活消费，当人们进行这些消费时，如果经营者在提供商品或者服务时不向消费者明示或者告知导致室内污染情形的发生，则构成对消费者的欺诈。根据《消费者权益保护法》的规定，经营者应当向消费者承担侵害消费者权益责任。

第六，室内环境污染的侵害客体主要为居住者的人身权。在一般的环境污染中，它不仅表现在侵害受害者的人身权益上，而且多表现在侵害了受害者所拥有的土地、养殖生物、农作物等财产权益。室内环境污染主要是由有毒有害物质造成的，一般不会对无生命的财产造成损坏。因此室内环境污染的后果与人体的生命健康权息息相关。

（五）室内环境污染的分类和研究范围

1. 室内环境污染的分类

（1）室内空气污染。主要是建筑装饰材料或者室内家具用品向外释放氨、甲醛和苯等居室三大害。其是导致儿童白血病高发的重要原因之一。氨超标会使得血液中尿素水平大大上升，对组织器官造成损坏，刺激三叉神经引起反射性的心跳和呼吸停止，危及生命。苯超标会使得呼吸循环系统衰竭、再生障碍性贫血，影响生殖功能，诱发白血病和恶性淋巴瘤。甲醛超标则会引起眼睛、皮肤、呼吸道的刺激，引起月经紊乱、染色体异常以及肝脏，免疫系统等癌症和胎儿畸形。[1]

（2）室内放射性污染。主要是在建筑和装饰装修房屋时，使用含有放射性元素的建筑材料引起的，如大理石和花岗岩石材、陶瓷器具和瓷砖、水泥和煤渣砖。这些材料中的放射性元素（镭、钍、钾）在衰变过程中会产生放射性物质氡及其子体，含氡量极高的环境会诱发呼吸道癌症。

（3）室内电磁辐射污染。这是由人们在居室内使用各种家用电器的过程中所产生的电磁辐射造成的。美国癌症医疗基金会表示，在高压线附近工作的人，其癌细胞生产的速度比一般人快24倍。电磁辐射超过一定强度会导致头疼、失眠、记忆衰退、血压升高或下降、心脏出现界限性异常。

（4）室内光污染。这是指因室内装饰装修以及使用不良的纸张等使得室内产生不良的光色环境，从而影响人体健康的客观现象[2]，其主要危害视力。现代装修特别普遍的白粉刷墙就是新的污染源。

2. 室内环境污染的范围

根据室内环境污染的特点，可以大致确定室内环境污染分为居室内污染、车内污染和办公区域污染。

（1）最常见的就是居室内发生的环境污染。第一，居室内污染是由房屋

---

[1] 吴虎：“室内空气质量有法可依”，载《上海建材》2003年第2期，第32页。

[2] 谢浩、刘晓帆：“玻璃幕墙的光污染问题及对策”，载《中外房地产导报》2003年第5期，第49~51页。

自身或者室内设施、用品释放出的有害物质造成的，即污染源为居室本身或者室内的设施、用品。第二，释放的有害物质导致了居室环境质量的下降。第三，居室环境质量下降达到了影响人民正常生活和身体健康的程度。居室内发生的环境污染侵权案件诞生了两个全国"首例"。国内首例室内装修甲醛污染案：1998年，陈先生购买了位于北京昌平区的一套住宅，装修入住后，陈先生因空气污染患"喉乳头状瘤病"，经检测，室内空气中甲醛浓度超标25倍。经法院判决，陈先生获赔89 000元。再比如首例家具室内环境案：2001年，杨老师在北京某家具商场订购了一套价值6400元的卧室家具，使用不到一个月，杨老师全家都有身体不适的感觉。经检测，存放家具的房间，空气中甲醛超出国家标准6倍多。经过法院调解，木器厂为杨老师办理退货并一次性付给货款及连带损失共计7000元。

（2）办公区域的污染时有发生。大型商场、体育馆等封闭室内空间的来往人群是具有流动性的，除了场内工作人员外，少量的污染物不会给人体造成严重的损害。2000年7月，美国一家律师事务所北京办事处装修后员工普遍感到有头疼、气闷、流泪等不适症状。经检测，发现室内空气中甲醛超标。经国际经贸仲裁委裁决，被告退还原告20%的装修款和利息合计人民币23万元，消除律师事务所北京办事处办公室的甲醛污染。

（3）车内污染是近年来高频发生的侵权热点。汽车不仅密闭性小，空间也逼仄。车内的塑料和橡胶装潢物容易产生有毒有害物质，导致司机或者其他乘车人员出现头晕、恶心等症状，严重时候也会带来其他疾病。比如，国内首例新车车内环境污染案中的原告卢先生于2002年3月在北京花费约70万元购置了一辆改装进口车，后来，发觉车内气味刺鼻难忍，卢先生和司机都发生头顶小片脱发的症状。经检测，车内空气甲醛含量超出正常值26倍多，经朝阳区人民法院判决，卢先生获赔75万元。

二、室内环境污染的侵权责任

（一）室内环境污染的侵权责任分析

室内污染侵权主要是对特定居室内部环境造成污染，进而侵害该居室内部居住的人的情形。室内环境污染的影响范围比普通的环境污染要窄，不具有环境侵权特有的社会性。这也是一些学者不赞同室内污染侵权属于环境侵权的原因。比如，宋治礼教授在《论房屋室内装修污染的非环境侵权性》中对此有相关阐述。笔者认为，室内环境污染造成侵权的，应当属于环境污染侵权的范畴。

首先，笔者认为室内环境属于我国《环境保护法》规定的环境范围，因此室内环境污染引起的民事责任自然属于环境侵权责任范畴。《环境保护法》中列举了十多种具体的权利类型。虽然其中没有列举室内环境，但是我们看到其后还用到了"等人身、财产权益"的表述。室内环境侵权同样是由于"侵害环境"而涉及了人身财产权益。此外，《环境保护法》也没有规定环境的大小，室内环境是一种经过人工改造的生活环境，并且它与人的工作生活联系得更加紧密。笔者认为《环境保护法》的立法目的是防止污染的产生，维持一个适宜人们生活工作的场所。室内环境虽然规模较小，但如果受到污染同样应该受到《环境保护法》的保护。因此，室内环境污染在性质认定上可以构成环境污染侵权。

其次，笔者认为室内环境污染构成环境侵权，这本质上是由室内环境的特征决定的。环境侵权之所以作为一种特殊侵权存在是因为其具有与一般侵权不一样的特征，而这些特征室内环境污染也同样具备，比如环境侵权主体双方地位不平等。在传统的侵权行为中，受害人和加害人的地位可以互换，具有一定的平等性，但是加害人和受害人在环境侵权中具有不平等的特点。[1]这种不平等性表现为：双方的经济实力悬殊和对科学技术专业知识的掌握程度差异很大，室内污染侵权的始作俑者——装修公司和建筑公司——具有的专业能力和经济实力同普通的被害人相比的确是不平等的。再比如，室内侵权和环境侵权一样，行为不会立刻造成不利后果，只是潜移默化地施加到被害人身上，具有间接性，因为装修过程中产生的有害气体、有害射线和噪音都不会直接对人体造成严重伤害。再比如，环境侵权行为具有的正当合法化，室内环境侵权行为也符合。在室内环境污染中，装修公司对于业主的居室进行装修美化，是一种能够给业主带来物质感官享受的有益行为，污染是伴随着合法性活动而来的。

室内污染侵权行为和损害后果之间通常存在着复杂的因果关系。环境侵权行为具有长期性和持续性的特点，再加上人们的科学知识有限，通常不太

---

[1] 宋治礼："论房屋室内装修污染的非环境侵权性"，载《山西高等学校社会科学学报》2009年第7期，第82~85页。

容易发现致害主体。另外，不同装修建材公司的材料释放的污染源也会相互混合发生化学反应，而被害人专业知识的欠缺加上多因一果的情形增加了被害人寻求救济和寻找证据的难度。在这种情况下采取因果关系的推定和举证责任的倒置无疑能更好地保护被侵权人的利益。拥有如此近似度的室内污染侵权更应该被划入环境侵权诉讼的范围，也符合侵权责任法和环境保护法的宗旨。

（二）室内环境污染的民事竞合

对于同一法律事实存在多个请求权时便会存在民事竞合的情形。民事竞合包括两点：一是它是由一个违反义务的行为造成的；二是这个行为符合几个法律责任的构成要件并且这些责任在适用上存在冲突，只能选择其一。室内环境污染中存在着环境侵权责任、产品责任和合同违约责任，受害者可以选择任何一个来追究污染者的责任，但是如果选择环境侵权责任对受害人的保护优势明显大于其他几种路径：

第一，当环境侵权责任与违约责任竞合时适用侵权责任，受害者即使不是合同中一方，也可以要求赔偿；侵权责任可以要求精神损害赔偿和惩罚性赔偿。违约责任是保障债权履行和实现的措施，体现的是补偿性。[1]约定的赔偿也属于财产责任范畴，但违约责任原则上不包括该责任；侵权责任的举证责任倒置和因果关系推定减轻了受害者的举证责任，这也是违约责任所不具有的优势。

第二，环境侵权责任和产品责任竞合的情况：装修过程中产生的噪音污染、购置商品房污染不适用产品责任，却可以适用侵权责任；产品责任需要产品存在缺陷，产品责任的构成要件之一就是流通中的产品存在不符合相关国家质量的缺陷，而环境侵权只要造成环境污染就可以构成。另外因果关系推定原则和 3 年的环境侵权诉讼时效都更容易维护被害人的权利。

三、室内环境污染中环境侵权责任的构成要件

（一）室内环境污染侵权的归责原则

随着环境问题的日益严峻，环境侵权类型的复杂化、多样化，过错责任原则在环境侵权中的弊端日益体现。过错责任的归责原则要求行为具有违法

---

[1] 张新宝：《中国侵权行为法》，中国社会科学出版社 1995 年版，第 37~45 页。

性,但在环境侵权中,合法的行为却可以导致损害的发生,这样被害人的权益便得不到救济。如检验合格的装修材料依然可以释放少量的污染空气的气体,这时单一合格的材料不致产生明显危害,但是众多材料一起释放污染物质便能导致人身伤害。另一方面,过错责任的归责原则要求受害人证明加害人在主观上具有过错,但由于环境侵权具有潜伏性、长期性,主体地位的不平等性以及因果关系的复杂性,受害人要证明行为人主观上存在过错十分困难。因此,我国对环境污染大多采用严格责任,并且这种责任的适用范围不断扩大。

1. 我国法律对无过错责任原则的规定

《侵权责任法》第 65 条规定我国环境侵权适用的是无过错责任原则。立法者认为不论污染者有无过错,在污染行为与损害结果存在因果关系的情况下,只要受害者有损害,污染者都应当承担侵权责任。[1]无过错责任的抗辩事由必须由法律明文规定。《侵权责任法》第 66 条作了特别规定,即减免责任必须是法律规定的。对其采用无过错责任,是长期以来立法经验的积累,1982 年颁布实施的《海洋环境保护法》便确立了无过错责任,也算是与我国立法经验相一致。

2. 室内污染适用无过错责任的意义

其积极意义就在于一个缜密的逻辑推断:污染性质复杂多变,采取严格责任,受害人能够获得的救济也更多,当污染者开始为侵权付出较多赔偿款时,他们也就该考虑研发更具有环保性能的建材和家具,而这往往能够防止室内环境污染的发生,更容易保护室内环境。

(二) 构成要件

1. 污染行为

污染行为的实施是侵权人成立环境污染侵权责任的前提条件。这主要是由于装修过程中建材饰品会释放出有毒有害气体,引起室内环境质量的下降,进而影响人体健康。

虽然企业污染行为符合国家标准,但仍然对室内环境造成了一定的不利影响,法律对于新型的污染规定总是具有滞后性,缺乏有效规制的依据,因

---

[1] 胡中华:"环境污染侵权责任成立的举证责任分配",载《法学杂志》2005 年第 5 期,第 129~131 页。

此在环境侵权责任中，不再以行为具有违法性作为判定标准。

2. 损害事实

室内污染的损害包含两种：一种是室内环境质量下降，但没有引起人身财产损害，即单纯的环境利益的损害；一种是导致了人身或者财产的损害。对于第一种损害学界有争议。笔者认为，单纯的环境污染也是损害事实，这是因为室内污染与一般污染不一样，室内是人们长期居住的空间，这和室外人类活动的流动性不一样。和产品折旧一个道理，即使产品的外观和性能在感官上并无损害迹象，但是随着时间的推移，价值贬损却是毋庸置疑的。室内环境发生了污染，即使没有出现损害后果，但是长年累月难免导致空气质量的下降，因此单纯的室内环境污染也应当被认为是损害事实。

3. 因果关系

日本学者野村好弘在一个环境侵权案例中指出：众多居民疾病的发生均是由排放的化学物质引起的，这其中涉及高深的自然科学知识。[1]如果严格要求被害者科学地证明构成因果关系的每一个环节，那么岂不是从根本上断绝了用民事审判方式救助受害人的途径？

因此，各国在认定环境污染中的因果关系时会采取特殊的规制，即因果关系推定的方法。但是，这并不是意味着原告就无需承担任何举证责任，原告仍承担初步的证明责任，受害者应当证明其遭受的损害与加害人的污染行为存在一定的可能性。在证明方法上，原告可以采取因果关系推定学说来证明污染行为与造成损害之间存在的可能性。在证明程度上，原告达到低证明标准就可推定因果关系存在。[2]低证明标准可以采用盖然性规则中的初级盖然性层级，它的依据是人类认知水平有限，人们不可能对事物之间的自然联系一清二楚，而只能根据不完全的信息对其间的因果关系做出大致的判断。

污染者应当提供证据以排除其行为与损害之间的因果关系。被告可从几个方面证明因果关系不存在：一是被告并没有排放任何污染物；二是被告排放的污染物不会造成该损害；三是被告虽然排放了可以造成该损害的污染物，但是不会造成该受害者受到损害。被告在证明程度上应当达到高度盖然性。

---

[1] [日]野村好弘：《日本公害法概论》，康树华译，中国环境管理出版社、经济与法学学会1982年版，第337~338页。

[2] 马栩生、吕忠梅："环境侵权诉讼中的举证责任分配"，载《法律科学·西北政法学院学报》2005年第2期，第80~88页。

(三) 减轻和免责事由

环境侵权是一种严格责任，其主要的减免事由有不可抗力、受害人自身的过错和第三人的行为。不可抗力在环境污染侵权中仅仅限于自然灾害，不包括政府行为和罢工等社会异常事件。室内污染多是因材料不合格释放有害气体产生的。因此，对室内环境污染来说，一般不存在不可抗力的问题。此外，第三人的行为导致环境污染的，污染者也不能免责。具体到室内环境污染，减免事由主要是受害人自身的过错。

特别法规定受害人故意和重大过失为环境侵权的免责事由。受害人故意是指受害人在侵权行为发生时主观方面的希望或者放任的心理态度，即直接或者间接故意，比如受害者进入装修的房屋后，发觉室内空气污染严重，继续居住肯定会损害人的健康，但是出于受损后索赔等目的继续居住下去的话，加害人就应当免责。受害人的一般过失不能导致责任的减轻。司法实践中有的法院会依据受害人装修一结束便入住，没有保持良好通风换气的过失，减轻被告人的责任。

四、室内环境污染侵权民事责任的承担方式

(一) 停止侵害、排除妨害、恢复原状

在室内环境污染中，不存在单纯的侵犯环境的污染行为。室内环境遭受污染便意味着受害人的房屋或者车辆等财产利益受到了损害。因此，只要有污染的存在，就可以适用停止侵害、排除妨害。恢复原状是指环境污染发生以后，把污染侵害的民事权益恢复到损害没有发生前的状态。[1]室内污染侵权的案件不能一概适用排除危害，应分情况而定：

第一，室内购置沙发、床垫等动产造成的污染，由于其清除便捷，排除危害成本低所以可以适用。

第二，新建或者装修后的房屋造成污染，可以采取适当措施排除危害。装修的房屋或者新建的房屋一般会存在轻微的污染，因为材料释放污染物质比较少，释放的浓度也会随着时间的增长而递减。一般室内装修后，房屋都要通风透风半年，方可居住。这种情况可以适用部分排除危害的责任承担方式，降低污染的严重程度，若拆除已进行的装修，则易造成巨大的不经济。

---

[1] 王洪亮："妨害排除与损害赔偿"，载《法学研究》2009年第2期，第57~70页。

第三，房屋内污染严重且短时间无法排除危害，装修公司使用劣等材料以次充好，在施工工艺上偷工减料，最终导致装修后居室污染严重。过了几个月甚至几年，装修材料仍在释放污染气体，这样对人体健康极其不利，因此应当排除妨害。

(二) 损害赔偿

损害赔偿就是受害人要求加害人给予物质方面的赔偿以弥补造成的损坏。损害赔偿是用污染者的物质财产来填补受害者的损失，以救济被害人。

1. 损害赔偿的原则

我国目前损害赔偿实行同质赔偿原则。所谓同质赔偿原则，是受害者获得赔偿的额度和范围以其遭受的损失为限，损失多少赔偿多少。

但室内环境不宜采用限额赔偿的制度，因为室内环境造成的人身伤害可以从小到咽喉疼痛、流泪不止到器官移植。实践中，新的情况层出不穷，如果采用限额赔偿，受害人遭受的重大损失便不会得到充分的救济。

2. 损害赔偿的范围

室内环境污染侵权的损害赔偿主要为人身损害赔偿，此外还有财产损害赔偿。

在室内环境污染中，受害人所要忍受的污染是与其生活最密切相关的居所，因此所受精神折磨、痛苦表现得最为严重。居住者天天要生活在污染气体超标的居室，患上疾病后会遭受疾病的巨大精神痛苦。《侵权责任法》规定，对于遭受严重精神损害的，可以请求赔偿，因此室内环境污染的损害赔偿范围应当包括精神损害赔偿。

环境侵权中因果关系的证明责任分配辨析[*]

在环境侵权案件中,由于环境污染自身存在长期性、潜在性、复杂性以及多因性等特征,使得其因果关系的证明难度非常大。加之在环境侵权案件适用无过错原则的前提下,环境污染行为与损害结果之间的因果关系更是成了环境责任成立最为核心的构成要素。由于环境侵权因果关系证明十分困难,因此人们认识到有必要采取必要的法律技术手段来减轻原告的证明难度,从而及时、有效地获得诉讼救济,实现实体正义。减轻原告证明难度主要有两种路径:一是降低证明标准;二是对证明责任重新进行分配。根据我国的立法现状,民法学者普遍认为在环境侵权的因果关系证明问题上,我国已经确立了第二种解决路径,即举证责任倒置。

一、立法与司法中对于环境侵权因果关系问题的矛盾

(一)举证责任倒置规则的确立

最早针对环境侵权案件中举证责任进行调整的是1992年最高人民法院出台的《关于适用〈中华人民共和国民事诉讼法〉若干问题的意见》第74条的规定,在"因环境污染引起的损害赔偿诉讼"中,对"原告提出的侵权事实,被告否认的,由被告负举证责任"。此时,从文义解释出发,若由被告予以否认,则必须由原告先提出对因果关系的举证,因此笔者认为此时尚未确立举证责任倒置规则。2001年《最高人民法院关于民事诉讼证据的若干规定》第4条第5项进一步明确了环境侵权中因果关系的举证责任:因环境污染引起的损害赔偿诉讼,由加害人就法律规定的免责事由及其行为与损害结果之间不存在因果关系承担举证责任。此时,我国已经在立法中明确地将因果关系的举证责任分配给了加害人一方。随后,2004年修订的《固体废物污染环境防

---

[*] 孙晨,北京林业大学。

治法》与2008年修订的《水污染防治法》均作出了相同的规定。2010年，《侵权责任法》出台，并在其第66条重申："因污染环境发生纠纷，污染者应当就法律规定的不承担责任或者减轻责任的情形及其行为与损害之间不存在因果关系承担举证责任。"根据全国人大常委会法制工作委员会民法室对《侵权责任法》第66条的释义：受害人只需就污染者有污染物排放的事实和自身受有损害承担举证责任，因果关系的举证责任则加诸污染者，"污染者必须提提出反证，证明其行为与损害之间没有因果关系，才能不承担侵权责任"。[1] 该解释除了"反证"一词用得略有歧义外，还是比较符合条文文义的。至此，我国对于环境侵权中因果关系的举证责任倒置规则已经确立，在无过错原则适用的前提下，这种规定对于受害人一方的保护无疑是十分有利的，但即使是这种"最严厉"的方案，在司法实践中似乎也并未得到一致的贯彻。

（二）司法上的"离经"——对于举证责任倒置规则的抵触

在司法实务中，有些法院要求污染者承担环境侵权因果关系举证责任，有些法院则要求受害者对此承担举证责任，这种相互矛盾的做法几乎随处可见。对于环境侵权因果关系的举证责任承担问题，有些学者进行了调查，统计出了相关数据。吕忠梅等人在统计了782份民事环境案件裁判文书（截止到2009年12月）后发现，在案件审理中运用举证责任倒置的仅为49.6%，更令人不解的是，一些文书一边适用举证责任倒置规则，一边仍然坚持运用鉴定结论认定因果关系。[2] 虽然当时《侵权责任法》尚未出台，但2001年颁布的《最高人民法院关于民事诉讼证据的若干规定》已经明确规定了举证责任倒置规则。在另一份针对环境侵权裁判文书的相关调查统计中，学者张挺在选取了1993年1月1日至2015年12月31日之间的619份环境污染侵权民事案件的裁判文书并进行分析后发现，在全部的619份民事判决书中，法院引用相关举证责任倒置规则的判决书共有298份，占比为48.1%；在全部619份民事判决书中，由受害人就因果关系进行举证的至少在502份之上，占八成左右。对于环境污染侵权因果关系之成立与否，受害人未予举证，而由加

---

[1] 作者简介：孙晨（1994年生），男，河北沧州人，北京林业大学人文社会科学学院法学理论专业2017级硕士研究生。全国人大常委会法制工作委员会民法室编：《中华人民共和国侵权责任法：条文说明、立法理由及相关规定》，北京大学出版社2010年版，第278页。

[2] 吕忠梅、张忠民、熊晓青："中国环境司法现状调查——以千份环境裁判文书为样本"，载《法学》2011年第4期。

害人举证加以证明的仅有12份。[1]可见，我国司法实务对于立法上的规定出现了一定程度的"离经"。

透过具体的案例我们更能直观地看出司法实务中司法机关对于举证责任倒置规定的抵制。例如，在"刘某胜诉湖南省吉首市农机局环境污染损害赔偿案"中，一审法院认为吉首市农机局在生活区院内坪场进行喷漆作业，"客观上对刘某胜及附近居民的生活环境造成了一定的污染损害，被告农机局应立即停止在市农机局院内的上述作业。虽然喷漆气体中含有有害物'苯'，但由于致癌的原因存在着多种可能性，故对原告刘某胜要求被告赔偿其医疗费及精神损失的诉讼请求，不予支持"。显而易见，一审法院并没有依据举证责任倒置规则令加害方市农机局承担证明责任，而是让原告刘某胜承担了证明责任，并因此认定因果关系不成立，判决原告败诉。而在该案两次再审的结果中，法院在其判决书中更是明确地表达了对于举证责任倒置规定的不满。第一次再审的湖南省高级人民法院认为，在环境污染引起的损害赔偿诉讼中，应适用举证责任倒置规则，加害人应就法律规定的免责事由及其行为与损害结果之间不存在因果关系承担举证责任。但其前提是环境污染受害人应当举证证明污染事实和损害结果的存在。刘某胜主张加害人存在环境污染事实的证据是吉首市环保局分别于1998年和2001年发出的《城市环境管理限期治理通知书》和《环境违法行为改正通知书》，这两份通知书只是对一般意义上的环境违法行为的确认，均没有认定污染程度和污染范围这一基本事实，因此"不能作为认定污染事实的依据"。"以此作为认定污染事实的依据，缺乏扎实证据。综上，原审上诉人刘某胜没有提出环境污染的事实，即使有损害结果的出现，也不能适用举证责任倒置的举证责任分配原则。"故此判决不支持刘某胜的诉讼请求。第二次再审的最高人民法院认为，刘某胜主张患上癌病是市农机局的喷漆行为所致，由于目前无法准确界定各种癌病的起因，在此情况下，如果适用举证责任倒置原则，以市农机局举证不能为由推定本案所涉市农机局环境污染行为与刘某胜患癌病损害结果之间存在必然的因果关系，缺乏事实依据。

出现上述立法规定与司法实务之间的冲突，笔者认为主要存在以下原因：

---

[1] 张挺："环境污染侵权因果关系证明责任之再构成——基于619份相关民事判决书的实证分析"，载《法学》2016年第7期。

首先，理论界对于在环境侵权民事案件中因果关系的举证责任实行倒置并未给予足够的认同，从而使得这种争议不可避免地延伸到了司法实务领域。环境侵权案件适用无过错责任，即不再以行为的违法性为责任构成要件，若此时再实行因果关系举证责任倒置，对被告来说无异于承担严格责任，对此许多学者是不能接受的。其实，我国立法上的环境侵权因果关系举证责任倒置几乎是比较法上的孤例，并不为多数环境法学者所赞同，主流观点其实是主张举证责任难度的降低而非完全的倒置，即通过借鉴比较法上的盖然性说、疫学因果关系、间接反证法等制度减轻受害人对于存在因果关系的举证责任。[1]而如果实行完全的举证责任倒置，则这些关于因果关系判断的新理论便会变得毫无用武之地。

其次，从司法实务的角度来看，如果完全实行举证责任倒置，就意味着原告只需证明被告存在排污行为与自身存在损害结果即可。如果不分场合地加以运用，不但可能会在司法审判中得出一些较为荒谬的结论，还会大大增加滥诉的风险，导致司法资源的浪费。

最后，从经济学的角度来观察，即使我们基于保护环境这一目的实行了环境侵权的因果关系举证责任倒置这种于被告（大多数是企业）来说近乎苛刻的规则，其效果或许也并不是我们所预想的那样。因果关系举证责任倒置会增加企业成本，而企业很有可能会通过价格这种保险手段将这种风险转移给消费者，从而让这种污染产生的风险也被间接地转移给消费者。

（三）立法上的"妥协"——最高法立场的改变

2014年6月23日，最高人民法院对这种立法与司法实务中的矛盾做出了回应。《最高人民法院关于全面加强环境资源审判工作为推进生态文明建设提供有力司法保障的意见》（以下简称《意见》）第8条强调："……依法确定当事人举证责任，对于因污染环境、破坏生态发生的纠纷，原告应当就存在污染行为和损害承担举证责任，并提交污染行为和损害之间可能存在因果关系的初步证据，被告应当就法律规定的不承担责任或者减轻责任的情形及其行为与损害之间不存在因果关系承担举证责任。"紧接着，2015年6月1日发布的《最高人民法院关于审理环境侵权责任纠纷案件适用法律若干问题的解释》（以下简称《解释》）第6条进一步明确提出："被侵权人根据侵权责任

---

[1] 胡学军："环境侵权中的因果关系及其证明问题评析"，载《中国法学》2013年第5期。

法第六十五条规定请求赔偿的,应当提供证明以下事实的证据材料:……(三)污染者排放的污染物或者其次生污染物与损害之间具有关联性。"这一立场不同于此前举证责任倒置的规则,《意见》与《解释》都明确规定了原告对于环境侵权中因果关系的举证义务,这一改变与学界一直讨论的"因果关系推定"规则更为接近。据此,笔者认为有必要对举证责任倒置与因果关系推定进行概念上的界定并对其不同之处进行较为明确的辨析。

二、举证责任倒置与因果关系推定辨析

(一)举证责任倒置与因果关系推定之概念界定

对于举证责任倒置与因果关系推定的概念,学界的认识目前还处于比较混乱的状态,众说纷纭,并且一些理论十分艰深晦涩。对此,笔者尝试对此进行分析,找出一种相对合理并较为容易理解的解释。

因果关系推定作为推定的一种具体种类,其应该具有推定的基本特征,即推定应该具备两个事实:一是已知事实,也称基础事实;二是未知事实,也称推定事实。一般来说,当基础事实得到证明时,就可以得出推定事实成立的结论,而二者之间的推定依据的是一种常态关系,即通常情况下,出现了基础事实 A,那么推定事实 B 也成立。大陆法系中,一般将推定分为事实上的推定与法律上的推定,[1]其区分标准即法律上是否有明文规定。二者之间的差别主要在于以下几个方面:首先,法律上的因果关系推定是一个法律适用问题,因为其有法律的明文规定,因此一旦条件符合便必然要适用推定,法官并没有自由裁量的余地而必须推定因果关系成立;而事实上的因果关系推定的适用更多的是法官自由心证的结果,在事实上的推定的适用问题上,法官具有自由裁量权。其次,在基础事实与推定事实之间所联系的常态关系上,二者也存在差别,事实上的因果关系推定基本上是基于基础事实与推定事实之间的高度盖然性联系,即虽然没有到"只能如此"的地步,但也使得法官相信"极有可能是如此"的程度。而法律上的因果关系推定所依赖的基础事实与推定事实之间的常态关系会由于立法原因而降低标准,只需达到较高的盖然性,即使得法官相信所主张的事实有较大可能是如此。并且,这种对于常态关系标准的降低,往往是由于政策性的原因,如在环境侵权民事案

---

[1] 叶自强:《民事证据研究》,中国社会科学出版社 2007 年版,第 99 页以下。

件中，为了降低原告的证明标准，减少其请求赔偿的难度。另外，事实上的因果关系推定与法律上的因果关系推定在法律效力上也大有不同，对于诉讼双方当事人而言，这种效力上的差别甚为悬殊，集中体现在举证责任分配方面。对此，后文将进行详细的论述。[1]

举证责任倒置应该属于对举证责任分配规范的表述，顾名思义，"倒置"对应着"正置"，即将本应由一方当事人承担的举证责任分配给另一方当事人。具体到环境侵权民事案件的因果关系证明问题上来说就是将举证责任分配规范中本应由原告承担的对于侵权行为与损害结果之间具有因果关系的举证责任分配给被告。这种分配应该是预先的分配，而不存在有些学者提出的举证责任由原告转移到被告，根据证据法的原理，举证责任一经预先分配就已固定，不会在诉讼双方的当事人之间进行转移。

（二）举证责任倒置与因果关系推定辨析

有学者认为举证责任倒置与因果关系推定在本质上是相同的，从效果上审视，因果关系推定将本应由受害人承担的因果关系举证责任转移给加害者承担，推定与举证责任倒置达到了同样的效果。[2]但这种说法其实是混淆了因果关系推定与举证责任倒置的逻辑结构，并且未对"事实上的因果关系推定"与"法律上的因果关系推定"进行细致的划分。

从逻辑结构上看，因果关系推定的逻辑结构应该是：受害人初步证明→推定→加害人证明，这三个环节是前后相继、不可或缺的，如果受害人未能提供因果关系存在的初步证明，那么不管是"事实上的因果关系"还是"法律上的因果关系"都无法适用，而加害人也就没必要对此进行证明，也即受害人的初步证明是引起因果关系推定的必要前提，而适用因果关系推定则是加害人证明因果关系不存在的必然前提。而从举证责任倒置的角度来看，它作为一种证明责任的分配规范并没有这种前后相继的逻辑结构，严格遵从举证责任倒置规则的话，受害人对于因果关系这一问题完全没有举证义务，也就没有初步证明一说。

另外，从更为重要的举证责任角度来看，举证责任倒置与因果关系推定

---

[1] 王社坤："环境侵权因果关系推定理论检讨"，载《中国地质大学学报（社会科学版）》2009年第2期。

[2] 马栩生："环境侵权视野下的因果关系推定"，载《河北法学》2007年第3期。

以及"事实上的因果关系推定"与"法律上的因果关系推定"都有很大的差异。依照我国通说，举证责任包括两部分内容，即提出证据的责任与说服责任，提出证据责任的即双方当事人针对一待证事实提出证据的责任，而说服责任是指对于待证事实处于真伪不明的状态时承担不利后果，因此说服责任更具有决定性意义。一般而言，在诉讼中，说服责任依照法律事前的强制性规定来分配，当事人不得改变，只能受其约束，而且说服责任一旦分配就会被固定下来，不会在诉讼过程中的当事人之间发生转移。而提出证据的责任则可能会随着诉讼的进展，在当事人之间转移。对于待证事实，承担说服责任的当事人往往负担首先提出证据的责任，当他提出证据并初步说服法官时，提出证据的责任便被转移给了对方当事人，对方当事人提出反证使得待证事实回到真伪不明的状态时，即成功地卸下了提出证据的责任。此时，提出证据的责任重新回到承担说服责任的当事人身上。这个过程在诉讼中可能会多次出现，直至双方都再无新的证据提出。最后，法官根据双方的所有证据判断事实真伪，如果该待证事实处于真伪不明的状态，则由承担说服责任的一方承担不利后果。[1]

　　事实上的因果关系推定、法律上的因果关系推定与举证责任倒置在提出证据责任与说服责任上的设置是不同的。一个完整的推定由三部分构成，即基础事实、推定事实和基础事实与推定事实之间的常态联系。首先，无论是法律上的因果关系推定还是事实上的因果关系推定，对于基础事实的举证责任分配都没有任何影响，均应根据"谁主张，谁举证"的一般原则。基础事实的证明责任，包括首先提出证据的责任与说服责任，都由主张因果关系推定的当事人承担，法律上的因果关系推定和事实上的因果关系推定都是如此。如果主张因果关系推定的当事人不能说服法官相信基础事实存在，则推定不会被适用；相应地，如果主张推定的当事人使法官对基础事实形成初步心证，则对方当事人只要举出反证使得基础事实处于真伪不明的状态即可阻碍推定的适用，而不必说服法官基础事实不存在。这里的基础事实部分应该包括以下几部分：A 污染物生成事实，B 污染物排放事实，C 污染物排放途径，D 污染物到达受害人人身、财产之上，E 人身、财产损害事实。可见，此处的由

---

[1] 王社坤："环境侵权因果关系推定理论检讨"，载《中国地质大学学报（社会科学版）》2009年第2期。

原告承担举证责任的"基础事实"的范围应大于在举证责任倒置规则下原告承担举证责任的部分,原告不仅要证明污染物存在且加害方有排污行为(即 A 与 B)和有损害结果的出现(即 E),还要证明污染物通过环境介质与其人身、财产接触(即 C 与 D)。其次,对于因果关系的举证责任分配,法律上的因果关系推定和事实上的因果关系推定的适用后果存在重大区别。在适用法律上的因果关系推定时,加害人要承担加害行为和损害后果不存在因果关系的说服责任。而首先提出证据的责任由主张推定的当事人承担,而且主张推定的当事人提出的证据不是因果关系存在的证据,而是基础事实存在的证据。也就是说,加害人对因果关系不存在的说服责任的承担是有条件的,其前置条件就是受害人完成了对基础事实的举证责任。而在适用事实上的因果关系推定时,主张推定的当事人应当承担因果关系存在的说服责任,但当在受害人完成基础事实的举证责任后,由加害人承担证明不存在因果关系的首先提出证据责任,如果因果关系的存在真伪不明,由受害人承担责任。

由此可见,法律上的推定与事实上的推定的最大不同之处就在于其将对于推定事实的说服责任(即不存在因果关系的说服责任)分配给了加害人,并由此令加害人承担了因果关系真伪不明时的不利后果。因为事实的推定依据的盖然性常态关系,相较于法律的推定,内容具有相对性与不确定性,且事实上的推定是法官自由裁量的结果,如果事实上的推定也能导致举证责任的转移,则会对相对人过于不利。但二者的相同之处在于只有主张推定的相对人完成了基础事实的举证责任,使得法官形成初步心证,进而适用推定,才讨论对于推定事实的举证责任。这里存在一个"时间差",若对于基础事实的举证责任尚未完成,或法官没有形成心证,那么就不会适用因果关系推定。这一点也是举证责任倒置与因果关系推定的核心区别。举证责任倒置时,加害人不仅要承担因果关系不存在的说服责任,而且要承担首先提出证据证明因果关系不存在的责任。也就是说,对于因果关系这一责任构成要件,受害人不承担任何举证责任,而在适用法律上的因果关系推定时,尽管加害人也要承担因果关系不存在的说服责任,但是其责任承担是以受害人完成对基础事实的证明为前提的,其并不承担首先提出证据的责任。[1]受害人尽管不承担因果关系存在的证明责任,但是其要承担基础事实的证明责任从而推动推定的适用。

---

[1] 参见吕忠梅:《沟通与协调之途:论公民环境权的民法保护》,中国人民大学出版社 2005 年版。

因此，通过因果关系推定，受害人的举证对象发生了转换，尽管是由难而易的转换，但是受害人并没有完全卸除对于因果关系的举证负担。可以看出，就受害人保护这一目的而言，举证责任倒置规则是对受害人保护程度最高的，法律上的因果关系推定次之，而事实上的因果关系推定保护程度最低。

(三) 对于我国目前立法规定的分析

基于上述分析，笔者认为，《意见》第 8 条规定的"原告应当就存在污染行为和损害承担举证责任，并提交污染行为和损害之间可能存在因果关系的初步证据"与《解释》第 6 条提出的"被侵权人应当提供证明污染者排放的污染物或者其次生污染物与损害之间具有关联性"中的"初步证据"与"关联性"可以被视为对之前举证责任倒置规则的修正，使其更加接近于法律上的因果关系推定。此时，对于因果关系的说服责任依然由被告承担，但原告对于因果关系也并不是完全没有举证上的责任的，即要提出存在因果关系的初步证据，或者说是证明污染物与损害之间具有关联性，只有当原告完成了这一步的举证，才能使被告就不存在因果关系进行举证并承担因果关系无法证明时的不利后果。笔者认为，这一修正在立法上是进步的，虽然法律上的因果关系推定相较举证责任倒置对原告的保护程度稍弱，但这样的举证责任分配更为公平合理。"初步证据"与"关联性"的设置实际上是在因果关系证明问题上给双方当事人设置了不同的证明标准，即原告在主张因果关系成立时只提供"初步证据"或证明具有"关联性"即可，这里的证明程度应该是较低的，而如果被告要证明因果关系不存在，则要证明到一个较高的标准，这样在兼顾减轻原告证明责任的同时也降低了被告的举证责任负担，总体来说易于让人接受。

结 语

综上所述，环境侵权民事案件中关于因果关系举证责任的分配，经历了由《侵权责任法》及《最高人民法院关于民事诉讼证据的若干规定》等司法解释所确立的举证责任完全倒置的立场到《意见》与《解释》所确立的法律上的因果关系推定规则和减轻原告举证责任的立场之回归。这种举证责任分配方案更为合理、公平，鉴于学界对举证责任倒置的批判和对因果关系推定的主张已经成为主流，这种抛弃倒置规则的立场也实现了规范与学理在举证责任问题上的同步。此外，确立推定因果关系成立和减轻原告举证责任的规则，也与司法实践中的一般做法更为符合，积极回应了司法实务界的呼声。这一立场转变体现了立法、学理与司法的良性互动，虽然仍有些细节之处需要进一步明确，但不能否认的是，其是我国环境侵权中的一次进步的制度改革。

浅析野生动物驯养繁殖法律问题[*]

【摘　要】 野生动物驯养繁殖在整个野生动物的生存和发展中具有重要作用，而野生动物驯养繁殖的法律制度也是构成野生动物资源保护法律体系的重要部分之一。随着全球经济的快速增长和我国社会的不断发展，我国野生动物驯养繁殖法律制度出现了许多问题。本文基于我国的现实和立法现状，分析了当前野生动物驯养繁殖法律制度存在的问题，并提出了完善路径。

【关键词】 野生动物；驯养繁殖；法律制度

引　言

野生动物是自然生态的重要构成部分，对人类社会的生存与发展发挥着重要的功能与作用。伴随着全球经济的快速增长，野生动物资源的社会价值、经济价值与生态价值广为人知。野生动物驯养繁殖指的是对生存在天然自由状态下，或来源于天然自由状态，虽然已经短期驯养，但还没有产生进化变异的各种动物进行的保护、研究、科学实验、展览及其他经济目的的活动。在利用与保护野生动物资源的过程中，诸多国家都采用了野生动物驯养繁殖这一重要手段，试图通过驯养繁殖实现野生动物资源的循环利用与合理保护，并通过立法形式对野生动物驯养繁殖制度进行专门确定。我国的野生动物驯养繁殖法律制度尚处于初级阶段，目前对国家重点野生动物保护的有关法律制度还不健全。在十八届四中全会"建设中国特色社会主义法律体系，建设社会主义法治国家的根本目标"的指导下，我们有必要围绕立法目的、野生动物的概念及范围、如何科学地保护野生动物的栖息地、野生动物的福利以什么方式入法、野生动物保护的福利标准如何建立、利用野生动物应遵守哪

---

[*] 沈琰，北京林业大学。

些社会公德、如何科学设计野生动物的致害补偿制度、对食用野生动物如何进行法律定性、是否允许对国内外民众开放狩猎许可、如何对待野生动物表演、如何鼓励和支持社会参与和监督野生动物保护事业、野生动物保护监管体制如何科学配置、如何强化野生动物国际贸易监管等社会关心的热点问题，对《野生动物保护法》的全面修改开展深入研究。

一、我国野生动物驯养繁殖的立法现状

早在 1950 年，我国就通过了《稀有生物保护办法》，从此拉开了野生动物人工繁育的序幕。1981 年，我国与国际接轨，开始实施《濒危野生动植物物种国际贸易公约》（以下简称《公约》），1988 年又出台了《野生动物保护法》。20 世纪 80 年代，我国初步构建了野生动物驯养繁殖法律体系与基本的法律制度。1991 年，我国发布《国家重点保护野生动物驯养繁殖许可证管理办法》（以下简称《许可证管理办法》），开始规范野生动物的人工繁育。随着"可持续发展"和"生态中国"观念逐渐深入人心，如何平衡动物经济与物种保护的思考越发迫切。2016 年，《野生动物保护法》进行了第三次修改，提出野生动物实行保护优先、规范利用、严格监管的原则。2017 年，原国家林业局依法公布了第一批《人工繁育国家重点野生动物的名录》。

以广西壮族自治区为例，广西地跨北热带、南亚热带和中亚热带三个生物气候带。全区大部分属季风气候区，热量充沛，境内地形复杂，地貌类型丰富，生境类型多样，动植物资源十分丰富。据最新资料显示，全区发现的陆生野生脊椎动物中，属于国家一级保护的野生动物有 23 种，国家二级有 140 种，而白头叶猴、弄岗穗鹛等 10 余种更是属广西特有种。总体而言，广西陆生野生动植物资源种类比较丰富，但单个种群资源量不大；整体分布较广，但个体分布区狭窄；特有和残遗成分突出，但生境片段化严重。然而，这些陆生野生动物资源为广西发展野生动物驯养繁殖产业提供了得天独厚的条件。在此基础上，借鉴区外的先进技术经验，广西野生动物驯养繁殖产业不断发展和壮大。据不完全统计，到目前止，全区已有大大小小野生动物驯养繁殖专业合作社 1000 多家，专业公司数百家，数百万人参与到野生动物驯养繁殖产业，已经成了当地独具特色的产业链。同时，广西在野生动物资源驯养繁殖方面，已经形成了一套比较完整的管理体系。2011 年，广西壮族自治区出台《广西壮族自治区陆生野生动物驯养繁殖经营利用和运输管理办

法》，为全自治区陆生野生动物资源的驯养繁殖，甚至生产运输等各个环节都作出了相关规定。其中，明文规定驯养繁殖要遵守国家和地区相关野生动物保护与管理的法律法规，采用发放野生动物养殖许可证的方式，规范全区野生动物驯养养殖行为。该办法第 12 条更是规定采用"专业合作社""公司+农户"模式进行驯养繁殖，不得跨县区合作。目前，广西壮族自治区在野生动物驯养繁殖产业方面，已经逐渐形成政府指导、群众积极参与的良好态势。

二、我国野生动物驯养繁殖法律制度存在的问题

（一）野生动物的法律定义不够明确

我国当前实施的《野生动物保护法》并未对野生动物的定义进行明确规定，只是笼统地划分为濒危的、珍贵的以及具有经济与科研价值的野生动物，对于在野外出生还是在野外生存等细节部分并未作出明确定义。通常所指的野生动物主要包括广义与狭义两种：从广义视角去看，人们认为野生动物主要是指一切无脊椎野生动物和脊椎野生动物；从狭义视角去看，人们认为野生动物是指野生的哺乳动物与野生的鸟类。另外，关于野生动物是否包括驯养动物的问题，有的专家认为，"野生动物"范畴应回归到词语的本意，即"野生动物"是与"驯化类动物"相对的概念，"野生动物"应当是野化的、自然生长的动物，驯养繁殖的（包括救助的）不以放归野外生存为目的的动物不能算作野生动物。有的专家认为，这个范围过窄，对于人工驯养繁殖的动物，立法可以以列举的方式规定哪些动物在多少代以内算野生动物，过了规定的代数就纳入农场动物或者经济动物予以管理，如经过特许，可以买卖甚至商业利用。有的专家指出，对于人工驯养繁殖的珍贵、濒危动物，如熊、虎等，无论是多少代，都应属于野生动物。由于对野生动物的法律定义不够明确，致使诸多执法活动无法可依，这在很大程度上降低了野生动物驯养繁殖的规范化与有序化发展。

（二）驯养野生动物的所有权主体不明确

《野生动物保护法》仅规定了野生动物资源的国家所有权，并没有对有资质驯养野生动物的单位和个人的野生动物所有权制度作具体规定。对于驯养繁殖的野生动物资源所有权归属不明，尤其是对人工监禁条件下繁育出的子一代或子二代以后的动物，到底是否应该属于国家所有，能否进行所有权的

转移及合理处分，没有科学界定产权关系的标准，在法律上所有权归属过于笼统，使得从事野生动物驯养繁殖的组织和个人没有具体、明确的法律条文可参照，不利于野生动物驯养活动的合理发展。此外，在关于国家重点保护野生动物的保护上没有灵活性。重点强调保护与禁止利用，没有根据实际情况制订合理和可操作性强的政策，特别是对于东北虎、藏羚羊、犀牛角等濒危野生动物的重点保护和严格的禁止性规定，实际上是提高了这些野生动物的市场价值，使许多人宁愿铤而走险也要非法获得濒危野生动物及其制品，造成濒危野生动物的大量死亡。东北虎野化繁育基地80余只死虎资源的利用进退维谷，仅死虎的管理费用就10万元，销毁又违反法律，利用又违反禁令。

（三）对驯养国家重点野生动物的主体资格没有作限制性规定

从法律规定看，国家允许私人和单位驯养野生动物，而对于保护野生动物的目的《野生动物保护法》第1条已经表述得非常明确："为保护、拯救珍贵、濒危野生动物，保护、发展和合理利用野生动物资源，维护生态平衡，制定本法。"国家并没有对驯养国家重点保护野生动物的主体作限制性规定，很明显，保护野生动物是一项公益事业，那这项公益事业是否应由民营企业和私人来承担呢？

2009年12月，沈阳森林野生动物园连续死亡11只东北虎事件给我们敲响了警钟。辽宁大学生命科学院教授刘明玉说："我们的养虎技术没有问题，但是动物园改由私人经营后，很难保证经营者有较强的责任心，死这么多虎肯定是人为造成的。"世界自然基金会中国环保项目实施总监朱春全博士认为动物养殖在动物园里，主要目的是用于保护、生态学的研究以及公众教育，不应用于任何商业目的。在经济利益与生态保护的博弈中，经济利益显然在沈阳森林野生动物园里占了上风。刘明玉教授认为，动物园承担着科普、教育的功能，作为公益事业的一部分，动物园应由政府为主导来做，既然动物园的私人经营不利于动物的保护，就应该改变动物园的性质，还动物园以本来面貌。此外，像珍稀动物基因保护等科研功能，更不可能由民营动物园来承担。

（四）野生动物的栖息地保护力度不够

保护野生动物的栖息地是实现野生动物驯养繁殖健康发展的必经路径，诸如要想有效保护华南虎，就必须确保其正常活动所需50平方米至100平方米的栖息活动区域处于良性状态，生态安全的食物链与生物链是华南虎健康生存的基础。然而，近年来我国野生动物栖息地受到破坏的程度愈来愈严重，部分专家指出我国野生动物的驯养繁殖面临的最突出问题就是人们对野生动物栖息地的过度开发与利用。例如对森林、湿地、湖泊等生态资源的肆意破坏，导致野生动物的栖息场所与生存空间日益恶化，使得可供野生动物正常生存与活动的区域逐年减少。对野生动物栖息地的保护力度不够，会直接造成野生动物驯养繁殖的可持续发展受到严重影响。

三、我国野生动物驯养繁殖法律制度的完善路径

（1）基于对野生动物的法律定义不够明确的分析，出于和国际野生动物保护公约接轨的考虑，在修改《野生动物保护法》时，对野生动物保护的界定不应过急，不应仅限于纯粹处于野外和被救助的来自野外的动物，也应把一些驯养繁殖的动物纳入进去。对于人工驯养繁殖的动物，立法可以采取分类管理的方式，对于熊、虎等动物，无论是多少子代，都应属于野生动物；对于其他动物，如一些种类的鱼，野外种群数量恢复后，人工驯养繁殖的子代（如子三代），经过审批，按照经济动物予以处理，允许其商业利用。关于野生动物的范围，应当健全定期或者不定期更新名录的制度，扩大《野生动物保护法》的保护范围。应以生态文明和可持续发展的理念为指导，重点保护和普遍保护相结合，正面清单和负面清单相结合，制定全面、细致的规定，明确哪些应予以重点保护，哪些应予以一般保护，哪些应只予以人道关怀，以及保护的主体、期限、条件等。

（2）要明确驯养野生动物的所有权。在有具体资质的条件下规定一定范围的人工驯养繁殖的野生动物所有权的个人所有，对国家重点野生动物制品的禁止性规定可以适当地放开，让公众对珍贵、濒危的野生动物有充分的认识，提高公众对野生动物的保护意识。另外，要具体制定一些可行性标准和规定，使非国家重点野生动物制品能够合理流通，为人类所用。

（3）要对驯养国家重点野生动物的主体资格作具体规定。国家对珍贵、濒危的野生动物实行重点保护。然而《野生动物保护法》并没有明确对国家重点野生动物保护的部门，仅规定了单位和个人凭驯养繁殖许可证就可以驯养国家重点野生动物。从沈阳东北虎死亡事件我们得到的教训是，野生动物保护一旦民营化，就会在经济利益和公益事业之间产生矛盾，而在经济利益

和公益事业之间，人们往往会选择经济利益。《野生动物保护法》应该对驯养国家重点野生动物的主体作具体规定。例如，对驯养国家重点野生动物的主体的范围、资质、权利和义务等方面作具体规定。

（4）要拓展野生动物驯养繁殖的保护范围。将我国当前的野生动物等级保护制度转变为普遍保护制度，并辅之以特殊野生动物保护制度与不保护野生动物公布制度。其中，普遍保护制度就是在国家所有权的基础上实行的普遍保护制度，即对野生动物实施国家所有制，将野生动物纳入到国家的法律保护范围内。依据野生动物的栖息区域面积、开发利用程度、种群数量等对其濒危状态进行确定，然后将处于濒危状态的物种纳入到刑法的保护范畴。加大野生动物栖息地的保护力度，以此保障生物链的可持续健康运转。

（5）要加快野生动物驯养繁殖的生态安全立法。我国目前依然处于生态安全立法的起步阶段，尚无经全国人大或者人大常委会审议通过的相关法律，法律法规效力偏低。加快野生动物驯养繁殖的生态安全立法，具体要从以下几个方面入手：一是完善野生动物驯养繁殖过程中的生态安全防范法律体系。以野生动物遗传保护为核心，对野生动物的驯养、繁殖以及销售等过程进行法律规范，构建健全的"野生动物遗传谱系"管理档案，推动野生动物的研究、保护与开发。二是完善部门协调机制，提高不同部门之间的联合作战能力。野生动物的驯养繁殖过程通常会涉及多个管理部门，因而明确划分各个部门的职能与责任，完善不同部门之间的协调机制，强化部门与部门之间的联动能力至关重要。三是搭建信息公布与预警机制平台。提高对野生动物知识的宣传教育与普及力度，强化公众的参与积极性，做到及时公布野生动物安全事件，提升应急处理的能力与水平，将各种野生动物驯养繁殖问题的发生概率降到最低。

结　语

我国野生动物资源丰富，具备发展野生动物驯养繁殖的先天优势。建立健全我国的野生动物驯养繁殖法律制度，完善野生动物驯养繁殖法律体系是实现科学发展观的基本要求，更是推动我国社会主义法制建设的必然结果。野生动物驯养繁殖法律制度的构建，奠定了我国野生动物保护事业可持续发展的坚实根基，促进了野生动物由野外生存繁殖向人工驯养繁殖的转变，有力地推动了我国动物资源的丰富化与多样化发展。从某种程度上讲,野生动物驯养繁殖法律制度研究是实现我国野生动物保护法治建设的必经途径,更是促进我国生态环境立法工作全面开展的根基与前提。因此,大力推动我国野生动物驯养繁殖的法律制度建设,对中国特色社会主义和谐社会的实现具有不可替代的重要意义。

野生动物驯养繁殖法律问题研究*

【摘　要】 野生动物在生态资源中具有重要的生态、经济与科研价值，对于野生动物资源的发展利用而言，人工驯养繁殖是最为有效且重要的手段，对比国际上野生动物驯养繁殖的法律建构，我国目前仅处于初级阶段。笔者将从我国野生动物驯养繁殖中确立的主要法律制度及存在问题展开讨论，提出完善中国野生动物驯养繁殖的法律途径，以促进我国野生动物资源保护立法的发展。

【关键词】 野生动物资源；驯养繁殖；法律制度；改进建议

野生动物驯养繁殖已成为野生动物资源保护的一种重要手段，许多国家都已经建立了较为完善的野生动物驯养繁殖法律制度，而目前我国野生动物驯养繁殖法律制度尚处于初级阶段，仍需改进。首先，从定义出发，国家林业局于 2015 年 4 月 30 日发布的新修订的《国家重点保护野生动物驯养繁殖许可证管理办法》第 2 条第 2 款规定："……驯养繁殖，是指在人为控制条件下，为保护、研究、科学实验、展览及其他经济目的而进行的野生动物驯养繁殖活动。"由此，人工驯养繁殖的野生动物的定义是：在人为控制条件下，为保护、研究、科学实验、展览及其他经济目的，驯养繁殖所得的野生动物。

处于初级阶段并且要求不断完善法律制度的原因之一：人类很早就对一些动物进行了驯养繁殖，历经千年最终形成了今天人类生活中必不可少的家禽、家畜。至今，人类仍离不开对野生动物的利用，包括食用、药用、娱乐、科研等各种利用方式。

另一原因是自然环境恶化，野生动物的栖息地萎缩，物种灭绝的速度加剧，整个生态系统面临被破坏的危险，因此又要求人类克制对野生动物的利

---

*　张弛，北京林业大学法学系环境法学硕士。

用活动,以保护生态多样性。因此,当人类对野生动物的利用需求与保护野生动物的生态要求发生冲突时,解决方案之一即是人工驯养繁殖野生动物:一方面以人工驯养繁殖的方式提高野生动物数量;另一方面又可以在尽量不损害野生动物资源的情况下满足人类的需求。[1]人工驯养繁殖野生动物注定会随着技术的提升而不断进步,所以笔者认为应当先解析相关法律制度问题后积极解决。

一、立法现状

目前,我国已经建立了以《野生动物保护法》为主体的有关野生动物驯养繁殖的法律体系,确立了野生动物驯养繁殖的基本路线与指导方针,建立了关于野生动物驯养繁殖的基本法律制度,主要有分层分级管理制度、野生动物驯养繁殖许可证制度、栖息地保护制度、征收资源保护管理费制度以及经营利用管理制度。

(一)分层分级管理制度

《野生动物保护法》规定野生动物驯养繁殖的行政主管部门分别为国务院林业、渔业行政主管部门。它们分别主管全国陆生、水生野生动物驯养繁殖管理工作即为"分层"。各省、自治区、直辖市、县人民政府的林业、渔业行政主管部门主管本行政区域内陆生、水生野生动物驯养繁殖的具体管理工作即为"分级"。

(二)野生动物驯养繁殖许可证制度

由野生动物的主管部门对野生动物驯养繁殖许可证予以管理,并规定了其中的授权发放的情形,也就是对驯养繁殖许可证的申请和发放都作出了法律规定上的要求,比如场所、设施、资金、人员、技术和饲料来源条件等。

(三)栖息地保护制度

我国在法律中对野生动物的栖息地进行了严格的管理规定,由国家来保障栖息地的建设保护,从而来保证野生动物的基本活动繁殖场所,以及相关生态功能区、自然保护区。

(四)征收资源保护管理费制度

《野生动物保护法》规定经营利用野生动物或者其产品的,应当缴纳一定

---

[1] 参见马建章主编:《中国野生动物保护实用手册》,科学技术文献出版社2002年版。

比例的野生动物资源保护管理费。

(五) 经营利用管理制度

我国对野生动物制定了较为严格的经营利用的管制规定，所实行的是对国家重点保护的野生动物的全面限制，仅在几种情况下放开对野生动物的使用，如科学研究、文娱乐等五个方面，并在刑法条文中对非法猎捕使用野生动物进行了责任承担规定。

二、法律制度存在的问题

我国野生动物驯养繁殖法律制度看似完善，体系丰满、完备，但实则大都比较空，仅有"一根光秃秃的主干"。许多问题比较明显，下文中，笔者将一一进行探析。

(一) 法律制度的原则性规定失衡与产权主体问题

我国在立法上始终坚持"宜粗不宜细"的原则，对环境立法的指导思想也停留于"重保护轻利用"的传统观念。[1]我国野生动物驯养繁殖的法律制度只原则性地规定了对野生动物实行"加强资源保护、积极驯养繁殖、合理开发利用"的方针，并没有针对繁殖驯养的专项立法，缺乏一部宏观上指导繁殖驯养动物的法律文件。具体驯养繁殖、开发利用的法律法规规定相当少且缺乏具体的开发利用政策使得实际的驯养繁殖过程中出现了大量问题，许多驯养繁殖户看到有经济效益就盲目开始，遇到困难便直接放弃养殖，进而出现了倒卖野生动物等不法行为，不利于对野生动物的保护。

另外，目前法律只规定了野生动物资源属于国有，缺乏关于集体所有以及有条件限制下的个人所有制度。[2]对于驯养繁殖的野生动物资源产权归属不明，尤其是对驯养繁殖出的子一代或子二代以后的动物，到底是否还应该属于国家所有，能否进行所有权的转移及合理处分，没有科学界定产权关系的标准，[3]也没有明确的许可办法，导致产权界限十分模糊，使野生动物驯养繁殖的单位和个人的积极性受到打击，也不利于野生动物保护。

---

[1] 王明友："关于野生动物驯养繁殖法律制度的研究"，东北林业大学 2002 年硕士学位论文。

[2] 梁慧星："不宜规定'野生动物资源属于国家所有'"，载《山东大学法学评论》2007 年第 0 期。

[3] 邹丽梅、王跃先："浅谈《野生动物保护法》的合理利用制度"，载《野生动物》2003 年第 3 期，第 55 页。

(二) 驯养繁殖野生动物许可证制度问题

1. 整体漏洞

我国《野生动物保护法》第 25 条对驯养繁殖许可证制度的范围作出了规定，仅要求国家重点保护野生动物需要申请驯养繁殖许可证。而对不属于国家重点保护类别的野生动物，不需要申请驯养繁殖许可证。但是，我国驯养繁殖许可证制度中关于繁育野生动物范围的规定体现在《国家重点保护野生动物名录》中。该名录至今为止已经颁布了二十多年，多年来这个名录一直没有进行大范围的调整，只在 2003 年调整过一次，仅涉及一个物种——"麝"，而没有涉及其他保护物种，在实践中产生了不少问题。许多在制定该名录时不属于国家重点保护野生动物的种群遭受到了严重的打击，种群数量以及濒危程度远高于已经被保护几十年的国家重点保护野生动物，而由于没有驯养繁殖许可证的规定，这些非国家重点保护的野生动物无法得到有效的驯养繁殖，致使种群规模逐年减少。一些具有较高经济价值的非国家重点保护野生动物甚至被大规模肆意驯养繁殖，压缩了国家重点野生动物的繁育场所和自然资源，将本就脆弱的自然资源超负荷开发养殖，对整体生态资源损耗巨大。

2. 后续管理漏洞

我国仅在前文引述的相关法律法规中对驯养繁殖许可证的申请条件和程序作了规定，而没有对后续的管理要求作出规定。导致一些地方为了发展当地经济，在没有结合本地区实际自然条件以及物质保障的基础上，盲目地繁育经济价值相对较高的野生动物，造成了驯养繁殖工作的混乱发展，而由于受当地自然条件等原因的限制，被驯养繁殖的野生动物大规模死亡，从而危害了野生动物资源。

3. 处罚力度过轻

目前，我国对于非法驯养繁殖野生动物的法律责任规定仅体现在相关法律法规中。其中针对的是无驯养繁殖许可证或私自繁育不在其繁育范围内的国家重点保护野生动物，主要的处罚手段为罚款、没收或吊销繁育许可证。非法驯养繁殖野生动物竟只能课以如此低程度的处罚，违法成本如此低，很难使不法分子产生敬畏心理。

在实际情况中，众多个体在没有驯养繁殖许可证的情况下，大肆从事驯养繁殖国家重点保护野生动物工作，在条件上根本无法达到驯养繁殖的标准。如果相关部门在驯养繁殖过程中没有发现非法驯养繁殖的行为，那么这些没有被发现的驯养繁殖的国家重点保护野生动物将会流入"非法市场"。这些国家重点保护野生动物在成为死体或相应制品后，对于其生前是由谁进行驯养繁殖的鉴定工作几乎是无法完成的。这使他们可以承担极小的风险买卖驯养繁殖的国家重点保护野生动物，如果不加大惩处力度不但将会造成非法"黑市交易"的快速发展，而且对野生动物的保护工作也有不利的影响。[1]

(三) 驯养繁殖野生动物经营利用制度问题

1. 重点保护动物过于苛刻

在我国严格的管控国家重点保护野生动物及其制品的利用的局势下，正规驯养繁殖的野生动物及其制品无法流入市场，使得"非法市场"的野生动物及其制品买卖十分猖狂且发展迅速。严格的管控不但没有遏制"非法市场"，反而提高了野生动物制品价格，推动了其发展。另一方面，我国在现阶段没有制定出野生动物制品的市场准入制度，使得一些正规驯养繁殖成功的野生动物制品无法实现经济价值，这种经营利用上的严格控制，也使得国家的资源和驯养繁殖集体或者个人的利益都遭受了严重的损失，在很大程度上打击了后者的积极性。

2. 非重点保护动物管理不足

由于我国目前的保护力度无法阻碍猎捕或偷猎等行为的出现，因此出现了大规模的猎捕事件，非国家重点保护野生动物与国家重点保护野生动物在保护力度上有着极大的区别。国家在重点野生动物保护上的投入是非国家重点保护野生动物的几倍以上，管控过于严苛，但是猎捕非国家重点保护野生动物，只有在数额巨大时才能进行认定。

3. 监管问题

野生动物繁殖驯养在监管上的漏洞体现在对无繁殖许可、无批准手续或不符合驯养繁殖标准的养殖场以及动物自出生到死亡（包括繁育、驯养、宰杀、输送、观赏等）各个环节的放松。此外，还存在各部门职权交叉，体制、机制运行不顺畅的问题。法律将野生动物分成两大类，即陆生动物和水生动物，两类动物由不同的主管部门管理，林业部门负责陆生动物的管理，水生动物则由渔业部门管理，使得在管理野生动物问题上发生了职权的分离。[2]

---

[1] 陈春艳：《我国野生动物驯养繁殖法律制度研究》，中南林业科技大学2006年硕士学位论文。
[2] 马维辉：《野生动物保护法大修痛点》，载《华夏时报》2016年1月2日。

除了上述两部门外，工商、质检、环保、海关等部门，管理体制非常复杂，野生动物养殖审批流程繁琐，政府指导服务不足，各部门缺乏配合。[1]

(四) 驯养繁殖野生动物致人损害补偿制度问题

1. 主体漏洞

野生动物致人损害的情况分为两类：一为野生动物园或驯养繁殖场所的野生动物致人损害的；二为野生状态下的野生动物致人损害的。[2]但是，这两种划分标准并不能准确地包含我国所有的野生动物致害情况。现有法律对补偿的规定仅是提出了补偿的主体，在实际操作中没有可依据的补偿规定。在具体认定过程中，对相关当事人的责任认定困难，有的地方还出现了处罚野生动物本身的不合理现象，以及政府财政负担上的困难处境，这样的状况导致了被致损当事人很难取得应得的赔偿补偿，甚至会激化社会矛盾。

2. 补偿标准和范围上的不明确

由于我国的法律并没有对野生动物致人损害的补偿标准进行具体规定，在实际发生的野生动物致人损害事件中，被致损人的切身利益往往无法得到保障，一些损害和伤害无法被判断为野生动物致损所造成，以至于在最终的补偿认定上，对相当大的一部分损失无法进行认定，有损其人身财产权益。并且，现有补偿模式仅针对直接损害，实际损害无法获得补偿，有失公正。

3. 财政规划缺漏

现行国家关于野生动物致人损害补偿资金制度存在缺陷，既没有专项财政规划，又没有制定完善的地区补偿规则，国家在财政上对这类补偿经费也无法进行保障。在我国大力发展生态环境的今天，如果不制定出完善的补偿制度或者有效的赔偿制度，那么对处于野生动物繁育范围内或可进行直接接触驯养繁殖野生动物的相关人员的工作和生活都会产生极大的影响，也会因而此造成更多的社会矛盾，影响生态化事业进程，阻碍驯养繁殖野生动物工作的长期发展。

---

〔1〕 陈德照："云南野生动物养殖存在的问题"，载《农村实用技术》2006年第9期。

〔2〕 郭会玲、张英豪："我国重点保护野生动物致害救济的法理辨析——兼论野生动物资源生态补偿法律制度的构建"，载《林业经济》2011年第4期。

三、法律建议

(一) 驯养繁殖野生动物许可证问题解决

1. 分级管理发放

笔者认为,对不同等级野生动物均需要申请驯养繁殖许可证,并根据不同等级的野生动物,给予分别化管理,但是要实行统一的监督管理。首先,要扩大驯养繁殖野生动物许可证的申请范围,进行全面的许可证制度管理,根据野生动物的生存环境和现有的技术水平来进行可行范围内的现代化管理,并且根据市场的需求进行调节,国家在宏观上予以调控,同时要计算好相应的投入金额,综合考量生态、社会、经济等方面的相关内容,制定出相关计划,并且对一些生存受到严重威胁的野生动物进行利用数量以及方式上的限制。从保护和利用并行发展模式出发,规范野生动物资源驯养繁殖的方式以及管理利用的方式,促进野生动物利用的可持续发展。其次,完善许可证程序中申请与发放的环节,增强对许可证制度的管控,对野生动物驯养繁殖环境、条件、程序都要作出相应的规定,确保在程序上做到公开、公正,并且兼顾效率。

2. 完善驯养繁殖许可证后续管理规定

首先,应由发放驯养繁殖许可证的相关主管部门起草全面的许可证管理规定。如设定抽查期限,对拥有驯养繁殖野生动物许可证的场所、集体或个体的场所设施、野生动物的健康情况、工作人员是否具备相关知识等情况进行调查,不能仅依靠繁育场所或者集体、个体的自治来进行管理,要在《野生动物保护法》中明确予以规定,并在《水生野生动物保护实施条例》《陆生野生动物保护实施条例》中进行细致规定,对驯养繁殖许可证的工作做到全面、有效管理。

3. 加大惩处力度

第一步是要增加对非法繁育野生动物的认定,不能将其笼统地认定为"无证繁育"或"超证繁育",还要对其驯养繁殖的物种予以调查,并根据实际来源进行规定,不能让偷盗、偷猎野生动物的行为在最后的责任追究中有"避风港"。紧接着,要对野生动物园等驯养繁殖野生动物的场所做好监督管理,其所驯养繁殖的野生动物如果死亡,要及时地调查原因,如果发现相关责任人员存在违法、违纪行为要严格查处。提高对进行驯养繁殖的集体或个体的惩处力度,追究未取得驯养繁殖许可证的饲养个人或者集体的刑事责任,对其数量和性质作出要求,严格地对非法进行驯养繁殖的个人或者在集体中起领导作用的个人进行刑事处罚。真正地起到打击、威慑的作用,重振法律威严。

(二) 驯养繁殖野生动物经营利用制度解决

1. 完善驯养繁殖国家重点保护野生动物的利用制度

首先,应尽快结合驯养繁殖的实际情况来制定驯养繁殖国家重点保护动物名录,在制定出该名录后,要对该名录中的野生动物进行利用上的规范。如对于成功繁育的梅花鹿,要对其制品进行规范,对鹿茸、鹿血等如何利用进行明确规范,执法机关应熟知驯养繁殖成功的野生动物种类。其次,逐步有条件地放开驯养繁殖成功的国家重点保护野生动物的限制,打破市场的严格管控,出台规范管理的法律法规,指导这类驯养繁殖成功的野生动物及其制品的经营管理,完善野生动物制品深层次产业链,并且在销售等各环节予以监管。

2. 完善驯养繁殖非国家重点保护野生动物的利用制度

首先,对非国家重点保护野生动物的种群数量,通过实际调研,根据自然情况和种群自我繁育的特点,对非国家重点保护野生动物的猎捕数量进行限制,管控数量,并按申请发放。[1]其次,打击过分利用的行为。最后,笔者认为有必要颁布"非国家重点保护野生动物利用名录",对非国家重点保护野生动物的利用进行规定,对可食用的、可出口等不同目的予以分类,从而对非国家重点保护野生动物驯养繁殖经营利用起到推动作用。

3. 加强部门协作,推动管理新模式

行政部门应注重设立单部门领导、多部门协作的管理体制,强调监管的统一性,避免因多头分管而造成监管标准不一。应清晰界定各部门的具体职权,明确监管的内容、程序、方式以及法律责任,避免出现权力的越位和缺位。为了解决多部门分散管理带来的问题,可以通过建立独立的保护委员会,促进野生动物驯养繁殖执法工作的顺利进行,还可以借鉴吉林省将养殖行业的管理权归入吉林省畜牧业管理局的方法,解决多头管理、多头不负责的状

---

[1] 颜士鹏、徐天石:"论我国野生动物驯养繁殖法律制度的完善",载《法制与社会》2011年第9期。

况。对于公权力部门,可以把野生动物的保护情况纳入生态环境保护绩效考核,以强化政府的责任意识。[1]

(三) 驯养繁殖野生动物致人损害补偿制度解决

1. 健全政府对野生动物致害的经济补偿机制

野生动物致人损害是一种特殊的侵权行为,其从某种意义上可以被看成是国家实行特殊保护行为后产生的特殊补偿行为。因此,受害群众从国家和政府那里获得经济补偿是天经地义的。但现有政府补偿机制的缺失造成资金短缺、补偿缓慢、不足额的现象频频出现,因此,我国必须建立健全相应的经济补偿机制。

2. 扩大驯养繁殖野生动物致害补偿的标准和范围

应对被致损人间接的后续损失予以明确规定,使在发生野生动物致人损害案件后,能够有完善的补偿制度规定相应的补偿标准和补偿范围。[2]具体来说,针对野生动物致人损害程度制定标准,不同程度的致害行为会导致被家庭和身心受到不同层级的伤害,而仅按照伤残等级予以补偿显然与实际损失相差太大,应针对野生动物可能造成的房屋、农田等具体损坏作出相应的补偿标准,各地区应在维持这个基本标准的程度上予以增加,而不能进行减少。

3. 保证经费补偿

应在法律层面严格保障这部分经费的来源,规定一些贫困省份由中央财政来负担这部分经费,由国家来保障驯养繁殖野生动物致人损害补偿经费,由国家财政负担保证。同时各地方政府也要按照财政、经济水平,地区发展状况,致害案件发生情况等来承担相应的补偿责任。

---

[1] 常纪文等:"《野生动物保护法》修改的热点问题与建议",载《中国环境管理》2016年第1期。

[2] 史静:"野生动物肇事补偿问题研究",载《法制与经济(中旬)》2014年第5期。

行刑衔接中有限并罚的正当性及制度完善探究*
——以林业违法案件的行刑衔接为视角

【摘 要】 刑事处罚与林业行政处罚发生竞合时,鉴于刑事处罚与行政处罚都是国家公权力针对违法行为追究责任,都是公法责任的重要组成部分,因此,对于刑事处罚与林业行政处罚中处罚种类相同的,应当采用竞合主义。但综合刑事处罚与林业行政处罚种类不同,且具有特定的林业行政管理目的,应当对其采用并罚。另外,行刑衔接过程中应当采用行刑分工协调的原则,由行政机关优先作出责令停止违法行为、补种树木、恢复原状的行政处罚,同时由司法机关进行刑事犯罪侦查工作。这既可提高司法效率,节约司法资源,也能促进行刑的顺利衔接。

【关键词】 行刑衔接;有限并罚;有限刑事优先;林业

一、问题的提出

2015年召开的第十二届全国人大常委会第十五次会议通过了《关于授权最高人民检察院在部分地区开展公益诉讼改革试点工作的决定(草案)》。2017年,第十二届全国人大常委会第二十八次会议通过了新修订的《行政诉讼法》,[1]自此,行政公益诉讼工作由试点转变为我国的一项正式行政诉讼制度。

目前,行政公益诉讼在督促行政机关依法履行行政职责、保护生态环境与资源、防止国有资产流失等方面起到了积极的督促作用。但是行政公益诉

---

* 郑惠,北京林业大学法学理论硕士。

[1] 《行政诉讼法》第25条增加一款作为第4款:"人民检察院在履行职责中发现生态环境和资源保护、食品药品安全、国有财产保护、国有土地使用权出让等领域负有监督管理职责的行政机关违法行使职权或者不作为,致使国家利益或者社会公共利益受到侵害的,应当向行政机关提出检察建议,督促其依法履行职责。行政机关不依法履行职责的,人民检察院依法向人民法院提起诉讼。"

讼也将隐藏于行刑衔接制度中的关于"一事不再罚原则"的理解及适用问题暴露在大众的视野之中。

以林业行政主管部门涉及的行政公益诉讼为例：自检察机关开展行政公益诉讼以来，林业行政机关涉及的行政公益诉讼案件共计133件，其中44件涉及行政相对人的违法行为已经达到触犯刑法的标准，应当依法被追究刑事责任。[1]（其所占比例如图所示）

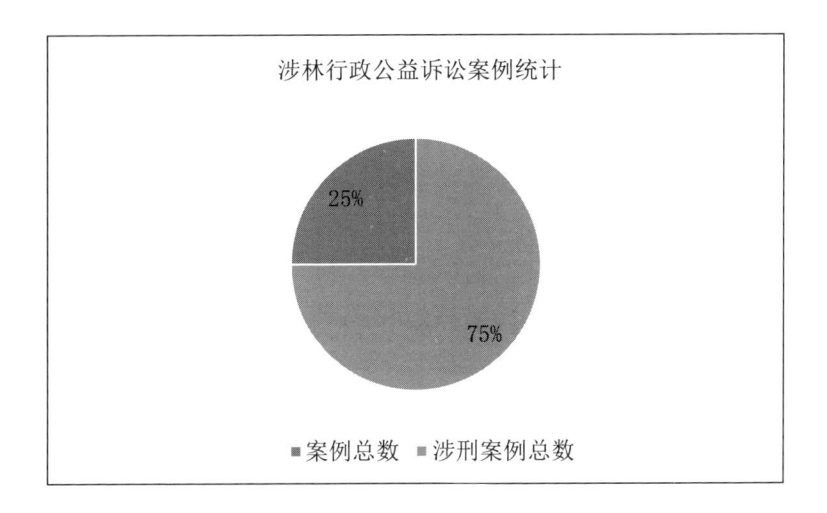

涉林行政公益诉讼案例统计

25%

75%

■案例总数 ■涉刑案例总数

在这些案例中，大多都是林业行政主管部门在履职过程中发现行政相对人的违法行为已经涉嫌刑事犯罪，于是将案件移送公安机关。随后，检察机关在履职过程中发现，在被移送的案件中，违法行为人虽已被追究刑事责任，但其造成的林地破坏仍未得到恢复，国家公共利益仍处于受侵害状态，因此向林业行政主管部门发出检察建议，要求林业行政主管部门积极履行职能，追究违法行为人的行政责任，督促其恢复被破坏的林地。

然而，行政机关却认为，当前我国的《行政处罚法》中涉及行政责任与刑事责任竞合的5个条款，都并未明确规定行政机关对于已经被追究刑事责任的违法行为具有处罚权。其中，第7条第1款是关于"行民并罚"，第2款

---

[1] 本文案例来源于无讼案例文书网（https://www.itslaw.com/bj），通过输入关键词"行政公益诉讼""林业局"并选择行政案由后，可搜索到林业行政主管部门涉及公益诉讼案例共计133件，并通过人工筛选后，其中涉及违法行为人一行为同时触犯行政法律规范与刑事法律规范的案件共计44件。

规定了禁止"以罚代刑"。第 22 条要求行政机关"涉罪必须移送"。第 28 条设定的是有关"行刑折抵"的制度。第 38 条是关于"涉罪移送"的制度。第 61 条是关于行政机关"涉罪不移""以罚代刑"的责任制度。而且，在《森林法》等单行法中也不存在"行刑并罚"的规定。

而在刑事法领域，我国不仅没有确立"行刑并罚"制度，相反，却确立了"免刑处罚"制度。

2008 年国务院法制办在《对陕西省人民政府法制办公室〈关于对行政执法机关移送涉嫌犯罪案件后管辖权问题的请示〉的复函》（国法秘政函 [2008] 199 号）中规定，对于涉嫌犯罪案件移送公安机关后，行政执法机关只有在以下三种情形下才具有管辖权：一是公安机关不予立案，并依法退案的案件；二是公安机关立案后审查认为没有犯罪事实或显著轻微，不需要追究刑事责任后移送同级别行政执法机关的案件；三是经刑事诉讼后被免于刑事制裁的案件。这一答复直接否认了"行刑并罚"。

那么，检察院要求林业行政主管部门对已经被追究刑事责任的违法行为人追究行政责任，是否是对违法行为人的行为进行了两次评价？这是否违反了一事不再罚原则？当行为人的违法行为已经根据刑事犯罪的追诉标准被进行过一次法律评价，再对其同一行为根据行政处罚的认定标准进行法律评价，是否会违背信赖原则？从而，违背比例原则的，是否会导致法治不公的结果？行政处罚领域要遵循"一事不再罚原则"，当刑事责任与行政责任发生竞合时，对于一事不再罚原则应该做限制解释还是扩大解释？能否适用并罚？

要理顺这一系列的问题并对当前司法机关和行政机关在实践中遇到的疑问提出合理的解决之道，需要我们对一事不再罚原则的内涵进行深入研究并进行重新构建，进而厘清行政处罚与刑事处罚之间的关系，畅通行政执法和刑事司法的衔接，为构建完善、高效的行刑衔接制度提供理论指导。

二、一事不再罚原则研究

（一）一事不再罚原则的概念及起源

所谓一事不再罚，是指国家不得针对行为人的一个违法行为进行两次以上的处罚。关于一事不再罚原则的起源，学界并未达成一致认识。但多数学者认为，一事不再罚原则起源于古罗马时期的一审终审原则，即法院在对一个案件作出生效判决之后，除非法律另有规定，否则不得对这一案件再次进行审判。这一原则广泛适用于民事诉讼和刑事诉讼。[1]随着各国法治的发展，这一原本适用于审判程序的原则，逐渐发展成了一些国家的宪法原则。比如，《德国基本法》第131条第3款明确规定，任何人不得因为同一行为，多次受到一般刑法的处罚。[2]《美国联邦宪法第五修正案》规定，任何人不得因同一犯罪行为而两次遭受生命或身体的危害。[3]《日本宪法》第39条也规定"任何人在其实行的当时为合法的行为或已经被判无罪的行为，均不得再追究刑事上的责任。又，对同一种犯罪不得重复追究刑事上的责任"。

然而无论是从古罗马法还是从上述国家的宪法规定来看，其所强调的都是在刑事诉讼中适用"一事不再理"或"禁止双重危险"原则，至于这一原则能否扩大到行政诉讼领域仍存在疑问。我国虽未在宪法中明确规定这一原则，但我国宪法中蕴含的人权保障原则亦可作为"一事不再罚原则"的重要依据。而且我国现行的《民事诉讼法》明确规定了"禁止重复起诉"，《行政处罚法》第24条也规定"对当事人的同一违法行为，不得给予两次以上罚款的行政处罚"，这些都体现了一事不再罚原则在我国法律中的适用。

三、刑事处罚与行政处罚的比较研究

（一）质的差异说、量的差异说、质量的差异说

当前学界关于刑事处罚与行政处罚之间的关系最主要的学说争论就是质的差异说和量的差异说。

质的差异说认为，行政处罚与刑事处罚之间存在本质上的差异。刑事犯罪是对社会伦理的一种侵犯，并造成法益的实际侵害，因而需要对其予以处罚。因此，刑事处罚主要是对侵犯法益的"犯人的恶性"进行惩罚。但行政违法主要是违反了行政上的禁止性命令，侵害了行政目的，从而对其实施的一种处罚。所以，行政处罚针对的是形式上"违反行政法律规范"的行为人，因其侵害了行政目的而对其进行处罚。[4]基于这种观点，当行为人的一个行为同时触犯刑事法律规范和行政法律规范时，应当对其采取并罚的方式，才

---

[1] 法学教材编辑部《罗马法》编写组：《罗马法》，群众出版社1983年版，第334页。
[2] 《世界各国宪法》编辑委员会：《世界各国宪法（欧洲卷）》，中国检察出版社2012年版，第191页。
[3] 赵宇哲："美国宪法修正案概说"，载《决策与信息》2018年第8期，第33~47页。
[4] 陈清秀：《行政罚法》，法律出版社2016年版，第16~17页。

能实现所有的法律规范目的。

量的差异说认为，行政处罚与刑事处罚在保护法益和制裁目的上并无本质上的差异，都是由国家针对不法行为追究其法律责任的表现，都属于公法责任的重要组成部分。[1]二者真正的差别在于不法行为造成的危害程度，即相对而言，刑事犯罪较行政违法对法益的侵害和社会危害程度更高。因此，当行为人的行为已经被处以更为严重的刑事处罚后，不能就其同一违法行为追究行政责任，否则就违背了比例原则和人权保障原则。在这种观点的影响下，针对因为一个行为而同时触犯行政法律规范和刑事法律规范的违法行为人，只需对其处以更为严重的刑事处罚即已经对其不法行为进行了全面的评价，因此应当采用竞合主义才不至于违反过罚相当的原则。

质量的差异说实质上是将质的差异说与量的差异说结合而来的一种折中学说。它认为，无论是单纯从质的差异角度还是从量的差异角度都无法全面而又准确地区分行政违法与刑事犯罪。一方面，从"质"的角度来看，刑事犯罪主要是对源于自然法的社会伦理价值的侵犯，具有较强的伦理非难性。而行政违法只是对违反行政命令，侵害行政目的的行为加以处罚，因此不具有较强的伦理道德非难性。另一方面，从"量"的角度来说，与行政违法的社会危害性相比，刑事犯罪的社会危害性更高，对法益的侵害程度更严重。[2]

有学者指出，质的差异说理论上不能自圆其说。首先，从法制发展史来看，在大陆法系国家，行政处罚是从刑事处罚中分离出来的，二者本是同根同源。其次，法律是最低限度的道德，无论是刑事法律规范还是行政法律规范，都不可避免地受到了道德伦理的影响。因此，违反行政法律义务不具有道德非难性的说法是不符合逻辑的。[3]

当前，世界上多数国家对于行政处罚与刑事处罚之间的关系均采用量的差异说。

---

[1] 练育强："行刑衔接视野下的一事不再罚原则反思"，载《政治与法律》2017年第3期，第123~131页。

[2] 闻冬梅："论刑事不法与行政不法区别的理论基础"，载《学术交流》2013年第9期，第51~55页。

[3] 丛淑萍："论禁止重复评价与一事不再罚"，载《东岳论丛》2009年第6期，第169~172页。

(二) 不同国家或地区的制度设计探究

关于行政处罚与刑事处罚发生时的处理原则，不同国家或地区基于不同的立法考量作出了不尽相同的规定。

德国采用竞合主义。根据《德国违反秩序罚法》第21条的规定，行为人的一个行为同时触犯刑事法律规范和秩序法律规范的只能适用刑法进行处罚。但其法律规定的处罚仍须采取。这表明，只有行为人的行为没有被追究刑事责任，才能适用《德国违反秩序罚法》的规定，对其进行处罚。

而奥地利则采用了并罚主义。《奥地利行政罚法》第22条规定，行为人的一个行为违反不同行政法律规范时，或者一个行为触犯多个罪名的，应当分别对各罪名进行处罚。当行为人的一个行为同时违反行政法律规范与刑事法律规范或民事法律规范时，同样要对各种责任进行并罚。

四、林业违法行刑衔接适用有限并罚原则的合理性

从不国家或地区处理刑事处罚与行政处罚的竞合问题的方式原则来看，既有坚持并罚主义的，也有坚持竞合主义的。

笔者认为，我国应该建立起有限并罚原则。以当前我国涉林案件中涉及行政处罚与刑事处罚竞合的情况为例，林业行政主管部门和司法机关应当综合我国现有的行政处罚和刑事处罚的种类，对于同种性质的处罚（如自由刑和财产刑），应当严格遵循一事不再罚原则；对于不同性质和种类的处罚，应当考虑其行政目的是否能够全面实现，对于不能实现的，应该采用并罚的处罚方式。

首先，在同种性质的处罚之间采用竞合主义是尊重和保障人权的体现。公民的权利与国家公权力之间一直处于一种博弈的状态。在强大的国家公权力面前，公民私人的力量显得十分渺小。一事不再罚原则设立的目的正是限制国家的公权力，保障公民权利，防止拥有强大力量的国家公权力机关针对公民的同一违法反复进行追诉处罚。同种性质的处罚之间采用竞合的处理方式，正是避免国家公权力对公民多次进行同类处罚，侵犯公民的人身自由和财产权利。另外，我国《环境保护法》中早已有"谁污染，谁治理"的原则，而且《森林法》也针对破坏林地的违法行为人规定了补种树木、恢复原状等法律责任。因此，在涉林案件中，违法行为人对于自己破坏的林地，在被追究刑事责任后，其所破坏的林地并未得到有效的恢复，对此并不会产生

不再承担恢复林地植被的信赖利益,因此也不会违背信赖保护原则。

其次,对于不同性质的处罚实行并罚的方式,有利于保护生态环境资源,防止不法行为造成的损害继续扩大。综合比较我国《行政处罚法》规定的处罚种类以及《刑法》规定的刑罚种类,相对于刑罚须得等到法院作出生效判决之时才可执行,《行政处罚法》中的责令停产停业、暂扣或吊销营业执照以及暂扣或吊销许可证等处罚方式,可以在发现行为人的违法行为时即作出,这便能够更及时地制止违法行为,防止损害的继续扩大。

再次,对不同性质和种类的处罚采用并罚的方式,有利于完善我国的法律责任体系。根据我国当前法律的规定,当违法行为人的一个违法行为在触犯了行政法律规范的同时又侵犯了他人的合法民事权益时,其应当同时承担行政责任和民事责任;或者违法行为人的一个违法行为在触犯刑事法律规范的同时侵犯了他人的合法民事权益,此时受害人有权在刑事诉讼中提起附带民事诉讼。由此可知,在我国的法律责任体系中,民事责任与行政责任或刑事责任是并行不悖的,但至于行政责任与刑事责任的关系究竟应该如何处理,法律却并未作出明确规定。正是因为行政责任与刑事责任之间存在责任漏洞,导致在实践中林业行政主管部门在将违法行为人的违法行为移送至司法机关追究刑事责任后,恢复林地植被的行政管理目的于法无据。这又引发了大量的检察机关起诉林业行政主管部门不积极履行行政职能。因此,对不同性质和种类的行政处罚与刑事处罚采用并罚的方式,能够及时恢复林地植被,保护生态环境,同时也有利于节约司法资源,避免林业行政主管部门的诉累。

最后,当前我国在司法实践中也支持有限并罚的做法。以"舒兰市闫某非法占用农用地案"为例,舒兰市闫某为经营石场获利,于2014年至2016年期间,在舒兰市天德乡农富村石顶山集体林内,使用钩机,非法占用林地14 200平方米(21.3亩),由于开矿作业,致使该林地内原有植被遭到严重毁坏。最终被法院判处"非法占用农用地罪"并处罚金10 000元。在判决书生效后,舒兰市林业局又对闫某作出行政处罚,责令其停产停业,限期恢复原状并处罚款14 000元。后闫某不服,向法院提起行政诉讼,法院经过两审,认为闫某在已经承担了刑事责任后不应当再对其作出行政罚款,这不符合我国"一事不再罚原则"的立法本意而判决闫某胜诉。可见,我国在当前的司法实践中也是支持刑事处罚和行政处罚不应当对违法行为同时处以财产罚的。

五、行刑衔接中行政与刑事处罚原则

(一) 刑事优先原则

当前,无论是学界主流的观点还是我国的立法实践,实际上都采用了刑事优先原则。所谓刑事优先原则是指当违法行为人的行为同时触犯刑事法律规范和行政法律规范时,应当优先追究其刑事责任。传统观念认为:一方面,刑事犯罪相较于行政违法而言,其社会危害性更大,优先进行刑事司法审判程序更有利于对法益的保护。另一方面,刑事处罚较行政处罚更重,对于预防和惩罚违法犯罪行为具有更强的威慑力。另外,刑事犯罪的证明标准为"排除合理怀疑",而行政违法的证明标准只要求达到"高度盖然性"即可,所以刑事犯罪的证据认定当然可以被用于行政违法的认定,反之则不可。[1]

刑事审判程序的法定性固然使得刑事处罚更具有正当性,但一味强调刑事优先却忽略了行政处罚较刑事处罚更具有时效性。[2]一方面,刑事审判程序从开启到最终作出生效判决,法定审限较长,不利于被破坏的林地的恢复,甚至可能造成更严重的生态损害结果。另一方面,如果要求行政机关要在审判程序结束之后再根据审判结果作出相应的行政处罚,根据我国《刑事诉讼法》的有关规定,行政机关并不是法定的诉讼参与人,并非是法定的判决文书受送达人,其将如何知晓最终的审判结果?又该如何根据审判结果作出补充性的行政处罚?这些都是当前行刑衔接中尚未解决的问题。

(二) 行政处罚与刑事处罚同步协调原则

针对刑事优先原则面临的各种窘境,有学者提出了要坚持行政处罚与刑事处罚相协调的原则。所谓"行刑同步协调"原则,是指行政机关与司法机关一旦发现同一违法行为可能涉嫌行政违法和刑事犯罪,无需分辨刑事优先还是行政优先,即可立案调查,执法与司法力量互助配合。这就要求行政机关与司法机关之间要实现双向移送。但因为移送又包含办案权,因此,移送程

---

[1] 周佑勇、刘艳红:"论行政处罚与刑罚处罚的适用衔接",载《法律科学·西北政法学院学报》1997年第2期,第88~91、95页。

[2] 周兆进:"行政处罚与刑事处罚的衔接问题研究",载《中国人民公安大学学报(社会科学版)》2017年第4期,第47~53页。

序在刑事处罚或行政处罚执行完毕之后启动。[1]

但这其实是一种过于理想的看法。因为，刑事处罚一旦作出，为了避免违反一事不再罚原则，刑事处罚已经判处了罚金刑，行政处罚便不得再进行处罚，反之亦然。但众所周知，刑事处罚与行政处罚的标准并不相同，尤其是罚金与罚款。

因此，再以上述"舒兰市闫某非法占用农用地案"为例，该案中若闫某的违法犯罪行为先被行政机关作出行政处罚，则此时闫某应当缴纳罚款14 000元，但此后再进行的刑事处罚则不应当再判处罚金刑。反之，正如此案的情形一般，司法机关首先进行立案处理，则闫某最终只需缴纳刑事处罚中的罚金10 000元即可。可见，若要坚持在刑事处罚或行政处罚作出之后再进行案件移送，则会因为案件发现的先后顺序不一致，导致违法行为人受到的财产罚不一致，进而出现不公平的现象。因此，对这一处理原则的推行适用，依然有待商榷。

（三）行政优先为原则，刑事优先为例外

关于行刑衔接中到底采取何者有限的原则，还有学者提出应该以遵循行政优先为原则，以刑事优先为例外的观点。[2]一方面，刑事惩罚是所有法律实施的最后屏障，另一方面，大量的法定犯需要依靠行政专业知识以及具备行政违法性，因此强调行政优先具有一定的合理性。但因为行政处罚时效相较于刑事处罚短，因此在行政处罚时效经过后，应当采取刑事处罚优先的原则。

但如果以刑事优先为例外，此时是否还应当追究违法行为人的行政责任？如果追究行政责任，此时行政时效已经经过，再追究行政责任则不利于维护社会状态以及法律秩序的安定，且对违法行为人而言亦有不公平之嫌。

针对涉林案件中究竟应该如何衔接刑事处罚与行政处罚，笔者认为应当采取行刑同步协调的原则。但此时对行政处罚权应当作出限制。也即，林业行政主管部门在发现违法行为人的行为同时触犯了刑事法律规范和行政法律规范时，应当且只能先对其作出能够及时制止违法行为继续扩大危害的行政

---

[1] 顾向一、曹婷："'两法'衔接：从刑事优先原则到同步协调原则"，载《西部法学评论》2018年第1期，第19~25页。

[2] 田宏杰："行政优于刑事：行刑衔接的机制构建"，载《人民司法》2010年第1期，第86~89页。

处罚，如责令补种树木、恢复原状，同时将该案件移送司法机关进行刑事犯罪侦查。若是司法机关首先发现违法犯罪行为同时触犯了行政法律规范，应当将案件抄送行政机关，由行政机关着手作出补种树木、恢复原状等能及时控制危害扩大，并能及时恢复林地的行政处罚，以及时恢复林地功能。

这一做法一方面可以避免刑事处罚与行政处罚之间因为作出的时间先后不同，导致罚款与罚金的数额不同而产生的不公平问题；另一方面，这一做法能够充分发挥行政管理的及时性这一优势，防止更大的损害发生。

至于不在行政处罚中处以较高的财产罚而在刑事处罚中处以较低罚金，是基于经济学的考量。波斯纳在其著作《法律的经济分析》中曾论述，罚款金额越高其征收成本也会越高。且对于追究其刑事责任的违法行为人，其面临的人身罚对其而言也是一种成本，且刑罚对违法行为人带来的后续的隐形成本也比行政处罚款带来的成本高。因此，基于公平正义以及征收罚款的成本等方面的考量，在违法行为人已经被追究了刑事责任的情况下，不宜再对其处以更高的罚款。

结　语

行刑衔接制度的完善是我国建设法治社会中的重要一环，对于完善我国的法律制度、法律责任体系等都具有至关重要的作用。完善林业违法的行刑衔接制度有利于促进林业行政主管部门依法行政，及时制止林业违法行为，防止林业生态破坏的进一步扩大。同时，也有利于加强林业行政主管部门与司法机关之间的相互配合，提高司法效率、节约司法资源、推动司法公正、增强司法公信力。但当前，我国林业违法案件的行刑衔接制度中仍存在许多问题亟待解决，学界以及法律实务工作者应当积极将理论与实践相结合，进一步完善林业违法行刑衔接制度，使之更具有实际可操作性。本文在参考前人学者的有益思考的基础上，结合当前实务中显现出的问题，提出了自己的粗浅思考，希望能抛砖引玉，为我国林业违法行刑衔接制度的完善提供一定的帮助。

生态恢复性司法模式研究*

【摘　要】由于我国近年来对于环境污染和资源过度利用带来的损害问题的重视程度逐渐增强，对环境救济理论和司法实践领域提高了关注，生态恢复性司法模式正是这一背景下的产物。全国各地以解决污染问题、修复生态为目的，创新生态司法机制，仍存在较多需要探讨的地方。本文从生态恢复性司法的概念入手，对恢复性司法理念的概念展开论述，接着通过对其存在的必要性及其目标阐述其存在价值。并通过对现阶段理论研究、实践现状及其困境的分析，以我国法律制度为切入点，为我国生态恢复性司法模式的进一步研究和实务建构提供些许参考。

【关键词】环境犯罪；恢复性司法；复绿补植；罚金

一、恢复性司法的概念

恢复性司法（restorative justice）源于20世纪70年代的加拿大，其核心内容是犯罪不仅是对抗国家的行为，更是侵犯受害者及其所在社区利益的恶行。因此，不能只追求对罪犯定罪量刑，还要注重保护受害者的利益及恢复被罪犯破坏的安定祥和的社会秩序[1]。恢复性司法在加拿大获得成功后，核心理念迅速蔓延至新西兰、澳大利亚、巴西、智利、阿根廷、新加坡等地，在一些国家甚至已经成为刑事司法的主流。到20世纪90年代下半叶，"恢复性司法"一词已经流行起来，到2006年演变为普遍使用。

近几十年来，一些国家采用恢复性司法作为解决冲突的手段。尽管这一传统在英语国家和欧洲国家有着深厚的渊源，但在我国，恢复性司法的使用

---

* 牛雪琪，北京林业大学法学系法学理论硕士。

[1] 吴圆琴："国际上恢复性司法的新发展及对我国的启示"，载《研究生法学》2016年第2期。

却受到了些许限制。如今，在不断创新司法冲突解决方式的努力下，生态恢复性司法方案，作为刑事案件的一部分，在环境犯罪案件中，出现了重要的改革。本文详细研究了这一恢复性司法理念，描述了其存在原因、实施现状、对刑事司法制度的影响、初步结果和未来面临的挑战。

恢复性司法并不单纯是在当代才出现的司法实践方式，而是在传统中便已存在的冲突解决方式的复兴，在处理犯罪背后的人际关系时，其最突出的特点是具有本土化、生活化以及有效性等。古代西方文明，如希腊、罗马和大洋洲的土著人民，都采取了初始恢复性的做法，以避免个人、家庭和部落之间的报复。例如，印度等具有古老文化根源的国家将恢复性司法视为"治愈的正义"。[1] 恢复性司法的理念中包括诸如治愈、同情、怜悯、调解、宽恕、和解和制裁等价值观。然而，尽管恢复性司法的概念由来已久，但在现代社会仍存在较多争议，难以找到一个涵盖这一概念所有观点的普遍定义。迄今为止，被广泛接受的一个概念是马歇尔于1996年所提出的："恢复性司法是一个过程，在该过程中，与特定犯罪有利害关系的所有当事方共同解决如何处理犯罪后果及其对未来的影响。"

美国犯罪学家霍华德·J.泽尔在2004年提出了一个更加强调治愈目的的恢复性司法的概念："恢复性司法是一个尽可能让那些与特定罪行有利害关系的人共同识别和解决伤害、需求和义务，以尽可能治愈和纠正问题的过程。"

另外，2002年4月联合国颁布的《关于在刑事事项中采用恢复性司法方案的基本原则》对恢复性司法的定义是：恢复性司法系指一般在调解人的帮助下，受害人和罪犯及酌情包括受犯罪影响的任何其他家人或社区成员，共同积极参与解决由犯罪造成的问题的程序。这个定义更侧重于对被害人的保护。

部分国外学者通过对于恢复过程的强调来定义恢复性司法的概念："……作为一个过程，那些主要受到错误行为事件影响的人聚在一起分享他们的感受，描述他们是如何受到影响的，并制定一个计划来修复所造成的伤害或防止再次发生。"

---

[1] S. Raina and R. Kumar, "A Justice that Heals: Restorative Justice from an Indian Perspective", in Thilagaraj et al (eds.), *Restorative justice in India, Traditional Practice and Contemporary Applications*, Springer, Cham, 2017, pp. 97~118.

以上所列举的不同定义，虽然从不同的角度来看存在些许差异，但其都认为恢复性司法是刑事犯罪中可利用的做法，且重点在于修复犯罪活动所造成的损害。

二、生态恢复性司法的价值

（一）环境犯罪适用恢复性司法之必要性

传统刑事责任注重惩罚性，其中一个重要原因是每一个犯罪行为的成本都会随着被逮捕的可能性和惩罚的严厉程度的增加而增加，对于一个犯罪行为的预期惩罚越高，实施这一犯罪行为的成本就会更高，如果犯罪者在实施犯罪的时候一无所得，他就不会去实施犯罪。因此，罪犯在行为时应当考虑到实施犯罪中要付出的成本减去犯罪中可能已经获得的收益。而判断一个犯罪者的收益应当通过观察其愿意为犯罪付出多大的代价，因为一个罪犯只会在犯罪能得到的价值大于其所预见到受到的惩罚时才会去实施犯罪。而较重的惩罚会使得潜在犯罪者在行为前便考虑到这一点，从而减少犯罪行为，达到预防目的。

然而，在有些时候，犯罪成本并不会由于惩罚更加严厉而变高，因为一个更严厉的惩罚虽然会阻止一些犯罪，但其中有些被阻止的部分可能本就是不需要受到惩罚的。在环境犯罪案件中，此类情况出现甚多，定罪轻罚甚至免罚是较为常见的判决方式，这是由环境犯罪案件的特征决定的。例如，根据 2016 年《江西省检察长座谈会会议材料》，从刑事司法角度看，自 2015 年 8 月至 2016 年 6 月江西省开展"加强生态检察，服务绿色崛起"专项监督活动以来，全省共审结审查起诉案件 1200 人，其中不起诉 122 人，判决人数 998 人，其中判处十年以上有期徒刑的有 2 人，判处三年以上十年以下有期徒刑的有 53 人，判处三年以下有期徒刑及其他刑罚（包含缓刑、拘役、管制、单处罚金等）的有 937 人，免予刑罚 6 人。[1]从中可知，重定罪轻量刑的刑事司法实践模式在环境犯罪案件中占比极高，正是由于环境犯罪相较于其他犯罪人身危害性较低，且多数罪犯对于其行为是否构成犯罪的认知也不明确，在经济发展战略地位优先的大背景下，无法苛责犯罪对象忽视经济利益而仅仅维护生态利益。由此，对于潜在犯罪者来说，犯罪成本实际上总体随着惩

---

〔1〕 江西省检察长座谈会会议材料于 2016 年 8 月江西鹰潭。

罚严厉性的增加而降低了。因此，传统惩罚性较重的刑事责任并不能完全适应环境犯罪的现状。

而对于为什么犯罪的成本是随着惩罚的严厉性的增加而增加的，这就需要我们同时考虑到阻止犯罪的成本。对某一犯罪行为的惩罚越高，其所需要的执法成本就越高。如果一个犯罪行为能通过收取罚金来加以阻止，若使用有期徒刑、无期徒刑等自由刑方式，相较于收取罚金来说，国家和受害人不仅没有取得任何收益，且需要花费更多的成本以维持警察、检察官、法官等人员的需要以及监狱的运作等。对每一个犯罪的阻止所耗费的成本，既包括逮捕的成本，也包括惩罚的成本。因此，对于有些犯罪，适用更严厉的惩罚是无效率的。而环境犯罪案件就具有特殊性，毕竟更严厉的惩罚对其意义不大，更严厉的惩罚所带来的更高昂的阻止犯罪的成本，对于社会影响力和人身危害性相对较低的环境犯罪而言是一种司法资源的虚耗。

在普遍情况下，正确的规则应当是：只有在组织犯罪的成本小于犯罪的净成本时，才去阻止犯罪。这样一种规则是最有效率的规则。然而，当我们适用更严厉的惩罚去对待环境犯罪时，所导致的情况却是：由于更严厉的惩罚而导致了更高昂的阻止犯罪成本以及更低的犯罪成本，此时可推出不去阻止才是最有效率的结论。然而，环境犯罪对社会关系、国家利益、生态利益的破坏并不能因其阻止成本高而不加以阻止。因此，最有效率的方式便是采取惩罚性较弱的司法模式应对环境犯罪。

恢复性司法模式注重的是对已经破坏的社会关系及受损利益的恢复，其惩罚性在一般理解意义上相对较弱。环境犯罪是一种特殊犯罪，其不仅对个体受害人造成侵害，还对生态环境造成侵害，仅仅对犯罪人进行严厉处罚并不能实现生态环境的修复，[1]因此，针对环境犯罪这一特殊情况，采取恢复性司法模式是极为必要的。

(二) 生态恢复性司法目标

随着社会的不断进步、技术的不断发展，人类从农业化时代步入了工业化时代。自19世纪以来，工业化迅猛发展、普及，我们在享受物质文明进步、科学技术发展所带来优惠便利的同时，也受到了随之而来的环境污染和环境破坏事件给我们生活带来的不良影响。在保障经济可持续发展的同时，

---

[1] 汪菲菲："恢复性司法应用于环境犯罪研究"，江西财经大学2018年硕士学位论文。

环境保护、合理利用自然资源也已经成为人类重点关心的问题，因为在市场经济高速发展的现代社会，环境污染和生态破坏问题十分严峻，引发的环境案件层出不穷。通过刑事制裁（主要涉及金钱处罚）的手段来惩治造成环境损害的犯罪行为，一直被批评为未能预防环境犯罪和危害，未能同时减少环境再犯罪，也不能够恢复已经受到破坏的生态资源。而生态恢复性司法旨在恢复被破坏的生态环境，不仅仅是对犯罪行为人的负面评价，而且是在打击污染环境、破坏生态的违法犯罪行为的同时，树立"破坏环境就是犯罪"的生态文明意识，特别是注重适用绿色发展的理念，引领环境资源修复的刑事审判，树立严格执法、维护权益、注重预防、修复为主、公众参与等现代环境资源司法理念。以解决污染问题，修复生态为终极目的，从而化解经济发展与生态保护之间的矛盾。

（三）我国生态恢复性司法的理论研究现状

关于我国生态恢复性司法适用的研究，近几年逐渐成为热点问题。通过文献查阅与检索我们可以发现，自 2016 年开始，我国的环境修复司法研究开始急速增长，除了我国整体对于环境的重要性认识的提升之外，法制建设也可能是主要原因之一。自最高人民法院于 2016 年颁布《关于充分发挥审判职能作用为推进生态文明建设与绿色发展提供司法服务和保障的意见》以来，各省高级人民法院也在 2016 年至 2017 年逐步推行有关环境修复问题司法文件的判定，诸如：福建省高级人民法院于 2016 年发布的《关于创新完善生态环境司法保护机制为推进国家生态文明试验区建设提供有力司法服务保障的意见》；江西省高级人民法院于 2017 年发布的《关于为我省深入推进国家生态文明试验区建设提供司法服务和保障的指导意见》；广东省高级人民法院于 2016 年发布的《关于加强环境资源审判服务保障生态文明和绿色发展的意见》；湖南省高级人民法院于 2016 年发布的《关于牢固树立绿色发展理念加强环境资源审判工作的意见》；四川省高级人民法院于 2016 年发布的《关于加强环境资源审判工作服务我省绿色发展的指导意见》等。而其中关于环境修复研究的热点问题主要围绕：环境修复、环境公益诉讼、恢复原状、生态修复、环境犯罪、司法裁量、代履行等（如下图 2）。

图 1

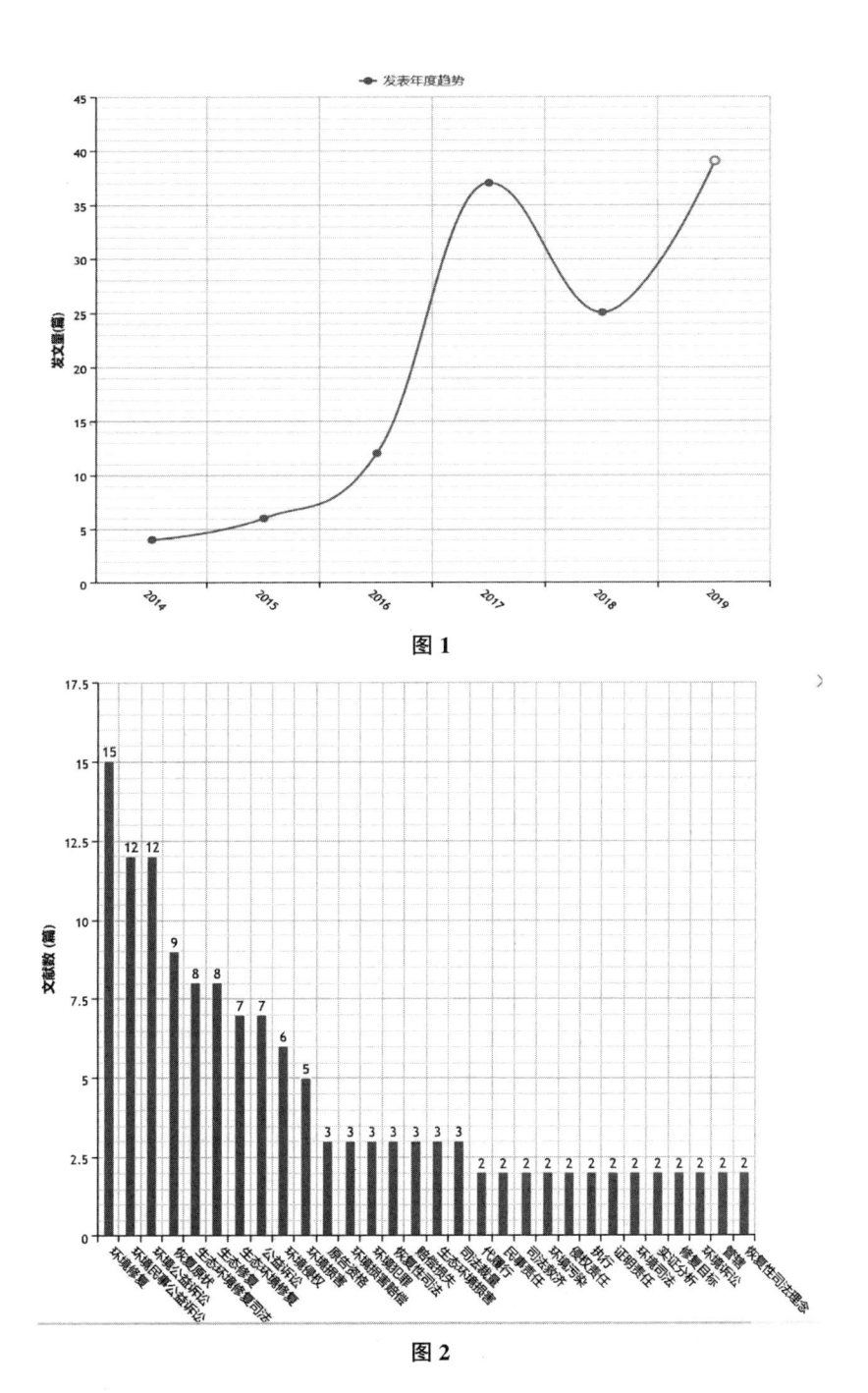

图 2

三、我国生态恢复性司法的实践现状

(一) 我国环境犯罪恢复性司法的适用

1. 我国环境犯罪的特点

(1) 司法认定存在困难。环境犯罪在通常情况下不仅会对受害人造成损失,更重要的是会对生态环境造成损害,而生态环境中的保护对象具有广泛性和多样性,所以司法不仅要调整人与人之间的关系,还需调整人与自然的关系,这就决定了环境犯罪的审判必须体现自然规律特别是生态学规律的要求,因而具有很强的自然科学性。并且,环境犯罪案件所带来的危害后果通常是持续性的,或者部分具有潜伏期,在短时间内难以发现,甚至以现有的科学技术难以发现,因此在案件中大大增加了取证难度,给司法认定带来了极大的风险。

(2) 侵害对象多涉及公共利益。与国家、法人、自然人和其他社会团体的利益相比,社会公共利益可能是受保护能力最弱、实现程度最小的利益。正如亚里士多德所指出的:"凡是属于多数人的公共事物常常是最少受人照顾的事物,人们关怀自己的所有,而忽视公共事物;对于公共的一切,他至多只留心到其中对他个人多少有些相关的事物。"然而,就公共利益的内涵来说,学界虽然有各种界定,但就具体的制度细节而言,法律及相关司法解释并没有明确的界定。同样,"环境公共利益"的内涵并没有法律规定,也没有就"环境公共利益损害"规定具体的标准,因此实际操作中会受到颇多挑战。

(3) 通常为共同犯罪,犯罪人员文化程度偏低。犯罪人员通常不是单独作案,而是以集体的形式破坏环境或盗取生态资源,且作案人员文化程度普遍较低,法律意识淡薄,在相对偏远的区域、监管和打击力度相对较薄弱的环节实施环境犯罪。

(4) 行为人对危害结果认识不清。更多的人对环境犯罪行为的认知度不高,对破坏环境和生态资源的危害后果也没有足够的认识,认为利益关联度不大,导致危害间接性和潜在性长期存在,大多以生态利益来换取一时的经济利益,且经济能力水平较弱。

2. 我国环境犯罪恢复性司法适用现状

(1) 作为刑事判决项目。在刑事案件中,目前实践中最为有效的一种方式是将生态修复行为作为判决项目在法院的判决书中予以适用。这种生态修

复行为本质上是类似于西方社区矫正制度中的社会服务。在我国实践中，存在将生态修复行为作为社区矫正的考核标准。这里的社区矫正，是一种区别于自由刑和罚金刑的社会刑，也即非监禁刑罚。符合社区服刑的人员包括被判处管制、宣告缓刑、裁定假释、决定暂予监外执行的环境犯罪者。

但这种判决方式仍然存在一些问题：《刑法修正案（八）》删除了公安机关作为管制执行以及缓刑考察、假释监督主体的规定，因此，从法律渊源上看，社区矫正的执行主体尚处于"空白"状态。对于社区矫正的监督主体是谁，目前理论上存在三种观点：由公安机关执行，由司法行政机关执行，抑或建立一个全新的机构。

（2）量刑情节。刑事案件中履行环境修复责任是量刑的重要参考，本着刑法宽严相济原则的科学运用，应将被告在环境修复和民事赔偿时的态度、效果作为减轻刑罚处罚的考虑情节。加大犯罪分子经济赔偿的同时，处以适当的刑罚处罚，起到增加环境侵权者违法成本的作用。因此，在我国刑事案件的实践中，对于犯罪是否具有轻微性、罪犯主观悔罪状态如何、修复的程度、承担恢复的范围等方面进行考量，从而对量刑产生影响。但是，目前这种将修复行为等作为减少量刑的依据，是否存在较大主观任意性？如此进行刑事和解是否合理？是否存在买刑的嫌疑？是目前仍有较多争论的问题。

（3）刑事附带民事诉讼。目前刑事案件实践中还存在一种较好的解决方式，即刑事附带民事诉讼。将对犯罪人的惩戒以及对环境的修复问题一次性解决。犯罪人通过这种判决方式的执行，会对自己的行为进行合理的预测，并对所有人产生引导作用。环境犯罪不仅进行人身罚、财产罚，同时通过民事判决要求被告进行"复绿补植""异地补植""恢复植被""种植树木""增殖放流"等多种创新性恢复性措施等，在此双重强制的基础上，不仅能够达到良好的教育作用，重点能够修复环境，控制已经发生或将来可能扩大的环境损害。

（二）我国生态恢复性司法的适用困境

1. 生态恢复性司法正当性分析

恢复性司法模式与民事赔偿责任中的"填平原则"在本质上有相似之处，因此与民法的界限是否模糊存在争议。传统的刑事责任主要以惩罚为目的，通过惩罚达到一定的威慑和教育功能，从而不仅使一般人遵纪守法，同时也教育社会上守法的公民，强化其法律意识，以此来遏制社会上潜在的犯罪人实施犯罪。而恢复性司法理念是以修复而非惩罚为目标，这就会导致当潜在的犯罪人权衡是否采取犯罪行为时，由于会预计到通过恢复性司法程序来逃避刑罚，从而更加积极地实施犯罪，惩罚的功能无疑减弱了，预防的功能也相应减弱了。同时，由于恢复性司法模式注重的是对已经破坏的社会关系及受损的利益，一般理解意义上惩罚性较弱，犯罪行为人也许无法认识到行为的严重性，无法体会到刑事惩罚的威严及痛苦性，从而不利于犯罪人改过自新，无法保证减少再犯的可能性。因此，恢复性司法对于严重的环境犯罪行为是否适用仍待商榷。

此外，恢复性司法是一项尤为注重恢复效果的制度理念。诸如赔偿、还原、修复等这些恢复性结果是考察恢复性司法效果的重要内容，也是量刑的重要判断标准。然而，一些缺乏相应经济条件、劳动能力的人可能会因无法履行经济赔偿或劳动恢复责任而面临被重新交回传统刑事司法程序接受惩罚的局面。而相对地，对于部分拥有大量财富、社会地位的人则可能会通过利用恢复性司法的程序，增加其逃避传统刑事惩罚的可能性。并且，这种不平等还可能体现在其他更多方面，诸如年龄、职业、社会地位、种族等。当事人具体情况和所在地区的不均衡，恢复性司法程序上的灵活性及法官适用自由裁量权的延伸范围较广，可能会使恢复性程序的真实、自愿、公正等大打折扣，更有可能给新的司法腐败提供寻租的机会。以上这些不可忽视的情形，似乎展现了恢复性司法是不利于对弱势群体的保护的。因此，在现实操作过程中极有可能出现同罪不同罚的现象，进而违背刑法中最基本的法律面前人人平等原则以及罪责刑相适应原则。

恢复性司法理念在我国的接受时间较短，虽然不需要一个完全不同的刑事司法制度，却也是一项创新性的改革。而目前尚没有较为系统完善的程序和监督措施，由此，恢复性司法理念的运用是缺乏正当程序保障的。刑事惩罚可以说是刑事责任的本质特征，表现了刑事责任的严厉性，从而将刑事责任与其他法律责任在严重程度上相互区分开来。因此，正当程序是刑事诉讼尤为重要的一项基本要求，以有效防止权力滥用实现权利保障。而恢复性司法过于注重恢复性结果，从而可能因为忽视规范的程序而造成对当事人权利的侵犯。

虽然在司法实践中，我国已经通过多种多样的创新方式逐步落实恢复性司法理念，但法律渊源的缺少以及法律缺位的问题却一直存在。我国至今仍未有环境犯罪恢复性司法适用的直接依据,有关于恢复性司法理念的落实文件都存在于诸如上述的相关政策中,因此也导致不同文件之间恢复性司法的标准存在差异,恢复性司法究竟是一种新的刑罚类型,还是新的刑罚执行方式,抑或是一种非刑罚措施,仍存在争议。如此情形不利于恢复性司法功能的实现。

2. 罚金适用的困难

在我国目前的环境案件判决中,判令责任人"赔偿损害、缴纳罚金"是最为常见的方式,因为恢复生态是技术性较高、花费时间较长的一项责任,因此有时需要犯罪人员支付环境修复费用,以实现第三方代履行等方式。这种方式是一种较为便捷的方式,然而也存在许多问题值得探讨。首先,在大量环境犯罪案件中,犯罪人员文化程度普遍较低,财富水平也相较低下,因此才盗取生态资源,赔偿损害、缴纳罚金对这部分人来说难以实现。其次,犯罪人员缴纳的罚金通常被应用于环境污染防治,改善环境质量,但是还是存在赔偿金使用不及时、使用情况缺乏监督等一系列问题,后期管理无人问津,最终导致环境实际上没有得到修复。[1]最后,环境作为一个整体,其内部有自己的系统和运作方式,系统内一个要素的改变将会牵一发而动全身,导致其他要素相继变化。因此,对于罚金数额的认定问题,目前法律尚没有(也不可能)给出一个完整、通行的计算标准。

3. 行刑衔接不够顺畅

环保行政机关发现一起案件时,先是将案件移送至公安机关,案件再经由公安机关移送至检察院,最后便是检察院提起公诉,整个流程较复杂、繁琐,里面包含有多个环节(比如移送、立案侦查、公诉等),这就会容易造成"有案不移""有案移不动"的后果。涉林刑事案件是比较常见的环境犯罪案件,其中的补植复绿工作是一项很重要的恢复性司法措施,但是在司法实践中一些本来可以适用补植复绿措施的涉林案件经常会因为部门衔接不畅而效率低下,从而最终影响生态环境的恢复。且对于具体程序中执行的规定与适用上的标准等,至今仍缺乏明确、详细的立法规定,这导致行政案件与刑事案件在衔接上仍存在一些问题。同时缺乏一个有效的监督机制,生态修复是一个漫长的过程,而后续的监督和管理应当如何运行也存在障碍。

---

[1] 汪菲菲:"恢复性司法应用于环境犯罪研究",江西财经大学 2018 硕士学位论文。

4. 生态恢复技术性较强

生态环境有其自身的特殊性，自然界中各种事物之间有着相互联系、相互制约、相互依存的关系，因此改变其中任何一个事物，必然会对其他事物产生直接或间接的影响。在整治某一环境要素时，要考虑此种活动对其他环境要素乃至整个生态系统的影响，在恢复某环境要素的某一功能时，要考虑对该环境要素其他功能的影响。并且，任何生态系统都有一个大致的负载（承受）能力上限，包括一定的生物生产能力、吸收消化污染物的能力、忍受一定程度外部冲击的能力等，从而使得生态环境的保护和修复需要采取各种工程的、技术的措施。因此，法律部门必须把大量的技术规范包括进整个体系，这就使得司法审判同时也成了一个技术性极强的任务。

四、我国生态恢复性司法的模式完善

（一）弥补法律缺位

目前，虽然我国各地正在不断创新恢复性司法模式，但仅有政策性文件，缺乏力度，也容易违背司法原则。关于恢复性司法的法律依据，适用案件的范围、修复生态的责任形式、量刑情节的标准以及司法程序等，法律缺乏对这些内容的具体表述，致使恢复性司法理念仍然面临一些制度上的难题，需要法律的完善。结合我国现行的实践来看，我国《刑法》并没有明确生态的修复，因此需要在现有的法律监督体制下完善《刑法》关于恢复性司法的规定，赋予生态恢复性司法以明确的法律地位，为具体的制度改革提供逻辑和理论依据。

（二）统一资金管理

在上述提到的我国目前的环境案件判决中，法院会判令责任人"赔偿损害、缴纳罚金"，即罚金刑是一个主要的处罚结果。可是，对于这笔罚金的后期监管不力，会使得修复生态环境的目的落空。因此，可以参考国外所建立的诉讼修复补偿金，尝试设置一个生态恢复基金机构，凡是对损害的赔偿、缴纳的罚金都由其统一进行管理。与此同时，也需要对生态恢复基金成立一个专门的管理部门，由这个部门对资金进行统一的收缴、管理、使用、监督，并且必须专款专用，用于恢复被损害的生态环境。通过建立生态恢复基金机构能实现对罚金的系统管理，使得生态环境的修复得到坚实的保障。

(三) 试点先行

法律依据不明确，而生态损害修复却迫在眉睫，因此要鼓励不同区域进行恢复性司法上的试点，旨在探索更多方式，积累经验，在不断摸索的过程中多发现、研究一些普遍性、深层次的问题，探索总结一些具有全局性、指导性的模式和做法，以推动恢复性司法的进步。同时，总结经验与教训，创新出更多恢复性司法模式。

我国在福建、贵州等地已经率先代表性地建立了环境资源审判庭，总结出了具有环保审判特色、符合环保审判规律的工作制度，并进行了大胆的创新和突破，在刑事案件审判中，始终贯彻落实恢复性司法理念，生态破坏能够原地修复，就近原地修复，不能原地修复的，法庭另行开辟了异地修复之路，建成了生态保护司法实践林专门用于异地修复。这使得环境资源法庭受理的刑事案件整体呈逐年下降趋势。各地的实践与创新均为我国生态恢复性司法的理论研究与实践提供了思路。

(四) 提高专业化水平

环境案件由于具有一定的技术性以及修复生态需要一定的专业化水平，司法部门可以适当扩大技术人员的加入，引入第三方的监督。也可以使专家全面介入环境司法过程，譬如引入专家咨询委员会、专家陪审员、专家证人(专家辅助人) 等。让更多的专业人士参与环境修复，因为生态恢复性司法不仅重修复，更重预防，司法部门应始终坚持绿色发展的司法理念，通过日常工作宣传生态文明知识，倡导绿色发展理念。

结 语

我国法制领域对环境修复问题越来越重视，案件不再以惩罚作为重心，而是逐渐转向生态恢复方面。并且，在司法实践中，已经通过多种多样的创新方式逐步实施。越来越多的实践坚持以解决污染问题、修复生态为终极目的，在法律原则框架范围内，大胆尝试，创新生态修复司法机制，确保环境资源效益最大化。从我国的现状来看，对生态恢复性司法的需要是理所当然的事，在当前"绿色中国"理念的引领下更是如此，司法模式也随着社会的发展需要作出改变。落实恢复性司法理念能够促进社会更好地运行，适时的改革、创新更容易提升公众绿色发展的意识。

浅析林业碳汇交易法律关系[*]

【摘　要】 林业碳汇交易被证明是一种地球大气环境生态补偿措施，也是学术界普遍认可的一种减少温室气体排放的手段。随着环境保护意识的逐渐增强以及综合国力的提升，我国对林业碳汇交易开始逐渐重视。在林业碳汇交易过程中，可以找到产权、碳权利以及公平正义的法理基础。国际上对于该问题的研究相较于国内较为领先，但是我国正在探索一条具有中国特色的碳汇交易制度。在研究该制度的过程中，笔者发现存在法律制度不健全、产权不明晰等问题，对于这些问题，应从完善产权交易、健全相关法律制度等方面着手解决。

【关键词】 产权；公平正义；交易机制

引　言

众所周知，森林生态系统被视为地球自然净化的主体。这一系统经过吸收与贮藏二氧化碳，可成为自然界中"碳"的储存载体，对维持自然生态平衡起着重要作用。20 世纪 90 年代，世界各国政府环保机构的代表在联合国环境与发展大会上起草通过了《联合国气候变化框架公约》。这标志着国际社会开始全面控制森林的碳汇交易，更意味着全球温室气体减排时代的到来。特别值得一提的是，1997 年 12 月举行的第三次联合国大会上由各国代表投票制定的《京都议定书》的诞生。林业碳汇交易具体指通过购买森林碳汇达到减排目的，作为获取碳排放权的重要手段，其经济价值与生态价值逐渐得到市场的认可。

通过《京都议定书》等有关规定，温室气体排放已成为有限的权利。碳

---

[*] 史天宇，北京林业大学。

摇身一变成了宝贵的"生态治理"资源，突然具备了"商品"的基本特征。从这个角度来看，所谓的碳交易是指利用基于碳排放的温室气体排放交易权作为解决温室气体排放问题的生态手段。也就是说，碳汇合同的买方通过向卖方支付对价，以法律保护的形式取得二氧化碳减排额度。然后，用购买的减排指标抵消其承诺的温室气体减排义务，以达到减少温室气体排放的目的。

林业碳汇交易的概念可以分为两类：一类是广义的，一类是狭义的。广义的概念主要是指通过大自然中的植物对空气中的二氧化碳进行吸收，进而进行光合作用。狭义的概念则是指各国通过对于森林中的生态环境的保护，吸收大气中的二氧化碳，并且与碳汇交易性结合的整个过程中的内容、规则。而林业碳汇交易的类型大体可被分为以下三类。第一类即是通过《京都议定书》清洁发展机制规制而产生的国家之间的林业碳汇交易，《京都议定书》可以说是在国际法层面大体确立了森林碳汇交易的国际交易架构并引入 CDM，但尚未在法律文件上详细制定相关交易规则；第二类是京都规则下林业碳汇项目的扩展，从原来的造林再造林项目扩展为 REDD+，REDD 机制在后京都时代进一步增强了通过森林保护和森林可持续管理增加森林碳汇储量的环保力度，基于市场补偿机制，通过设立"绿色气候基金"使该机制变得更具有合理性；第三类指的是非京都规则下林业碳汇项目的发展，特别是中国绿色碳基金支持下的林业碳汇项目。[1]我国国家林业局在 2007 年颁布了《中国绿色碳基金管理暂行办法》《中国绿色碳基金碳汇项目管理暂行办法》和《中国绿色碳基金碳汇项目造林技术暂行规定》，比较细致地规定了在"基金"引导下的碳汇交易项目的运营流程、技术指标及相关参数。无论是《京都议定书》的制定，还是新兴碳排放交易体系的设立，其总体目标都是通过林业碳汇交易更加有效地进行温室气体减排。但是，林业碳汇项目的进一步发展无疑需要有一套适当、公平的法律体系法律制度对其进行支撑。[2]

一、碳汇交易的法理基础

（一）产权理论

现代产权理论最初由经济学家科斯提出，之后，威廉姆森等经济法学家

---

〔1〕 林旭霞："林业碳汇权利客体研究"，载《中国法学》2013 年第 2 期，第 71~82 页。
〔2〕 陈欣："我国林业碳汇交易实践与推进思路"，载《理论探索》2013 年第 5 期，第 93~97 页。

在他的研究基础上不断进行理论创新,最终形成了现代产权理论。科斯在其第一阶段的研究中将产权问题与经济体制联系在一起,认为经济体系的完善可以解决交易流程中存在的隐性矛盾;在第二阶段的研究中,他肯定了产权的经济作用,认为明晰的产权对于解决外部不经济问题、降低社会成本、保障资源的有效配置具有重要作用。这对于解决地球生态环境中各种资源的相互转化问题以及可循环、可持续发展也具有指导性意义。

(二) 公民的碳权利理论

狭义上的权利只是指权利人享有的权利,应该得到法律的承认和保障。广义上的权利不仅包括狭义上的权利,也指出公民天生即具有的权利,即可以要求他人为或不为一定的行为。如果假设公民碳权利也属于权利的一个类别,则碳权利也必然可以被分为狭义与广义。广义上的碳权利,既包括当事人进行碳排放的权利,也包括禁止他人超过其碳排放限制并防止其自身权利受到侵害的权利。与其他人类享有的基本人权相比,碳权利是一种新而陌生的概念,是时代发展的产物。在人类进入工业时代之前,他们的生活方式相对落后。尽管这个时期的人们还会燃烧动植物获取热能与食物从而向大气排放一定量的二氧化碳,但是对于整个地球循环生态系统的良性发展来说,燃烧释放出的二氧化碳量可以忽略不计。[1]因此,在此期间,人们没有土地维权意识。随着工业革命的发展,人类社会和自然科学发生了翻天覆地的变化。煤炭、石油和天然气等化石原料被广泛用于生产和生活。温室气体的排放日益引起人们的关注。人们逐渐认识到碳排放不再是边缘化的、微不足道的问题,有必要将其视为享有法律保护的权利。

(三) 环境公平理论

公平是法律价值的内在属性,也是法律的基本价值目标。在环境法领域,环境正义又被称为生态正义,最初是由西方学者提出并逐渐被学术界所接受的。关于什么是环境正义,虽然学术界有不同的意见,但一般可以分为两类:代际公平与代内公平。

代际公平这个学术概念,通俗来说是指现代生活的人类不应也没有权利为了自己的生后便利而挥霍后一代人的自然性权利;正如其名称所暗示的,代内正义是指同时代人的权利和利益分配问题,即所有人都享有平等的自然

---

[1] 陈方丽:"林业碳汇交易运行机制研究",载《中国林业经济》2013年第5期,第1~4页。

资源。真正实现环境正义不仅在于自然资源是否以公平合理的方式分配在世代之间,还有义务的承诺。也就是说,对于环境问题的发生,当代人不能忽视这个问题而把问题留给子孙后代。

二、林业碳汇交易的现状及法律问题

(一)林业碳汇交易的现状

1. 国际现状

世界各国对于林业碳汇交易法律规则创立的重要性认识是不断加深的,欧盟碳排放权交易体系(EU-ETS)、美国区域温室气体行动计划(RGGI)等具有国际影响力的林业碳汇交易规则均着重参考了京都规则设计相关制度。

林业碳汇交易法律规则的现状可以被总结为,经林业碳汇交易主导从而进行温室气体减排工作的有效性已经在国际上获得了广泛的认同,并且世界各国经过探索《京都议定书》及相关碳交易环保条约,已经深刻地认识到了法制保障是林业碳汇交易规模化开展的前提。在逐步建立碳汇交易法律制度的过程中我们可以发现,林业碳汇交易项目类型还有着拓展趋势,最有代表性的例子就是:林业碳汇交易从只限于造林与再造林项目,到后期减少毁林、森林保护和可持续森林管理等其他项目类型也开始逐步受到重视。

2. 国内现状

在《京都议定书》确立清洁发展机制(CDM)后,我国开始全力推进林业碳汇交易项目,但目前我国主要还是通过行政规章和政策性文件对森林碳汇交易过程进行规制。"十二五"规划也初步宣告要鼓励开展碳排放权交易项目;2007年12月,国家林业局有关部门根据长期研究和实践成果颁布了《关于印发中国绿色碳汇基金碳汇项目相关管理办法的通知》。此通知除了强调森林碳汇交易市场对于转化二氧化碳的重要意义外,还指示环境保护部门要更加重视植树造林对维护森林碳市场的必要性。此外,《清洁发展机制项目运行管理办法》在2011年由国家发展改革委、科技部、外交部、财政部联合公布;国家林业局专门出台了《关于开展清洁发展机制下造林再造林碳汇项目的指导意见》《碳汇造林技术规定(试行)》《碳汇造林检查验收办法(试行)》《中国绿色碳基金碳汇项目管理暂行办法》《中国绿色碳基金碳汇项目造林技术暂行规定》等一系列规范性文件,具体规定了森林碳汇项目的技术要求、实施管理等诸多内容。国家将林业碳汇的理论与实践相结合,奠定了中国特色的林业碳汇交易制度的基础。

（二）林业碳汇交易的法律问题

笔者认为，我们必须要清晰认识到的现状是：在林业碳汇交易大环境下，我国还没有一部体系化、可量化、可高效规制的规章制度能对林业碳汇的交易产权进行保护，交易程序和制度还存在一些不足，林业碳汇交易发展存在重大障碍。

对碳汇交易相关法律权利的保障（例如占有权、使用权、收益权等），现在仍然依靠我国合同法中的相关法律条文进行规制。然而，这些条款对于林业碳汇交易中的一些情况并不适用，想要保证交易双方的合法权利还是存在一定程度上的困难。国家林业局一直努力推动在清洁发展机制下积极发展森林碳汇项目。[1]此外，在法律层面上确认了森林环境对于转化二氧化碳等温室气体的重要贡献。但在交易主体的确认方面以及交易风险保障上，并没有通过法律条文给予规定，这将不可避免地成为国内碳交易可持续发展的障碍。

1. 法律制度不健全

应该正视的一点是，中国目前的碳交易市场和环境仍处于发展的初级阶段。在美国和日本相继退出《京都议定书》，以及非欧盟国家难以参与欧盟碳汇交易体系的国际环境下，我国的碳汇交易环境看似正处于一个能够独立良好发展的时期，但是不得不承认各方面历史发展因素都导致了我国自身碳汇交易制度的缺失和不完善。

我国目前已对碳汇交易规章展开了全面修改，当下存在包括北京市在内的7个碳交易实验性市场。虽然数目不多且制度规章不完善，但不可否认的是，我国在《京都议定书》颁布以来要为承诺的2016年至2020年强制减排任务下的决心。因此，尽管目前我国碳交易体系还存在很多不足之处，但是笔者相信我国具有设立完善碳汇交易环境的目标和信念。

2. 森林碳交易市场不完善

无法否认的是，眼下国内在碳汇交易市场、经济支持环境等碳汇交易配套设施上投入严重不足，市场交易方由于各种客观原因难以有效参与，我国的碳交易一时无法被成功转化为可落地的碳汇交易项目。

第一，林业市场交易中心数量无法满足需求。目前，引导碳汇相关市场

---

[1] 崔丽娟："北京市林业碳汇交易问题及发展策略研究"，东北农业大学2016硕士学位论文。

发展的机构为中国林业产权交易所（以下简称"林交所"）。林交所由国务院批准同意建立，国家林业产权和碳交易平台主要由国家林业局制定。该组织主要依据的是《关于全面推进集体林权制度改革的意见》。但由于目前我国还没有形成由政府主导的统一的具有公信力的林业碳汇交易市场，还是普遍存在着难以落实跨地域的碳汇交易项目这一问题。

第二，金融支持体系不健全。众所周知，林场森林的生长环境和生长过程是存在很多不确定性的，林业碳汇交易过程不可避免地具有一定的周期性和可预见的风险性。然而，由于目前大部分行业资金都无法提供相应的金融保险产品，因此碳汇项目的风险必须由项目销售者承担。大量卖方的参与积极性因此消除是显而易见的。

第三，中介机构发育不充分。林业碳汇项目通常涉及多个领域，涉及多个部门。碳汇交易双方经常会因为信息不对称的问题或怕麻烦的心态而对参与交易望而却步。碳汇交易中介机构等专业服务部门的缺失将在很大程度上阻碍林业碳汇交易的开展。

3. 林业碳汇产权不明晰

我国森林资源属于国家和集体所有，但林业碳汇交易的主体包括林农个人，林业碳汇权的客体具有公共物品的特性，必须从法律上明确其归属权才具备交易基础，而林业碳汇权与林地、林木等林权密不可分，林权不清将无法确认林业碳汇的所有权。由于存在许多历史遗留问题以及林业产权法律制度不明晰，我国存在大量难以界定权责关系划分的森林场地，这在一定程度上为森林碳交易的流通树立了一条看不见的红线。目前，我国关于林地产权的界定，还存在较大的不明确性，所有权属不明，所有权虚置现象严重。同时，林地转让流程繁琐，审批周期较长。这给林业碳汇交易的进行造成了严重阻碍。如果我们认为森林碳汇可以被视为一种新型的"资产"，那么为了推动其在金融交易市场中的有效流转，有必要明确其权利和义务与森林资源产权之间的关系。

三、林业碳汇交易问题的解决路径

（一）规范林业碳汇产权的权利义务

我国为了更好地促进林业的发展，对林业进行了改革。首先通过和农村信用社的合作，对林业进行定位，促进林业的市场化。然后，针对林业的相关制度进行完善调整,但是调整过于频繁影响到了林业的发展。因此,为了科学、合理的发展,我国对林业碳汇的林地产权进行了规范,把林业碳汇信用合作社作为主体。其享有三项权利:一是对于林业碳汇项目林地的界定参加权;二是代表相关的林业碳汇项目去进行交谈、签约;三是监督权。而林业碳汇主体也可以享有一定的权利,如林业碳汇林地的使用权利、使用续展权等。[1]

(二) 完善林业碳汇产权以及使用制度

林业碳汇产权作为一种私有权,对于其转让以及授权使用,经营者是拥有相关的权利的。但是,在实际的转入过程中,相关的经营者以及被转让的人员并没有按照相关的规定制定合同或者协议,进而引发了纠纷。所以为了更好促进林业碳汇的发展,应该把法律中单个林业碳汇财产权利进行物化。此外,林业碳汇在进行转让时,必须在相关的部门备案,进而保障林业碳汇产权以及使用权。

(三) 健全相应法律法规

针对林业资源起草专业的物权制度法规,确定林业资源的权属关系。通过修订法律对林业资源的权属进行明确,运用有关部门认证注册的方式对林业资源产权进行界定,对林业碳汇产权进行明晰。[2]

笔者认为,选择何种立法路径应首先考虑立法成本以及是否会与现行物权法律体系产生冲突。如果在这一层次上进行考量,则应通过对《森林法》进行修改,明确林业碳汇交易的法律地位与相关的原则规定,并授权有关机关或部门制定下位法进行细化规定,未来再制定碳排放权交易专门法。碳汇的物权界定意义重大,其与传统物权客体存在很大差异,想要通过《物权法》的修改来解决难度较大。而《森林法》作为林业领域的特殊法,则可以在不扰乱传统物权理论大厦的情况下自行作出特别规定,通过对其进行修改还可以确立碳汇归属及其变动规则。但一定要明确林业碳汇主体法律地位、运行

---

[1] 王宏巍、李顺龙:"我国林业碳汇交易法律制度问题及对策",载《东北林业大学学报》2015年第6期,第158~160页。

[2] 邹丽梅、王跃先:"我国林业碳汇交易法律制度的构建(英文)",载《亚洲农业研究(英文版)》2009年第10期,第48~52页。

条件和抵押担保等细节性问题。[1]

（四）完善市场交易机制

林业碳汇交易发生于一般的碳汇市场中，并没有独立的碳汇市场。一般性市场中的一般性标的物一般为工业技术性减排构成，这类减排投入见效快，在投资回报有限的情况下，也可以迅速撤回。但是，林业碳汇一般需要较长的周期才能开始交易，预期的碳价格也可能会因为到期现货价格暴跌导致项目无法收回成本；产生市场恐慌，无人购入时，已产生碳汇但未能交易的部分可能会因为合规性问题发生碳价值沉没。[2] 为避免这类问题，国家首先应建立专项的林业碳库，以最低保障价格购入，并将其中的碳价值抽象化，作为稳定碳市场的工具。其次应建立健全市场监督机制，对碳汇权的登记流程以及消灭流程进行严格把控，而且建立全部的涉林业碳汇交易的公开信息平台，凸显林业碳价值，进而保证林业碳汇交易的公平公正。

---

[1] 陈娟丽："我国林业碳汇存在的问题和法律对策"，载中国环境资源法学研究会、中山大学：《生态文明法制建设——2014年全国环境资源法学研讨会（年会）论文集》（第1册），第6页。

[2] 张冬梅："林业碳汇权融资担保的法律思考"，载《福建师范大学学报（哲学社会科学版）》2015年第1期，第10~17、166页。